KPMG

詳解
金融機関のための
モデル・リスク管理

KPMGジャパン　田中　康浩
　　　　　　　曽我部　淳　編著

MODEL RISK MANAGEMENT

中央経済社

　ここに記載されている情報はあくまで一般的なものであり，特定の個人や組織が置かれている状況に対応するものではありません。私たちは，的確な情報をタイムリーに提供するよう努めておりますが，情報を受け取られた時点およびそれ以降においての正確さは保証の限りではありません。何らかの行動を取られる場合は，ここにある情報のみを根拠とせず，プロフェッショナルが特定の状況を綿密に調査した上で提案する適切なアドバイスをもとにご判断ください。

はじめに

　モデル・リスクが顕在化した架空のケースを3つ挙げながら，モデル・リスク管理がいかに重要かを考えてみたい。ケースの前提は次のとおりである。

- 日本の大手金融機関のリスク管理部門に，モデル・リスク管理チーム（第2線）が新設された
- そのチームの責任者に，米国の大手金融機関のモデル・リスク管理部門で経験を積んだ人物が着任した
- その大手金融機関が使用しているモデルについて，当該責任者がスタッフ（第1線）から報告を受けている

＜ケース1：ストレステスト・モデル＞

スタッフA「当社は，この地域のローンポートフォリオを一括で購入しました。ストレステストの結果によると，深刻な景気後退が発生して最悪のシナリオが顕在化した場合でも，損失額は○○億円と評価されたため，購入に踏み切りました」

チームの責任者「ストレステストで損失額を試算する際に，深刻な景気後退の状況を適切に反映できるような，マクロ経済指標と感応度の高いモデルを使用していますか？　このモデルの検証結果を教えてください」

スタッフA「隣のスタッフが数値の再鑑をしてくれました。数値に間違いはないと思います」

チームの責任者「それはモデル検証といえません。私のチームでモデル検証を行ってみましょう」

　　　　　：

チームの責任者「モデル検証の結果，モデルの開発手法が適切ではありませんでした。マクロ経済指標と損失額を関連付けるモデルによれば，同じシナリオが顕在化すると，損失額は倍になると推計されます。ローンポー

トフォリオの購入は，もっと慎重であるべきだった可能性があります。モデル開発者とコンタクトを取りたいのですが」

スタッフA「数年前に退社しています。今は誰もモデルの詳細を知る人物はいません。開発後，モデルに何らかのアップデートがなされているのかも不明です。関連する文書も散在しています」

<ケース２：気候変動リスクモデル>

スタッフB「当社では●●業界の移行リスクについて，XXシナリオが発生した場合の2050年までの与信関係費用をモデルで推計しました。推計結果は，開示資料に公表しています」

チームの責任者「そのモデルは○○業界に対して適用されるべきだと考えていますが，●●業界にもなぜ適用が可能なのか，独立した第２線の評価を受けましたか？」

スタッフB「第１線の別の部門でチェックをしました」

チームの責任者「モデルを開発した第１線のチェックでは，モデル開発者の意向を踏まえたチェックになりがちです。第１線から独立している私のチームで，モデルを検証してみましょう」

　　　　　　　　⋮

チームの責任者「このモデルは，モデルの開発手法自体は妥当ですが，○○業界に当てはまるものであり，やはり●●業界に適用すれば保守的ではない結果になると判明しました。●●業界に適用し得るモデルに調整した結果，2050年までの与信関係費用はさらに膨れ上がる可能性があります。場合によっては，開示資料を修正しなければならないでしょう」

<ケース３：AI（人工知能）の手法>

スタッフC「当社では，AIの手法を用いてモデルを開発し，そのアウトプットに基づいて海外における住宅ローン審査で迅速な顧客対応を行っています。この手法は，他の日本の金融機関でも一般的に広く用いられてい

> ます」
>
> **チームの責任者**「モデルのアウトプットによれば，XXといった年齢層や▲▲といった人種，□□といった地域に住む顧客には，住宅ローンの提供を拒絶するケースがみられます。AIのアウトプットだけに依拠するのではなく，公平性や説明可能性などの観点でチャレンジを受け，差別的な判断につながらないよう，モデルの管理が行われていますか？」
>
> **スタッフC**「この手法は日本の金融機関で広く活用されているため，そうした管理は行っていません」
>
> **チームの責任者**「モデルのアウトプットだけに依拠して住宅ローン審査の判断を行っていたとすれば，差別的な扱いになり得るとして，当社のレピュテーションを毀損するおそれがあります。米国では，この点は相当センシティブです。すぐに上級管理職に報告が必要です。他の日本の金融機関も同じ手法を使っているのだとすると，問題が広がるおそれがあるため，当局にも一報を入れておいたほうがいいですね」

　少し誇張して書いているが，いずれのケースも，モデルの設計や使用目的の誤りによりモデル・リスクが顕在化した例である。結果として，金融機関に対する損失だけではなく，レピュテーションに対する影響や当局に対する説明が求められるなど，場合によっては多方面に大きな影響をもたらしかねない事態に発展し得る。このようなモデルに起因するリスクを未然に防ぐためのリスク管理が，モデル・リスク管理（Model Risk Management）である。モデル・リスク管理は，MRMやモデル・ガバナンス，モデルリスク・ガバナンスなど，様々な呼び方があるが，基本的には同じ概念であり，本書では「モデル・リスク管理」で統一する。

　2008年のリーマンショック以降，グローバルでは米国を中心に，モデル・リスク管理の態勢整備・高度化が進められてきた。その1つのきっかけが，連邦準備制度理事会（FRB）／通貨監督庁（OCC）が2011年に公表したモデル・リスク管理に関する監督上のガイダンス（Supervision and Regulation Letter, 通称「SR11-7」）である。日本では長らくモデル・リスクに関連するガイダン

スは存在しなかったが，2021年11月に金融庁が「モデル・リスク管理に関する原則」（本書では「金融庁原則」という）を公表した。今や金融機関はあらゆる業務において，モデルを活用している。最近では，マネー・ローンダリング・テロ資金供与・拡散金融対策（以下「AML」という）や気候変動といった新しい領域でもモデルが活用されていることに加え，AI（人工知能）／ML（機械学習）といった先進的な手法を用いてモデルが開発されている。これらの動きに比例して，モデルの活用に付随するリスク（モデル・リスク）が顕在化しやすい状況にある。本書は，モデル・リスク管理の重要性が高まる中，モデル・リスク管理に関する日本で初めての包括的な解説書である。

　本書の構成は，以下のとおりである。

　「Ⅰ．ガバナンス編」は，第1章から第3章で構成される。モデル・リスク管理の基礎的な概念や金融庁原則，米国・英国の原則を取り上げ，モデル・リスク管理の考え方について解説する。
　第1章では，モデル・リスク管理の基礎的な概念を取り上げている。日本の金融機関にとっては，モデル・リスク管理は比較的新しいリスク管理領域であるため，モデルと金融実務の関係やモデル（・リスク）の定義，関係主体，モデル・インベントリーやモデルのリスク格付，モデル・ライフサイクルといったモデル・リスク管理に特有の概念について説明している。
　第2章は，金融庁原則について解説している。金融庁原則における適用対象金融機関やモデル（・リスク）の定義に始まり，3つの重要な概念（3つの防衛線，モデル・ライフサイクル，リスクベース・アプローチ）と8つの原則について，海外のグローバル金融機関等の話題にも触れながら，詳細な解説を試みている。本書で一番分量を割いた章である。
　第3章では，米国・英国の原則について説明している。米国の原則は2011年，英国の原則は2023年に公表されたが，それぞれの原則の内容は，基本的には整合的である。そのため本書では，米国・英国の原則に特徴的な記載や日本の金融機関にとって参考になり得る箇所に絞って，原則の解説を行った。

　「Ⅱ．個別モデル編」は，個別モデルに関する解説であり，第4章から第6章で構成される。第1章から第3章まででモデル・リスク管理の概念や金融庁原則，各国の原則を解説するが，個別モデル編では，特に金融庁原則を踏まえて，金融機関がどのようにモデルを開発・検証すべきかに焦点を当てた。具体的なモデルとして，予想信用損失（ECL）モデル，気候変動リスクモデル，AMLモデルの3つを取り上げた。

　信用リスクや市場リスク等の「伝統的なモデル」については，金融機関においてすでにモデル開発・検証の目線がある程度揃っていることを踏まえて，本書では実務がまだ定まっていないと思われるこれらのいわば「非伝統的なモデル」を取り上げた。なお，これら個別モデルを取り上げた3つの章については，目次をある程度は統一させることで，各章の記載の整合性を重視した。

　第4章では，ECLモデルを取り上げる。ECLモデルは，会計・開示につながるモデルであり，モデルとしての重要性が高く，モデルのリスクは比較的高いといえる。また，大手金融機関のみならず地域金融機関等でも，広く活用され始めている点でも重要である。そのため，モデルの開発・検証に際しての視点を整理することには，意義があると思われる。

　第5章は，気候変動リスクモデルを取り上げる。気候変動リスクは近年，あらゆる金融機関で関心の高い領域であり，モデルを用いて移行リスク・物理的リスクの評価を行うことが多い。しかし，モデル・リスク管理の枠組みで気候変動リスクのモデルを管理することは，日本の金融機関ではまだ一般的ではないため，本書でモデル開発・検証のアプローチを示したい。

　第6章は，AMLモデルを取り上げる。AMLでは，フィルタリングや取引モニタリング，顧客リスク格付等でモデルを活用することが多くなっている。金融庁原則ではAMLモデルについて触れているが，気候変動リスクモデルと同様に，モデル・リスク管理の枠組みでAMLモデルの開発・検証を実施することは，日本ではまだ一般的ではない。こうしたことを背景に，AMLモデルの開発・検証の視点を提示する。

　「Ⅲ．応用編」は，第7章から第9章で構成される。ここでは先進的なトピックとして，AI／MLの手法，海外のグローバル金融機関のモデル・リスク

管理，日本の金融機関の態勢整備・高度化アプローチについて解説する。

　第7章では，AI／MLの手法を用いたモデル，いわゆる「AIモデル」について，モデルを開発・検証する際の視点について取り上げる。昨今，AIは生成AIの登場もあって，金融機関の間で急速に関心が高まっているが，AIモデルの管理には，公平性や説明可能性等の特有の論点が存在する。AIに関連する各国・地域の規制やガイダンスの内容をレビューしながら，AIモデルの管理の視点について，解説する。

　第8章は，先進的なモデル・リスク管理実務を有する海外のグローバル金融機関，特に米国G-SIBsの事例を取り上げる。海外のグローバル金融機関では，管理モデルの数が年々増える中で，足もとでは業務の効率化に舵を切っている。特にモデル検証の負担が重いことから，モデル検証の一部で海外の第三者のリソースを活用している事例が多く，その実務を中心に取り上げる。

　第9章は，日本の金融機関の態勢整備・高度化アプローチについて解説する。金融機関といっても，規模や業態，使用しているモデルも様々である。本章では日本の金融機関を，金融庁原則の適用対象であるG-SIBsやD-SIBs，バーゼル規制等に用いる内部モデルを保有している金融機関，保有していない金融機関，保険会社の4つに分類した上で，それぞれの態勢整備・高度化アプローチについて提案している。

＊＊＊

　金融庁原則が公表され数年が経ったが，モデル・リスク管理の態勢整備・高度化は，日本の金融機関ではまだ始まったばかりである。モデルが金融機関の業務のあらゆる場面で活用され，今後その度合いがますます高まることを踏まえると，モデル・リスク管理について包括的に解説した本書は，金融機関に大いに参考になるものと思われる。

　本書は，モデル・リスクやECL，気候変動リスク，AML，AI／MLの領域における専門家が協働で執筆した。想定読者層としては，銀行や証券会社，信託銀行，保険会社といった金融機関に勤務する方々を想定して執筆したが，広くモデルを活用する全ての方々にとっても有用であると自負している。本書が

金融機関に限らず，幅広い層でモデルやモデル・リスク管理の理解を深める一助になれば幸いである。

　記載内容については，編著者各人の見解であり，所属するまたは所属した組織の公式見解ではない点は，あらかじめお断りする。記載について至らない点があれば，編著者らの責任であるが，読者から貴重なご意見を頂戴し，日本におけるモデル・リスク管理の発展につながれば，これに勝る喜びはない。

　最後に，本書の刊行にあたり企画段階から出版までご尽力いただいた中央経済社の坂部秀治氏に，この場を借りて深く感謝申し上げる。

2024年10月

執筆者を代表して　　田中　康浩

曽我部　淳

CONTENTS

第2章

金融庁「モデル・リスク管理に関する原則」　39

第3章

米国・英国のモデル・リスク管理に関する原則　127

Ⅱ　個別モデル編

第4章
予想信用損失モデル　171

Ⅲ　応用編

第 7 章

AI（人工知能）／ML（機械学習）　283

I

ガバナンス編

第1章

モデル・リスク管理とは

第 1 節　モデルと金融実務

（1）金融機関におけるモデル

①　モデルの活用

　信用リスク，市場リスク，オペレーショナル・リスク等のリスク計測モデル，金融商品のプライシングや価値評価を行うモデル，ストレステストに係るモデルなど，銀行や証券会社，信託銀行，保険会社等の金融機関では，日々，様々なモデルやモデルのアウトプット（モデルの出力）を活用して，リスク管理等の金融実務や経営判断を行っている。

　もう少し具体的なモデルのイメージを例示してみよう。

- ある貸出先を評価する際，財務指標等のデータから信用格付を付与するために，モデルを開発した（財務格付モデル）
- 貸出ポートフォリオから生じる，将来の予想信用損失を見積もるために，モデルを開発した（予想信用損失モデル）
- 保有する有価証券から生じ得る最大損失額を推計するために，モデルを開発した（バリュー・アット・リスク（VaR）モデル）

　最近では，マネー・ローンダリング・テロ資金供与・拡散金融対策（AML）や各種取引の不正検知，さらには気候変動といった新しい領域でも，モデルが活用されている。さらに，モデルに用いられる手法も日々高度化しており，その代表例がAI（人工知能）やML（機械学習）だろう。

②　様々なモデル

　一口に「モデル」といっても様々なモデルが存在する。金融機関ではどのようなモデルがあるのか，整理してみたい。

　2021年11月に公表された，金融庁の「モデル・リスク管理に関する原則」（以下，本書では「金融庁原則」と呼ぶ）でいくつかのモデル（を用いる領域）が例示されているが，金融庁原則で挙げられているモデル以外にも代表的なモデル（を用いる領域）を示したのが**図表1－1**である。ここではモデルを，

「伝統的なモデル」と「非伝統的なモデル」に区分した。「伝統的なモデル」は，金融機関がこれまで長らく当該領域でモデルを活用してきた，いわば金融業界・金融機関で馴染みのあるモデルである。一方，「非伝統的なモデル」は，最近モデルが活用され始めた，もしくは管理の重要性が認識され始めたモデルを想定している。

図表1－1　伝統的なモデルと非伝統的なモデル

	金融庁原則で言及されているモデル	金融庁原則で言及されていないモデル（例）
伝統的なモデル	➤金融商品のプライシング，価値評価 ➤リスク計測 　●信用リスク 　●市場リスク 　●オペレーショナル・リスク	➤ストレステスト ➤資産負債管理（ALM） ➤資本・流動性管理 ➤財務関連
非伝統的なモデル	➤引当 ➤AML ➤不正検知・市場監視 ➤アルゴリズム取引 ➤AI（人工知能）／ML（機械学習）	➤経営戦略 ➤再建計画・破綻処理 ➤気候変動リスク ➤人事・人材最適化 ➤チャットボット ➤音声・画像認識

（出典）金融庁「モデル・リスク管理に関する原則」より筆者作成

　「伝統的なモデル」は金融機関にとって，当該領域のモデルの開発や使用において知見の蓄積があるという意味では，管理を行いやすいモデルだろう。一方，「非伝統的なモデル」は，最近になってモデルが活用され始めたり，新しい手法が用いられたりしていることなどから，比較的管理が難しいといえるかもしれない。

（2）モデルの性質とリスク顕在化事例

①　モデルの性質

　このように，あらゆる金融実務でモデルが活用されており，モデルは金融機関にとってなくてはならない存在である。しかし，なぜモデルのリスク（モデル・リスク）の管理が重要なのだろうか。この問いに答えるために，モデルの性質について金融庁原則を引用しながら解説する。金融庁原則ではモデルの性質について，

- 多くの単純化や仮定を伴う
- モデルで用いる手法に唯一の正解は存在しない
- 手法や仮定の選択によってアウトプット（出力）は大きく異なり得る

という点を指摘している。

　つまり，モデルはどれだけ精緻に開発しようとしても，現実の世界を完全には捉えきれないため，どうしても単純化や仮定が必要となる（完璧なモデルは存在しない。すなわち，モデルには限界がある）。また，経済・ファイナンス理論や数学，統計学といったモデルを開発する際の手法についても，様々な手法の中から適用するときは，根拠を持って選択しなければならない。単純化や仮定の考え方，選択した手法の違いによって，モデルのアウトプットは異なり得るという点が，モデルの大きな特徴である。

　もう少し具体的に，モデルにまつわる議論をしてみたい。例えば，第4章で解説する予想信用損失（ECL）モデルでは，将来の経済シナリオに基づくマクロ経済指標の予測値（例えば，GDP（国内総生産））をモデルに投入し，将来のPD（デフォルト確率）を算出するが，GDPとPDに「負の相関」（つまりGDPが低下すると企業などのPDが上昇する関係）があると「単純」に「仮定」したとする。さらに，様々な手法の中で，マクロ経済指標として入力変数を1つ（ここでは，GDPのみ）にして，「単回帰の手法」を選択してモデルを開発したとする。しかし，

- GDPとPD間の相関を単純に仮定してよいか
- マクロ経済指標として，GDPではなく，失業率や株価といった変数のほうが，PDの動きをうまく説明できるのではないか

- GDPだけではなく，失業率や株価などの変数も組み込んだ「重回帰」の手法のほうがよいのではないか
- 「重回帰」を選択した場合，変数間に相関が発生していないか

といった様々な論点について検討し，妥当性を示す必要がある。

　このようなモデルの性質（いわば，モデルの限界ともいえる）を理解しないまま，開発したモデルを利用してモデル（のアウトプット）を活用し，金融実務や経営判断を行うと，金融機関の収益や財務，レピュテーション等に悪影響を及ぼすリスクが顕在化しかねない。モデルの管理（モデル・リスク管理）とは，こうしたモデルそのものやモデルの使用に付随して発生し得るリスクを管理するための枠組みといえる。

　なお，ここでは「モデル」や「モデル・リスク」について，厳密に定義をすることなく述べてきたが，これらの定義については，第2節で解説する。

②　過去のモデル・リスク顕在化事例

　「なぜモデル・リスク管理が重要なのか」について，モデル・リスクの顕在化事例を紹介しながら，リスクが顕在化した際の影響などについて触れてみたい。モデル・リスクは，日本ではこれまであまり知られてこなかったが，海外では早くから，モデル・リスク管理の重要性が認識されてきた。その理由の1つに，モデル・リスクが顕在化し，経営破綻や巨額損失の事例を目の当たりにしてきたことが影響していると思われる。例えば，古くはロング・ターム・キャピタル・マネジメント（LTCM）の経営破綻（1998年）やいわゆる「ロンドンの鯨」の巨額損失（2012年）の要因の1つとして，モデル・リスクの顕在化が指摘されている。金融庁原則でも，次のとおりモデル・リスクの顕在化が，個別の金融機関に与え得る影響について言及している。

　モデルの誤りや不適切な使用は，誤った情報に基づく意思決定につながり，結果として金融機関の収益，財務状況，レピュテーション等に重大な損害を与えかねない。このように，モデルは意思決定の一助となり便益をもたらし得る一方，金融機関にとってリスク要因となる面も併せ持っている

> （モデル・リスク）。

（出典）金融庁「モデル・リスク管理に関する原則」（2頁）より抜粋

　モデル・リスクは，こうした個別の金融機関だけではなく，マクロ的な観点からも大きな影響を及ぼし得る。例えば，リーマンショックに端を発する世界的な金融危機の原因の1つとなったサブプライム問題においては，多くの金融機関において，モデル開発に際して同様の仮定や前提を置いており，これらの仮定や前提が崩れ，結果として金融システム全体に影響を与えたといわれている。金融庁原則でも，モデル・リスクの顕在化は，マクロ（金融システム全体）面にも影響が及び得ることが指摘されており，モデル・リスク管理の重要性が強調されている。

> モデルに起因する影響は，当該モデルを使用する金融機関に留まらず，幅広い範囲に及び得る。例えば，不適切なモデルの使用によって金融市場全体でリスクが過小評価された結果，金融システム内にリスクが蓄積され，金融市場の急激な調整を引き起こすなど，金融システム全体の不安定性をもたらす事態も考えられる。

（出典）金融庁「モデル・リスク管理に関する原則」（2頁）より抜粋

③　最近の事例

　最近の事例も挙げておきたい。2023年3月以降に，米国の複数の地域金融機関の経営破綻がみられたが，その反省としても公表されたFRBのレポートでは，モデル・リスクの監督の不備に言及している。

図表1－2　モデル・リスク管理の監督の不備

> （破綻した金融機関に対して）たった1人の検査官が，金利リスクや投資ポートフォリオのレビューに責任を負い，いくつかのケースでは，検査官が流動性リスク管理とモデル・リスク管理について，2～3週間の時間軸

でレビューを行っていた。この程度のリソースでは，実効的な監督には不十分であった。

（出典）FRB「Review of the Federal Reserve's Supervision and Regulation of Silicon Valley Bank」
（65頁）より筆者仮訳

　図表1-2で取り上げたレポートが対象とする金融機関の破綻は，様々な要因が組み合わさったものであるが，モデルを適切に管理しなければ，金融機関の経営を揺るがしかねない事態に発展し得るという事実を，あらためて痛感させる事例である。
　こうした個別事例以外にも，モデルに用いられる手法が日々進化・高度化している点も見逃せない。例えば，最近ではAIやMLの手法を活用したモデルの開発が盛んになっており，多くの金融機関が競い合うようにこれらの手法を用いたモデルを活用している。一方で，これらの手法を組み込んだモデルを適切に管理しなければ，多くの金融機関が活用する手法なだけに，個社だけでなく金融業界・金融システム全体にも悪影響をもたらしかねない点には，留意が必要である。AIやMLの手法を用いたモデルやその管理については，第7章で解説する。

（3）モデル・リスク管理の重要性

　本節では，モデルと金融実務について述べてきたが，以降のモデル・リスク管理の理解のために重要な点であるため，これまでのポイントを再度まとめておきたい。
- モデルは金融機関の実務に深く根差しており，様々なモデルが活用されている
- 最近では，AMLや気候変動リスクなどの新しい領域でも，モデルが活用されている
- モデルの手法についても，AIやMLに代表されるような，新しい手法が日々出現している

- モデルはその性質上，必ず単純化や仮定が存在する（完璧なモデルは存在しない）ため，適切な管理が重要になる
- モデル・リスクが顕在化すると，個別の金融機関や金融システム全体に，大きな影響を及ぼし得る

　今後，モデルは活用の度合いが高まり，それに比例して管理すべきモデルは，量（モデル数）・質（手法）ともに拡大・複雑化することが予想される。それに伴い，モデル・リスクやその顕在化事例も増えていくだろう。モデル・リスク管理は，今や金融機関にとって必須のリスク管理領域である。

第　2　節　モデルやモデル・リスクの定義

（1）モデルの定義

①　金融庁原則

　これまでは，漠然と「モデル」という用語を用いてきたが，本節ではあらためてモデルの定義を解説する。モデルの定義を理解するためには，金融庁原則をはじめとする各国の原則を引用することが有用と思われる。まず，金融庁原則におけるモデルの定義は，以下のとおりである。

> 　「モデル」とは，定量的な手法（複数の定量的な手法によって構成される手法を含む。）であって，理論や仮定に基づきインプットデータを処理し，アウトプット（推定値，予測値，スコア，分類等）を出力するものをいう。モデルには，インプット又はアウトプットの全体又は部分が定性的なものや，インプットが専門的判断に基づくものも含まれる。

（出典）金融庁「モデル・リスク管理に関する原則」（5頁）より抜粋

　この定義は，次の3つに分けることができる（**図表1－3**）。まずは「インプットデータ」である。インプットデータは，モデルがリスク計測や時価評価等を行う対象となる市場データなどの外部データや，貸出残高，有価証券の

ポートフォリオといった内部データである。次に,「理論や仮定に基づきイン
プットデータを処理する定量的な手法」である。これは経済・ファイナンス理
論や数学,統計学的な手法を指す。例えば,以下のようなものが挙げられる。

- 金利と設備投資の関係(金利は,設備投資に影響を与える変数,つまり金
利が上昇すれば設備投資は減少するという経済理論)
- 株価などのリターンは,企業規模等の複数の変数によって説明が可能
(ファイナンス理論)
- 様々な分布の中から正規分布を仮定する(統計学理論)

最後に,推定値や予測値といったアウトプット(モデルの出力)である。

図表1-3　モデルの定義の要素

要素	概要
インプットデータ	➤ リスク計測や時価評価等を行う対象となる市場データなどの外部データ ➤ 貸出残高や有価証券のポートフォリオといった内部データ
理論や仮定に基づき,インプットデータを処理する定量的な手法	➤ 経済・ファイナンス理論や数学,統計学的な手法
アウトプット	➤ 推定値や予測値といったアウトプット(モデルの出力)

以上の要素をまとめると,図表1-4のとおり,モデルのイメージを示すこ
とができる。ここでは,バリュー・アット・リスク(VaR)をアウトプットと
するモデルを例に取り上げた。

図表1-4　モデルのイメージ

インプット　例)市場データ,自社のポートフォリオ → 理論・仮定に基づくインプットデータの処理　例)ヒストリカル法　分散共分散法など → アウトプット　推計値・予測値 等　例)10日間99% VaR

(出典)吉田高・田中康浩「「モデル・リスク管理に関する原則」の公表」アクセスFSA第220号より抜粋

②　米国の原則

　FRB（連邦準備制度理事会）／OCC（通貨監督庁）が公表した，米国の原則「SUPERVISORY GUIDANCE ON MODEL RISK MANAGEMENT」では，モデルの要素として次のとおり記載されている。

モデルは，次の３つの要素から構成される。

①　インプットの要素（仮定やデータをモデルに送り込む）

②　インプットを推定値に変換する要素

③　推定値を有用な情報に変換する報告の要素

（出典）FRB／OCC「SUPERVISORY GUIDANCE ON MODEL RISK MANAGEMENT」（３頁）より筆者仮訳

　なお，米国の原則は，SR11-7と呼ばれる，2011年にFRB／OCCが公表したモデル・リスク管理に関する監督上のレターを指す（厳密には原則ベースの文書ではないが，本書では「米国の原則」と呼ぶ）。米国の原則は公表後，モデル・リスク管理に関するグローバルの流れに大きな影響を与えており，現在でも多くの金融機関で参照されている。米国の原則については，本章や第２章でも触れるほか，第３章で詳しく解説する。

　参考として，米国の原則におけるモデルの定義もみておきたい。

モデルは，インプットデータを定量的な推計値に変えるための，統計，経済，ファイナンス，数学といった理論や技術，仮定を適用した定量的な手法やシステム，アプローチを指す。また，モデルの定義には，アウトプットが定量的であれば，インプットの一部または全体が定性的であったり，インプットがエキスパート・ジャッジメントに基づく場合も含む。

（出典）FRB／OCC「SUPERVISORY GUIDANCE ON MODEL RISK MANAGEMENT」（３頁）より筆者仮訳

③　英国の原則

　次に，BOE（英国中央銀行）／PRA（健全性監督機構）が公表した，英国

の原則「Model risk management principles for banks」におけるモデルの定義をみてみたい。英国の原則も第3章で解説するが，モデルの定義自体は，金融庁原則や米国の原則と整合性の取れたものとなっている。

> モデルとは，統計，経済，ファイナンスや数学理論や手法，仮定を用いてインプットデータをアウトプットに変換する定量的な手法やシステム，アプローチを指す。モデルの定義には，定量的・定性的またはエキスパート・ジャッジメントに基づくインプットデータや定量的または定性的なアウトプットも含む。

（出典）BOE／PRA「Model risk management principles for banks」（Principle 1.1）より筆者仮訳

　ただし，アウトプットについては，米国の原則のモデル定義では「定性的な場合」の記載が明示的にはない一方，金融庁原則や英国の原則では定性的な場合もモデルとして示されている点は，重要な違いである。この点は，次の「モデルの特定」にも関連するためそこでも触れるが，詳細は第2章で解説する。

④　モデルの特定

　金融機関は，モデル・リスク管理において，管理するモデルを特定するために，金融庁原則等を参考にしながらモデルの定義を規定する必要がある。その上で，ある手法がモデルに該当するかを特定し，該当した場合に管理を行っていくが，実はモデルの特定作業は容易ではない。それは，モデルに該当するのか，該当しても管理すべきなのかについて，いわば「グレーゾーン」が存在するため，金融機関の判断が必要になるためである。例えば，以下で論点になりやすい点をいくつか挙げてみたが，明確な答えを持ち合わせるのは難しいのではないだろうか。

- 理論や仮定に基づき，インプットデータを処理する定量的な手法として，経済・ファイナンス理論や数学，統計学的な手法は使わず，あくまでも簡単な計算過程に沿った処理を行い，アウトプットを出力する場合
- 経済・ファイナンス理論や数学，統計学的な手法は使うが，アウトプットに推定値や予測値といった要素がほとんどない場合

• モデルの定義には合致するが，担当者が個別に作成・使用している場合

　これらは重要な論点であるため，第2章であらためて解説するが，上記いずれの論点に対しても，金融機関によって捉え方が同じではないと思われる。重要な点としては，モデルの特定作業において，ある業態やエンティティではモデルとして特定しているが，別の業態・エンティティではモデルとして特定しないといったような不整合が生じないよう，グループ・グローバルベースで一貫性のある考え方を整理しておくことだろう。その上で，当局等とモデルの考え方について対話を行う姿勢が求められる。

（2）モデル・リスクの定義

①　金融庁原則

「モデル・リスク」の定義についても，金融庁原則の該当箇所を引用する形で説明する。金融庁原則ではモデル・リスクについて，以下のとおり定義している。

　「モデル・リスク」とは，モデルの誤り又は不適切な使用に基づく意思決定によって悪影響が生じるリスクをいう。モデル・リスクは，金融機関の健全性の低下，法令の違反，企業価値の毀損等の要因となり得る。一般的に，モデル・リスクは，（1）意図した用途（モデルの目的）に照らしてモデルに根本的な誤りがあり，不正確なアウトプットを出力する場合，（2）モデルが不適切に使用されている場合（想定した使用の範囲外での使用や，モデルの限界を超える使用を含む。）に発現し得る。

（出典）金融庁「モデル・リスク管理に関する原則」（5頁）より抜粋

　この定義からは，モデル・リスクは次の2つの場合に生じ得ることがわかる。
- （1）の場合：モデルの設計段階に誤りがあり，モデルのアウトプットが不正確な場合。例えば，モデルで用いた理論や手法の使い方を誤ったり，インプットデータが適切ではない場合
- （2）の場合：モデルは，その目的や用途に照らし，前提や仮定を置いて

開発するため，何らかの使用上の限界があるのが普通であるが，これらの限界を超える形でモデルを使用したことに起因する場合。例えば，モデルに問題はない，あるストレステストのモデルを，別のストレステストで使用すると問題が生じる場合

　この2つの場合が顕在化しないように，モデルを適切に管理する活動がモデル・リスク管理である。

②　米国の原則

　モデルの定義と同様に，ここでも米国の原則におけるモデル・リスクの定義をみておきたい。

モデル・リスクは主に次の2つから生じ得る。
➤モデルの目的や使用に照らして，モデルに根本的な誤りがあり，不正確なアウトプットを算出する場合
➤モデルが正しく使われなかったり，不適切に使用された場合。モデルの目的と整合的で正確なアウトプットを算出するモデルであっても，モデルの適用に誤りがあったり誤使用された場合は，モデル・リスクが顕在化し得る

（出典）FRB／OCC「SUPERVISORY GUIDANCE ON MODEL RISK MANAGEMENT」（3～4頁）より筆者仮訳

③　英国の原則

　次に，英国の原則を確認する。英国の原則は極めてシンプルな記載であるが，モデル・リスクはモデルに誤りがある場合やモデルが適切に使用されなかった場合に生じ得るという点で，金融庁原則や米国の原則と整合性の取れた定義になっている。

> モデル・リスクは，モデルの誤りやモデルのアウトプットの不適切な使用
> でビジネスの意思決定等に悪影響が生じるリスクを指す。

（出典）BOE／PRA「Model risk management principles for banks」（2.6項）より筆者仮訳

④　モデルに付随する不確実性とモデル・リスク

　本節の最後に，モデルに付随する不確実性とモデル・リスクの関係について
述べておきたい。モデルの性質は第1節で述べたとおりであるが，この性質を
有しているために，モデルに「不確実性」が生じることは避けられない。金融
庁原則はモデルの「不確実性」について，「モデリングによる不確実性」と
「アウトプットの性質による不確実性」の2点を指摘し，これらの不確実性が，
モデル・リスクの本質的な要因となっていることに言及している。

> 　モデルを特徴づける特性の一つとして「不確実性」が挙げられる。モデ
> ルの構築においては，様々な選択肢から手法や仮定等を選択するが，この
> 選択次第でモデルのアウトプットは大きく異なり得る（モデリングによる
> 不確実性）。また，モデルのアウトプットは推定値や予測値など直接的な
> 観測が困難なものの推計等であり，その性質に伴う不確実性が存在する
> （アウトプットの性質による不確実性）。モデルに内在するこれらの不確実
> 性が，モデルに基づく意思決定を誤らせる可能性をもたらし，モデル・リ
> スクを生じさせる本質的な要因となっている。

（出典）金融庁「モデル・リスク管理に関する原則」（5頁）より抜粋

　この2点を図示したのが**図表1－5**であるが，これらの不確実性を理解した
上で，モデルを利用・管理することが，モデル・リスク管理のポイントといえ
る。

図表1－5　モデルに付随する不確実性

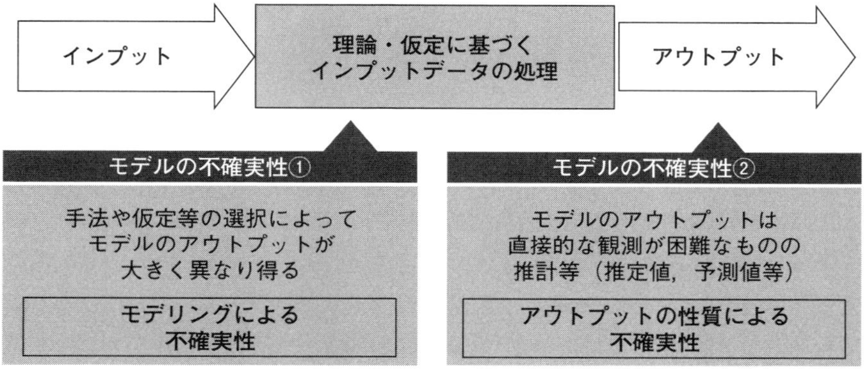

第 3 節　関係主体

（1）第1線

① モデル開発者

　本節では，モデル・リスク管理における主な関係主体をみていきたい。モデル・リスク管理では，第1線を，モデル開発者，モデル使用者，モデル・オーナーに区分することが多い。金融庁原則では，第1線は以下のとおり定義されている。

> 第1の防衛線（第1線）は，モデルを所管する又はモデルの開発・使用に直接関係する部門・個人で構成される（モデル・オーナー，モデル開発者，モデル使用者等）。

（出典）金融庁「モデル・リスク管理に関する原則」（6頁）より抜粋

　モデル開発者は，モデルを開発する部門や個人を指す。例えば，信用リスクモデルでは，融資・与信企画部門などがモデル開発者になる。

② モデル使用者

　モデル使用者は，ある目的によって開発されたモデルを使用する部門または個人を指す。モデル開発者とモデル使用者が同一のこともあり得る。例えば，同じく信用リスクモデルであれば，営業部門や審査部門などがモデル使用者になり得るし，融資・与信企画部門で開発されたモデルを，同じ部門の別の個人が使用することも想定される。

　なお，海外のグローバル金融機関の事例としては，グローバル本部等の「センター・オブ・エクセレンス（CoE）」のようなモデル開発センターを設置し，そこで開発されたモデルを各拠点に展開することがある。この場合は，モデル開発者とモデル使用者は明確に異なる。CoEについては，第8章や第9章で述べる。

③ モデル・オーナー

　モデル・オーナーという概念は，日本の金融機関では馴染みが薄いと思われる。日本では，モデルの使用中に問題が生じた場合は，モデル使用者がモデル開発者に報告を行い，必要に応じてモデル開発者がモデルを改善して対応終了となることが一般的である。この場合，第1線のモデルの責任者は，モデル開発者またはモデル使用者ということになる。

　一方で，海外のグローバル金融機関では，モデル・オーナーがモデルの開発やモデルの使用に責任を持ちながら，次で説明する第2線のモデル・リスク管理部門やモデル検証者とコミュニケーションを行うことが多い。信用リスクモデルであれば，モデル・オーナーは，融資・与信企画部門等の管理職が担うことが想定される。

（2）第2線

① モデル・リスク管理部門

　モデル・リスク管理では，第2線の役割が極めて重要になる。第2線は誰が担い，どのような役割があるのか，まずは金融庁原則を引用してみたい。

> 第2の防衛線（第2線）は，第1線に対するけん制を通じてモデル・リスクを管理する部門・個人で構成され，モデル・リスク管理態勢の維持，規程等の遵守状況及びモデル・リスク全体に対する独立した立場からの監視，モデルの独立検証等の役割を担う。

（出典）金融庁「モデル・リスク管理に関する原則」（6頁）より抜粋

　モデル・リスク管理における第2線は，モデル・リスク管理部門とモデル検証者が存在する。モデル・リスク管理部門には，第1線の活動を管理し，「けん制」を行うことが求められる。具体的には，金融庁原則では，「モデル・リスク管理態勢の維持，規程等の遵守状況及びモデル・リスク全体に対する独立した立場からの監視，モデルの独立検証等」を行うこととされている。

　日本の金融機関の場合は，第1線から独立したモデル・リスク管理部門を設置していないことがほとんどである。これは独立した立場からモデルを管理することやけん制することに対する重要性が浸透していないことのほか，そもそもリソースが不足していることが考えられる。

②　モデル検証者

　モデル検証（英語では「モデル・バリデーション」と呼ばれる）は，モデル・リスク管理において最も重要な役割を果たす。モデル検証者は通常，モデル・リスク管理部門に所属し，第1線のモデル開発に対して，モデルのデータや手法，モデル・テスト（モデルのパフォーマンスのチェック）などについて，独立した立場から評価を行う。さらには，モデルの使用許可や制限付きの使用許可，モデル使用の拒否も行うことができる強力な権限も有している。モデル検証者のスキルについては，開発されたモデルに対して，実効的な検証を行う必要があるため，モデルに対する高度かつ深い知見が必要となる。

③　第1線からの独立性

　モデル・リスク管理では，モデル開発者や使用者等の第1線から独立した第2線がモデル・リスクを管理し，モデルの検証を行うことが重要になるが，日

本の金融機関では，第1線と第2線の間に十分な独立性が存在していないことが多い。第1線には，第1線に有利な（都合のよい）モデルを開発するインセンティブがあることは否定できず，第2線による客観的な評価がなされていないモデルが使用されると，金融機関が損失を被り，最悪の場合は金融機関の存続が危ぶまれることは，第1節の個別事例で紹介したとおりである。

　海外のグローバル金融機関のように，独立かつ専担のモデル・リスク管理部門の設置や経験豊富なモデル検証者の確保を日本の金融機関に求めることは容易ではないが，そうした中でも，いかにして実効的なけん制態勢を確保できるか，工夫をこらすことが重要である。独立性の確保は，モデル・リスク管理では一貫して重要な論点であるため，他の章でも折に触れて述べたい。

（3）第3線

　第3線は，内部監査部門である。金融庁原則では，次のとおり定義されている。

> 第3の防衛線（第3線）は，内部監査部門で構成され，金融機関のモデル・リスク管理態勢の全体的な有効性を評価する。

（出典）金融庁「モデル・リスク管理に関する原則」（6頁）より抜粋

　内部監査部門は，モデル・リスク管理の全体的な枠組みに関して監査を実施する。内部監査部門が，第1線および第2線から独立した立場で監査を実施すべき点は，他のリスク領域と同様である。

（4）3つの防衛線の関係

　第1線，第2線および第3線の主な役割を述べてきたが，3つの防衛線の関係を図示すると，**図表1－6**のとおりとなる。第1線に対する第2線の「けん制」と，第1線と第2線の活動全体に対する第3線による独立した監査について，それぞれの実効性を確保していることが重要である。この3者の役割を意

識しながら，モデル・リスク管理態勢を構築していくことが求められる。

図表１－６　モデル・リスク管理における３つの防衛線の関係

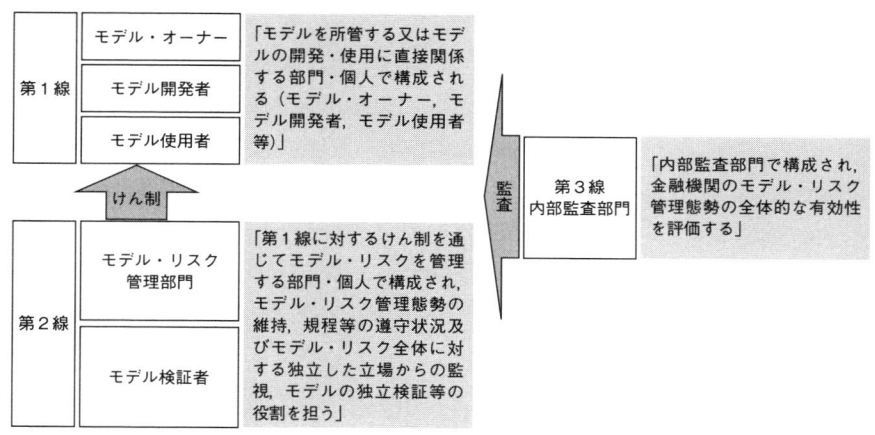

（出典）金融庁「モデル・リスク管理に関する原則」より筆者作成

（5）取締役会等や上級管理職の役割

　３つの防衛線のほかに，取締役会等や上級管理職，モデル・リスクの関連会議体が，モデル・リスク管理で重要な関係主体として存在する。これらの役割もみておきたい。

　金融機関のモデル・リスク管理態勢の構築およびモデル・リスク管理に関する最終責任は，基本的には取締役会等にあり，これはモデル・リスクに限らず，他のリスク領域でも同様である。もっとも，取締役会等が，モデル・リスク管理態勢の構築を行うことは現実的ではない。その権限と実行は，チーフ・リスク・オフィサー（CRO）などの上級管理職やモデル・リスクの関連会議体に委譲することが一般的である。取締役会等は，第２線のモデル・リスク管理部門からモデル・リスク管理の状況について報告を受け，必要に応じて改善事項などを指示し，その実行を監督することが主な役割になる。

　次に上級管理職であるが，実務面では，取締役会等から権限の委譲を受け，

CRO等がモデル・リスク管理態勢の構築や見直し等の責任者になることが想定される。海外のグローバル金融機関では，モデル・リスク管理の部門長を，態勢構築などの実務的な責任者に据えることが多い。

　最後に関連会議体としては，リスク管理委員会の中でモデル・リスク管理について審議することや，モデル・リスクの関連会議体を設けて，方針・規程等の枠組みやモデルの承認を行うことが考えられる。これらの場では，CROが責任者となり，重大なモデル・リスクが発生した場合の対応を協議することが想定される。

第 4 節　モデル・インベントリー

（1）モデル・インベントリーの目的

①　役　　割

　モデル・リスク管理において特徴的な用語の1つが，「モデル・インベントリー」である。モデル・リスク管理では単に「インベントリー」と呼称されることもあり，各モデルに関する情報を記載した「データベース」や「一覧表」を指している。金融庁原則では，モデル・インベントリーについて，次のとおり定義されている。

> 特定したモデルを包括的な「モデル・インベントリー」（金融機関が特定したすべてのモデルの情報を記載したデータベースをいう。）に記録する。

（出典）金融庁「モデル・リスク管理に関する原則」（6頁）より抜粋

　自社にはどの程度の数のモデルがあり，それはどのような特徴を有しているのかを包括的に把握するためには，モデル・インベントリーの作成が必須である。モデル・インベントリーは，効果的・効率的なモデル・リスク管理を行っていくための，重要なインフラといえる。

② 活用の流れ

　以下では，モデル・インベントリーを活用する流れを取り上げてみる。まず，管理すべきモデルであると特定されれば，モデル・インベントリーにモデルに係る一連の情報を記録する。モデルの検証を終え，使用の承認がなされれば，検証終了日や検証結果，承認日などの情報を記録して，モデルの使用を開始する。モデルが使用されている期中に，モデルの継続モニタリングやモデルの再検証を行う場合は，それらの結果を記録する（モデルの継続モニタリングや再検証については，第2章で説明する）。モデルが役割を終え，使用が停止されれば，モデル・インベントリーから登録を外すか，将来的な再使用を見据えて，一定期間はモデル・インベントリーに残しておくなどの対応も考えられる。

　このように，モデル・インベントリーには，モデル管理のライフサイクル（あるいは，モデル管理の情報やワークフローのステータス情報等）が記録されることから，モデル・インベントリーとモデルの管理は，その要所で関連している。この点から，モデル・インベントリーは，効果的・効率的なモデル・リスク管理を行うための重要なインフラに相応しいものといえる。

③ 管理項目

　モデル・インベントリーでの管理で重要な論点として，どのような情報をインベントリーに記録すべきかという点がある。金融庁原則では，モデル・インベントリーに記載すべき「一連の情報」に関する詳細な言及はみられない。そのため，第2章および第3章で，記録することが望ましいと考えられる項目について解説する。

（2）モデル・インベントリーの種類

① エクセル

　モデル・インベントリーは，日本の金融機関ではエクセルで作成することが一般的である。すなわち，縦軸にモデルの管理項目を設け，横軸にモデルのIDを設定（縦と横が逆でも構わない）して一連の情報を記録し，期中も必要に応じて情報を更新していく。

　しかし，エクセルでのモデル・インベントリー作成および更新は，マニュアル作業にならざるを得ない。こうしたマニュアル作業が多ければ多いだけ，以下のようなヒューマンエラーが発生しかねない。

- モデルの検証期日を見逃してしまった
- モデルのパフォーマンス劣化を示唆する閾値を超えたことを見逃していた
- モデルの重要項目の更新を失念していた
- 重要な情報を誤って削除してしまった

　エクセルでモデルの管理が可能なのは，おそらく，モデル数が最大でも数百前半のレベルに限られると思われる。それ以上にモデル数が増える場合は，次に解説するようなシステムの導入を検討すべきだろう。

②　システム

　モデル数が数百の後半から千を超えるようになれば，システムでのモデル・インベントリー管理が望ましいだろう。システムでのインベントリーは，いくつかのベンダーが提供しており，海外のグローバル金融機関では内部で開発する例が多くなっている模様である。

　エクセルに比べると，システムの導入段階ではコストはかかるが，上記のようなヒューマンエラーはアラート機能等によって防ぐことが可能である。それだけではなく，モデルの連関性（上流モデル・下流モデル）をグラフィカルに表示したり，モデルのパフォーマンスの状況を示すレポートの作成や検証報告書の作成をある程度は自動で進めるなど，高度な機能を内蔵させることが可能になる。また，モデルの開発から検証，承認，モニタリング，再検証などのワークフロー管理機能も有している。これらの期待効果を踏まえると，モデル・インベントリー管理に要する総費用は，長期的な目線では，システムを導入するほうが安くなるかもしれない。

第 5 節 モデルのリスク格付

（1）リスク格付の目的

① 役　割

　モデル・リスク管理に特徴的な2つ目の用語として「モデルのリスク格付」（本書では「リスク格付」と呼ぶ）が挙げられる。信用リスク管理で企業等のリスクに応じて格付を付与して管理したり，AMLでリスクに応じた格付を顧客に付与して管理を行うが，それらと同じ概念である。リスク格付は，後述するリスクベース・アプローチの基礎となる，重要な考え方である。

② 一般的なリスク格付

　リスク格付は，後述するモデルの用途や重要性，複雑性等の観点から，リスクが高い（言い換えれば，モデル・リスクが顕在化した際の影響が大きい）モデルには「リスク高（High）」を，逆にリスクが低い（言い換えれば，モデル・リスクが顕在化した際の影響が小さい）モデルには「リスク低（Low）」を付与して，モデルのリスクを記号（格付）で表現する。

　リスク格付で最も多い枠組みは，3段階でモデルの格付を付与するものである（例：リスク高・中・低やHigh，Medium，Low）。最近では，保有するモデル数の拡大もあって，4段階や5段階で管理する事例もある。

　ちなみに，金融機関が保有するモデルを，リスク高・中・低に分類した場合，それぞれの格付に占めるモデル数のシェアは，金融機関の規模や業態，ビジネスモデルや用いているモデルの種類とその活用度合い等によって決まるため，「リスク高モデルは●●％程度あるべき」といった目線があるわけではない。ただし，極端に「リスク低」モデルのシェアが高ければ，当局との対話の中でリスク格付を付与する考え方について，論点になるかもしれない。

③ リスクベース・アプローチとの関係

　管理すべきモデル数が拡大する中で，海外のグローバル金融機関のモデル数

は，今や数千の規模に達している。日本の金融機関の中でも，数百から多い場合は数千のモデル数になっているが，その全てのモデルについて，同じ強度で管理することは現実的ではない。そのため，リスクが高いモデルは頻度高くしっかりと管理する一方，そうではないモデルにはそこまでの管理は求めないことを許容するといったように，管理にメリハリを付けることで，限られたリソースでも適切な管理が可能な態勢を整備することが必要になる（リスクベース・アプローチ）。

　リスク格付は，こうしたリスクベース・アプローチの考え方と重要な関係にあり，モデル・リスク管理における基礎となる考え方である。リスク格付については，その付与の実務などについて，第2章で解説する。

（2）リスク格付の評価項目

①　用　途
　ここでは，具体的なリスク格付の評価項目について説明する。まずはモデルの用途の観点である。すなわち，モデルがどのような目的で活用されるのか，それに応じてリスク格付を付与するわけである。モデルの用途としては，例えば，
- 規制目的に使用されるか
- 財務会計の計算に使用され，開示資料に掲載されるか
- レピュテーションに影響があるか

といった観点が挙げられる。モデルの用途が重要であればあるほど，モデルのリスクは高くなる。

②　重要性
　2つ目は重要性の観点である。重要性は用途と重なる部分もあるが，例えば，
- モデルが適用対象とするポートフォリオは大きいか（重要なポートフォリオを対象にしているか）
- モデルが適用対象とする顧客数が多いか
- モデルを使用する頻度が高いか

といった観点が挙げられる。適用対象となるポートフォリオが大きかったり顧客数が多ければ，重要度は増すことになり，モデルのリスクも高くなる。

③　複　雑　性

　3つ目は複雑性の観点である。モデルを開発する際に，複雑な手法や業界としてまだ十分に受け入れられていない新しい手法を使っている場合，それを理解できるモデル開発者が限られ，モデル検証にもスキルが必要となる。モデルの更新も容易ではなく，モデル開発者がいなくなると継続性の観点でもリスク（いわゆるキーマン・リスク）が顕在化する。モデルを開発する際の経済・ファイナンス理論や数学，統計学的な手法が複雑であればあるほど，モデルのリスクは高くなる。

④　その他の視点

　上記で取り上げた3つの視点以外にも，データやシステム，モデルのパフォーマンスなどの視点からモデルのリスクを評価することが考えられるが，実務的な論点として，詳しくは第2章で取り上げる。

⑤　評価の枠組み

　ここまではリスク格付を付与する際の主な評価項目をみてきたが，それらを組み合わせてどのような評価とするかは，金融機関次第である。金融庁原則でも以下のとおり記載されているのみであり，リスク格付の付与に際しての明確なルールは存在しない。

> リスク格付の手法は金融機関によって異なり得るが，リスク評価に当たっては，モデルの重要性，複雑性，用途等の要素を考慮することが考えられる。

（出典）金融庁「モデル・リスク管理に関する原則」（9頁）より抜粋

　一般的には，各評価項目に対してスコアを付し，それを集計してリスク格付を決定する方法が多い。例えば，**図表1－7**では，用途や重要性，複雑性の観

点から「リスク高」は3点，「リスク低」は1点とし，それらを集計してリスク格付を付与するという流れである。リスク格付の付与の方法や実務上の論点についても，第2章で詳しく解説する。

図表1－7　リスク格付の付与の方法

評価項目	リスク高	リスク中	リスク低
用途	3	2	1
重要性	3	2	1
複雑性	3	2	1

リスク格付	
高（High）	7～9
中（Medium）	4～6
低（Low）	3

第 6 節　モデル・ライフサイクル

（1）モデルの一生

　モデル・リスク管理で特徴的な用語の最後に，「モデル・ライフサイクル」がある。モデルは，モデル開発の構想から始まり，実際にモデルを開発し，モデル検証を受けてモデルが承認され，使用が許可された後は期中管理を経て，最後にその役割を終える（モデルの使用停止）。こうしたいわば，「モデルの一生」とも呼ぶべきライフサイクルにおいて，それぞれのフェーズに応じた管理が求められる。

　このようなライフサイクルを想定した管理が求められるのは，モデル・リスクならではの特徴であり，他のリスク領域ではあまりみられない考え方である。以下では，ライフサイクルに沿った代表的なフェーズについて，簡単に紹介し

ていきたい。

（2）ライフサイクルの各フェーズ

①　モデルの構想

　まずはモデルを開発する際の構想フェーズであり，モデルを開発する目的などが第1線から提起される。その際に，開発にかけることのできるコストや期間，開発方針（内部で開発するかベンダーからモデルを購入するか），開発者などを決めていく。

　日本の金融機関では，この段階で第1線のモデル開発者が第2線のモデル・リスク管理部門やモデル検証者とコミュニケーションを行うことは多くないが，海外のグローバル金融機関では，モデル開発後にモデル検証と承認を経るため，構想フェーズからモデル開発の目的や背景，モデルの概要などについて，第1線と第2線で議論を開始することがある。こうした議論を行うことで，第2線のモデル検証者は，おおよそのモデル検証イメージや期間，検証者のリソース等を確保することが可能になる。

②　モデル開発

　実際にモデル開発を行うフェーズである。第1線のモデル開発者が，モデル使用者やモデル・オーナーと連携を図りながら，モデルを開発していく。

　モデル開発において重要な要素が，モデル記述書の作成とモデル・テストの実施である。モデル記述書は，第2線がモデルを理解し，モデル検証を行うための重要な文書となる。モデル・テストは，意図したとおりの結果が得られるかの確認（モデルの感応度）や他のモデルとの比較分析（ベンチマーキング）などを行うことで，モデルのパフォーマンスを確認するものである。

③　モデルの特定

　一般的には，モデルの開発前に，モデルとして管理すべきかの特定を行うが，実務的にはモデルの開発と同時並行で，開発中のモデルは「モデルの定義に照らして，モデルとして特定した上で管理すべきか」を，第1線のモデル開発者

などが考えていくこともある。最終的には，第2線がモデル・非モデルの判定に責任を負う。

④　リスク格付の付与

　モデル開発者は，モデル記述書を作成する過程で，定められたリスク格付の枠組みに沿って暫定的なリスク格付を付与する。「暫定的な」とあるとおり，リスク格付は，第2線のモデル検証者が最終的に決定する点には，留意が必要である。もし，第2線がモデル検証の過程で，第1線のリスク格付に異議を唱えたり調整を加えたりする場合は，その理由を文書化し，第1線との意見の相違を解消する必要がある（ただし，リスク格付の最終的な決定権限は第2線にある）。

⑤　モデル検証

　ここまでのフェーズを経て，ようやく第2線がモデルの検証を実施する。まず，第1線の責任者であるモデル・オーナーが，モデル開発で使用したデータやモデル・テスト結果，モデル記述書を第2線に提出する。

　第1線のモデル開発に対して，第2線は独立した立場からモデルを評価する。具体的には，第1線がモデル開発に際して妥当と考えた前提・仮定，手法やモデル・テスト結果等に対して検証を実施する。モデルの評価や検証結果（使用許可，制限付き使用許可，使用不可）は，検証報告書として文書化することが求められる。

⑥　モデル承認

　次にモデル承認である。第2線がモデル検証を行い，モデルの（制限付き）使用許可が出されると，CROなどの上級管理職やモデル・リスクの関連会議体においてモデルの承認がなされる。モデルの承認が得られて初めて，モデルの使用が開始されることになる。

⑦　モデル・インベントリー登録

　実務的には，これより前のフェーズでモデル・インベントリーに登録するこ

ともあるが，モデルが承認され使用が開始される段階で，モデル承認や使用中のステータスとともに，モデル・インベントリーに登録する。その後は期中管理やモデルの使用停止時にモデルの情報を更新し，モデルの管理を行う。

⑧　期中管理

モデルの使用が開始されれば，次は期中管理のフェーズである。期中管理には，あらかじめ決められた視点などに沿って，第1線がモデルのパフォーマンスを評価する継続モニタリングと，数年に1度，モデルの使用開始時と同レベルの検証を実施する第2線の再検証の2つが存在する。継続モニタリングと再検証では，リスク格付などで決められた頻度に従って，モデルの期中管理を行っていく。

⑨　年次のインベントリー・チェック

1年の締めくくりとして，モデル・インベントリーにおいて，モデルの登録漏れや情報の不備がないかといった点を確認するインベントリー・チェック（いわゆるアテステーション）がある。インベントリー・チェックは，第1線のモデル・オーナーと連携しながら，第2線のモデル・リスク管理部門がグループ・グローバルベースで行うことになる。

⑩　モデルの使用停止

モデルがその役割を終えると，使用停止となる。モデルの使用が停止されると，基本的にはモデル・リスク管理の対象から外れ，モデル・インベントリーから外れることになる。しかし，今後も使用する可能性があれば，「使用停止」とステータスを変更した上で，モデルの情報をモデル・インベントリー上に残しておくことも考えられる。

（3）モデル・ライフサイクルに応じた管理

モデル・リスク管理では，上記の①から⑩の各フェーズで適切な管理態勢を整備する必要があることから，「モデル・リスク管理は他のリスク管理に比べ

て負担が重い」といわれる一因となっている。特に，②モデル開発，④リスク格付の付与，⑤モデル検証，⑧期中管理の4フェーズは重要であり，態勢整備や実施に際しての負担が重い。

　また，個々のフェーズの管理態勢をしっかり整備しつつも，部分最適にならないようにすることも重要である。モデル・ライフサイクル全体が意味のある流れにするためには，いずれのフェーズもバランスよく態勢を整備していくことが必要になる。

第 7 節　モデル・リスクの許容度

（1）許容度の設定

　他のリスク領域と同様に，モデル・リスクに関する許容度も存在する。金融庁原則にはモデル・リスクの許容度について，次の記載がある。

> このような漸進的なアプローチを採用する場合には，モデルが潜在的に有するリスクや，金融機関のモデル・リスクに対する許容度等に基づいて，適切に優先順位付けを行った上で対応することが求められる。

> 　リスクベース・アプローチは，自社のモデル・リスクに対する許容度と整合的である必要がある。金融機関は，自社が有するモデル・リスクを深く理解し，許容可能な水準までモデル・リスクを効果的に低減すべきである。

> 　モデル・リスク管理態勢は，金融機関の特性，リスク・プロファイル，モデル・リスクの性質，モデル・リスクに対する許容度等と整合的でなければならない。

（出典）金融庁「モデル・リスク管理に関する原則」（4頁，7頁，8頁）より抜粋

　金融実務の多くをモデルに依存している金融機関では，一般的に潜在的なモデル・リスクは大きくならざるを得ず，どれだけ管理態勢を強化してもリスクはゼロにはなり得ない。そこで，どの程度までならモデル・リスクが顕在化しても許容できるのか，どの程度までリスクを低減しておくべきかを，金融機関はあらかじめ考えておく必要があるだろう。

　モデル・リスクに限った話ではないが，リスクをゼロにすることはできない。モデル・リスク管理についていえば，管理すべきモデル数が膨大になっている中，リスクをゼロにすることは非現実的である。金融庁も以下のパブリックコメントに対する考え方の中で，「本原則は，モデル・リスクをゼロに出来るという考え方を採用しておらず，金融機関に対して許容可能な水準までモデル・リスクを低減することを求めています」との考え方を示している。

No.	コメント	金融庁の考え方
33	モデルリスクは，モデルの誤りや不適切な使用に基づく意思決定によって悪影響が生じるリスクとのことです。これは，モデルの誤りを無くし，不適切な使用をしないことにより，モデルリスクはゼロにできるという，ゼロトレランスの考え方を採っているように思われます。しかし，モデルのアウトプットは様々で正解はないのであることから，本質的にモデルリスクをゼロにすることはできず，モデルリスクを許容度の範囲内にコントロールすることが求められているのではないでしょうか？	本原則は，モデル・リスクをゼロに出来るという考え方を採用しておらず，金融機関に対して許容可能な水準までモデル・リスクを低減することを求めています。「本質的にモデルリスクをゼロにすることはできず，モデルリスクを許容度の範囲内にコントロールすることが求められている」という点については，ご理解のとおりです。

（出典）金融庁「コメントの概要及びコメントに対する金融庁の考え方」より抜粋

（2）許容度の設定方法

①　定性的な方法

　許容度の設定としては，いくつかの方法が考えられる。例えば，モデル・イ

ンベントリーにおいて1,000本のモデルがあるとすれば，次のような観点で許容度を設定することが考えられる（数値はあくまで例示である）。

- モデル検証を通過できず，モデル承認を得られなかったモデル数は5本以下にする（5本までは，モデル開発態勢等に不備があるとは考えずに許容する）
- モデル承認は得られたが，条件付きでの承認となったモデル数は30本以下にする（30本までは，モデル開発態勢等に不備があるとは考えずに許容する）
- 何らかのモデル・リスクが顕在化したモデル数は10本以下にする（10本までは，モデル・リスクの管理態勢等に不備があるとは考えずに許容する）

　一般的に，モデル数が多ければ上記の許容度を緩い方向に変更することになるが，金融機関の規模や業態，ビジネスモデルや用いているモデルの種類とその活用度合い等に応じて，金融機関は自社に見合った許容度を設定していくことになる。

　なお，これらの許容度を，例えばリスク格付や地域・拠点ごとに設定したり，リスク計測モデルや時価評価モデルといったモデル・タイプごとに設定するなど，きめ細かな許容度を設定することも考えられる。自社の許容度の状況は，上級管理職などへの報告としても有用だろう。

②　定量的な方法

　定性的な方法以外には，モデル・リスク量を計測するというアプローチも考えられる。計測に向けて何らかの一貫したロジックを金融機関で策定し，そのロジックに基づいてモデル・リスク量を計測するといったものである。

　しかし，モデル・リスクは，「信用リスクや市場リスクといった1次的なリスク・テイクの結果生じ得る2次的なリスクともいえるため，2次的なモデル・リスクを定量化するのは現実的ではない」といった考え方も存在する。また，何らかのロジックについても，モデルの用途や重要性，複雑性が異なる様々なモデルやリスク領域に対して，横串を刺せるような一貫したロジックを設定することは容易ではない。海外のグローバル金融機関を中心に，モデル・リスクを定量化する取組みが進められているが，実務的には，定性的な方法を

重視したり，定性的・定量的な方法を使い分けているのが実情である。

　ちなみに，少し古い情報ではあるが，KPMGが2019年に実施したサーベイ結果は示唆に富む（サーベイの対象は，金融システム上重要な金融機関48先で，結果の公表は2020年）。「モデル・リスクの許容度や関連するリミットは設定しているか」との質問に対しては，半数以上の金融機関が「設定していない」と回答している。規模が大きい金融機関でも比較的小さな金融機関でも，回答に大きな違いがない点は興味深い（図表1－8）。

図表1－8　モデル・リスクの許容度に関する質問

	モデル・リスクの許容度や関連するリミットは設定しているか		
		総資産5,000億ドル以上の金融機関	総資産5,000億ドル未満の金融機関
設定している	37%	35%	39%
設定していない	63%	65%	61%

（出典）KPMG「Model Risk Management: A global benchmark analysis of significant banks」より筆者作成

　なお，定量的な方法に関連して，「モデル・リスクに対して資本を配賦すべきか」という点についても様々な考え方が存在する。例えば，同じく図表1－9のとおり，KPMGのサーベイに対する質問「モデル・リスクに対して資本を配賦しているか」に対しては，大多数の金融機関が配賦をしていないと回答しており，資本を配賦する例は，金融システム上重要な金融機関でも多数ではないようである。

図表1－9　モデル・リスクの資本配賦に関する質問

	モデル・リスクに対して資本を配賦しているか		
		総資産5,000億ドル以上の金融機関	総資産5,000億ドル未満の金融機関
配賦している	31%	20%	39%
配賦していない	69%	80%	61%

（出典）KPMG「Model Risk Management: A global benchmark analysis of significant banks」より筆者作成

第 8 節　モデル・リスクのリスク領域

（1）オペレーショナル・リスクとモデル・リスク

　本章の最後に，モデル・リスクを管理する場合，モデル・リスクの領域として独自に管理すべきか，それともオペレーショナル・リスクの領域で管理すべきかといった論点について取り上げたい。金融庁の監督指針（主要行等向けの総合的な監督指針）におけるオペレーショナル・リスクの定義と金融庁原則におけるモデル・リスクの定義は，それぞれ次のとおりである。

オペレーショナル・リスク

　オペレーショナル・リスクとは，金融機関の業務の過程，役職員の活動若しくはシステムが不適切であること，機能しないこと又は外生的な事象により損失が生じるリスクをいい，例えば，業務上の事務ミス，システム障害（サイバー攻撃によるものを含む。），自然災害，マネー・ローンダリング等の不正に係る懲罰，違約金等の発生するリスクを含む。オペレーショナル・リスクのサブリスク・カテゴリーには，事務リスク（金融機関の役職員が正確な事務を怠ること，又は事故・不正等を起こすことにより，金融機関が損失を被るリスク）やシステムリスクがある。

（出典）金融庁「主要行等向けの総合的な監督指針」（144～145頁）より抜粋

モデル・リスク

　「モデル・リスク」とは，モデルの誤り又は不適切な使用に基づく意思決定によって悪影響が生じるリスクをいう。モデル・リスクは，金融機関の健全性の低下，法令の違反，企業価値の毀損等の要因となり得る。一般的に，モデル・リスクは，（1）意図した用途（モデルの目的）に照らしてモデルに根本的な誤りがあり，不正確なアウトプットを出力する場合，（2）モデルが不適切に使用されている場合（想定した使用の範囲外での使用や，モデルの限界を超える使用を含む。）に発現し得る。

（出典）金融庁「モデル・リスク管理に関する原則」（5頁）より抜粋

　オペレーショナル・リスクの定義に「金融機関の業務の過程，役職員の活動若しくはシステムが不適切であること」という記載があるが，ここを「役職員がモデルを不適切に（またはモデルの用途から外れて）活用すること，もしくはモデルが不適切であること（またはモデルの実装に誤りがあること）から損失が生じるリスク」としても，違和感はなさそうである。このように考えれば，モデル・リスクも事務リスクやシステムリスクと同じように，オペレーショナル・リスクのサブリスク領域と捉えることは妥当だろう。実際に，海外のグローバル金融機関の中でも，モデル・リスクをオペレーショナル・リスクのサブリスク領域として捉える事例も存在する。

　一方でモデル・リスクは，定義の2つ目の「モデルの不適切な使用（＝ミスオペレーション）」以外に，定義の1つ目の「モデルに根本的な誤りがある」ことで生じ得るリスクでもある点を考慮すれば，オペレーションとはあまり関係がないといえる。この点を重視すれば，モデル・リスクは，独立したリスク領域で管理するほうが望ましいという考え方も合理的だろう。

（2）日本と海外の金融機関の状況

　そこで，日本と海外のグローバル金融機関の状況をみておきたい。まず，いくつかの日本のグローバル金融機関の事例を開示資料からみてみると，G-SIBs

等のグローバル金融機関では，モデル・リスクを独立したリスク領域で整理する例が多いようである。しかし，それ以外の日本の多くの金融機関では，主に次の理由から，オペレーショナル・リスクのサブリスク領域として捉えることが多いのではないかと考えられる。

- モデル・リスクは，モデルの誤使用というオペレーションから生じ得るリスクであるという認識が強い
- 独立したリスク領域として管理できるだけのリソース（特に，モデル・リスク管理部門の設置やモデル検証者）がない

ちなみに，海外のグローバル金融機関の状況を開示資料からみると，モデル・リスクをどのリスク領域で捉えるかは，まちまちであるように思われる。既述のとおり，オペレーショナル・リスクの中でモデル・リスクを扱っている事例も存在する。

そもそも，オペレーショナル・リスク管理かモデル・リスク管理か，モデル・リスクをどちらのリスク領域で管理すべきかについては，ルールや正解は存在しない。結局は，金融機関の規模や業態，ビジネスモデルや用いているモデルの種類とその活用度合い，既存の態勢等を踏まえた上で，いずれかのリスク領域の枠組みに置き，適切にモデル・リスクを管理していくことが重要という点に尽きる。強いていえば，モデル・リスク管理の重要性の高まりに伴い，当局の監督目線も高まってきている足もとでは，グループ・グローバルベースで活動する規模の大きな金融機関については，モデル・リスクを独立したリスク領域として認識し，リソースの確保や態勢を整備していくほうが望ましいといえるかもしれない。

（執筆）田中　康浩，曽我部　淳

第2章

金融庁
「モデル・リスク管理に関する原則」

第 1 節　日本におけるモデル・リスク管理

（1）海外との「格差」

①　米国・欧州におけるモデル・リスク管理

　リーマンショックに端を発するグローバル金融危機以降，海外，とりわけ米国ではモデル・リスク管理に対する関心が高まった。米国では大手金融機関はCCAR（Comprehensive Capital Analysis and Review）やDFAST（Dodd-Frank Act Stress Test）といったストレステストの実施が当局から求められ，厳しいストレスシナリオ（環境）を想定した上でモデルを用いて，収益や資本等に与える影響を分析することが必要になった。ストレステストの結果次第では配当や自社株買いなどが制限されるため，金融機関は結果の妥当性を当局等に示す必要性がある。ストレステストで用いるモデルが適切に管理されていなければ，ストレステストの結果自体も信用されないだろう。

　このようなモデルに対する監督上のガバナンスに対する要請の高まりを背景に，第1章で取り上げた「SUPERVISORY GUIDANCE ON MODEL RISK MANAGEMENT」（SR11-7，以下「米国の原則」と呼ぶ）が，FRBとOCCから公表された。モデル・リスクに関しては，これまでもモデル検証にフォーカスしたガイダンスや市場リスクに焦点を当てた監督上のレターが公表されていたが，モデル全般に関する包括的なガイダンスの公表は，米国の原則が初めてであった。米国の原則の公表を受けて，米国の金融機関ではモデル・リスク管理に対する意識が一気に高まることになり，米国の原則を遵守すべく，モデル・リスク管理態勢の整備・高度化を開始することになった。

　欧州でもリーマンショック以降，米国に続いて当局ストレステストが開始され，金融機関の監督が行われたが，米国の原則のような包括的なモデル・リスクに関する原則は公表されなかった。しかし，BOEがストレステスト・モデルに限定して原則（Model risk management principles for stress testing SS3/18）を公表し，ECB（欧州中央銀行）が信用リスクや市場リスクといったリスク量等を計測するための内部モデルに限定したガイドライン（ECB guide to internal models) を公表するなど，欧州でもモデルやモデル・リスク管理に対する目線が徐々に高まっていった。

米国・欧州では，第4章で紹介する予想信用損失型の会計制度が導入されたことによって，会計に用いるモデルに対する管理を行う必要があったことも，モデル・リスク管理に対する注目が集まる要因となった。2023年には，モデルを限定しない包括的な英国の原則「Model risk management principles for banks」が公表された点は，第1章で述べたとおりである。

② 日本におけるモデル・リスク管理

一方，日本では米国・欧州の動きに比べると，モデル・リスク管理に対する関心は高まらなかった。この背景には，当局が主導するストレステストの実施が行われてこなかったことやモデルに対する金融機関の文化，考え方の違いなどが影響していたのかもしれない。日本では米国のような包括的なガイダンスの公表はおろか，モデル・リスクというリスク・カテゴリーでさえ浸透が進まなかった。結果として，モデル・リスクの管理能力は，海外，とりわけ米国の金融機関と大きな「格差」が付いてしまった。

こうした中，2021年11月に金融庁が包括的な「モデル・リスク管理に関する原則」（金融庁原則）を公表した。今後は，金融庁原則の適用対象先の金融機関のみならず，それ以外の金融機関も金融庁原則を用いてモデル・リスク管理に係る態勢整備・高度化を図っていくことが期待される。金融庁原則の詳細は第2節以降で解説するが，その前に金融庁原則が公表される前後の金融庁のモデル・リスク管理に対する問題意識を簡単にみておきたい。

（2）金融庁の問題意識

① 金融行政方針（2020事務年度）

筆者が把握している限りにおいて，「モデル・リスク管理」に関連する用語が金融庁の文書に初めて出たのは，2020事務年度の金融行政方針の別冊（補足資料）である。具体的には1．（5）「金融機関との持続可能なビジネスモデルに関する対話」の①「大手銀行グループ等」において，以下の記載がなされて

いる。

> ＜対話やモニタリングの結果，当庁から問題提起した課題＞
> ● モデル・ガバナンスの態勢について実態把握を行ったところ，ガバナンスフレームワークの構築やモデルの重要性分類等といったモデルリスク管理に高度化の余地が見られた。

（出典）金融庁「令和2事務年度 金融行政方針（別冊）補足資料」（7頁）より抜粋

　詳細は不明だが，おそらく日本のG-SIBsやD-SIBsを対象にモデル・リスク管理に関する実態調査を行った結果，ガバナンスやリスク格付といったモデルの重要性分類等に高度化の余地があると，金融庁が認識したものと思われる。このあたりから，米国・欧州のグローバル金融機関や当局の動向をみながら，金融庁はモデル・リスク管理に対する関心を高めていったものと考えられる。

②　金融庁原則（2021年）

　こうしたことを背景に，金融庁は日本のG-SIBsやD-SIBs等との意見交換を行い，金融庁原則のパブリックコメントを実施した。その後の2021年11月には，パブリックコメントの結果とともに，金融庁原則を最終化した上で公表した。金融庁原則では，原則を策定する動機になった記載が，以下のとおり示されている。

> 　金融機関のモデルが当局宛報告や規制・監督上の決定に用いられる場合，モデルに起因する問題は規制・監督の目的を大きく損ないかねない。この問題は，金融機関が自己資本比率規制等において自社の内部モデルを使用する場合に特に顕著であり，かかる内部モデルに対する統制の必要性は，規制分野では長らく認識されてきた。このような背景から，バーゼル銀行監督委員会等の国際的な規制策定主体や金融庁をはじめとする各国の監督当局は，規制目的での内部モデルの使用を承認する条件として，当該内部モデルから生じるリスクを実効的に管理することを金融機関に求めてきた。

　しかしながら，モデルに伴うリスクが幅広い悪影響を与え得ることに鑑みると，規制目的か否かに関わらず，金融機関はモデルのリスクを包括的に管理する必要がある。金融機関の様々な業務でモデルが広範に使用されるようになった今，その必要性はさらに増していると言える。モデルは，これまで数十年間にわたり，金融商品のプライシングや価値評価，リスク計測（信用リスク，市場リスク，オペレーショナル・リスク等）において広く使用されてきたが，近年，その利用範囲を拡大させている。

（出典）金融庁「モデル・リスク管理に関する原則」（2頁）より抜粋

　つまり，規制目的では内部モデルの使用に代表されるとおり，金融庁によるモデルの承認が前提として存在する以上，金融機関はモデルの管理に注意を払ってきた。しかし，第1章で述べたとおり，近年は様々な金融業務においてモデルが使用される以上，規制目的か金融庁の承認が必要なモデルかは問わず，あらゆるモデルのリスクを管理する必要があると金融庁は認識していることが示されている。

③　金融行政方針（2022事務年度）

　次に，金融庁原則が公表された翌年の2022事務年度の金融行政方針での記載を引用する。「実績と作業計画」のⅠ．2．（2）「業種別モニタリング方針」の①「主要行等・新形態銀行・日本郵政」の「主要行等」における「昨事務年度の実績」では，以下の記載がなされている。

　d）ガバナンス・横断的リスク
・金融機関で様々なモデルの活用が進み，モデル・リスク管理の必要性が高まっている状況を踏まえ，G-SIBs及びD-SIBs等を対象に「モデル・リスク管理に関する原則」を公表した（2021年11月）。同原則の公表を踏まえ，対象金融機関におけるモデル・リスク管理態勢の高度化に向けた計画やその進捗について対話を行った。グループ・グローバルでの管理態勢の整備，管理対象モデルの拡大，モデルの独立検証態勢の高度化

> など，金融機関がそれぞれの優先順位付けに基づき取組みを進めている
> ことを確認した。

（出典）金融庁「2022事務年度　金融行政方針　実績と作業計画」（26頁）より抜粋

　この記載からは，金融庁原則を踏まえ対象金融機関に対して，金融庁がモデル・リスク管理の態勢整備・高度化について対話を行ったことがわかる。また，金融庁の問題意識が高いと思われる点として，以下の項目が示されているのは興味深い。

- グループ・グローバルでの管理態勢の高度化
- 管理対象モデルの拡大
- モデルの独立検証態勢の高度化

　同じく「本事務年度の作業計画」でも次のとおり，モデル・リスク管理の態勢整備・高度化について触れられている。金融庁は，金融庁原則の適用対象金融機関と継続的に対話を行っていく姿勢を示している。

> ｄ）ガバナンス・横断的リスク
> - 「モデル・リスク管理に関する原則」の対象金融機関とモデル・リスク管理態勢の構築・高度化について対話を行い，必要に応じてその高度化を促す。

（出典）金融庁「2022事務年度　金融行政方針　実績と作業計画」（27頁）より抜粋

④　金融行政方針（2023事務年度）

　2023事務年度の金融行政方針「実績と作業計画」のⅢ．２．「業種別モニタリング方針」の（１）「主要行等・新形態銀行・日本郵政」の「主要行等」における「昨事務年度の実績」では，以下の記載がみられ，金融庁がモニタリングを実施したことが明記されている。

d）ガバナンス・横断的リスク

• 2021年11月に公表した「モデル・リスク管理に関する原則」の対象金融
機関（G-SIBs及びD-SIBs等）に対し，昨年に引き続き，モデル・リス
ク管理態勢の構築状況に関するモニタリングを実施した。その結果，各
行において，それぞれが策定した計画に基づき，管理態勢の構築・運用
に取り組んでいることが確認された。

（出典）金融庁「2023事務年度　金融行政方針　実績と作業計画」（47頁）より抜粋

　同じく「本事務年度の作業計画」でもモデル・リスク管理の態勢整備・高度
化について，以下のとおり触れられているが，目を引く点が「実務が定着」と
いう言葉である。金融庁原則が公表されて数年が経過する中，金融機関が策定
した態勢整備・高度化計画に沿って実務を運用し，それが「定着」することに
対する金融庁の期待の表れと思われる。

d）ガバナンス・横断的リスク

•「モデル・リスク管理に関する原則」の対象金融機関に対して，原則及
びそれぞれが策定した計画を踏まえた実務が定着するよう，モデル・リ
スク管理態勢の適切な構築を促していく。

（出典）金融庁「2023事務年度　金融行政方針　実績と作業計画」（49頁）より抜粋

（3）金融庁「モデル・リスク管理に関する原則」の公表

　ここまで，金融庁原則が公表される前後の金融庁の動きを，金融行政方針等
の記載を引用しながら，簡単に振り返ってみた。このような流れの中で公表さ
れた金融庁原則の構成をみていきたい（**図表2-1**）。

図表2-1　金融庁原則の構成

I. 意義
II. 適用
（1）対象金融機関
（2）「モデル」の範囲
（3）適用に当たっての留意事項
III. 定義
（a）モデル
（b）モデル・リスク
IV. モデル・リスク管理における重要な概念
（1）3つの防衛線
（2）モデル・ライフサイクル
（3）リスクベース・アプローチ
V. モデル・リスク管理に関する原則
原則1-ガバナンス
原則2-モデルの特定，インベントリー管理及びリスク格付
原則3-モデル開発
原則4-モデル承認
原則5-継続モニタリング
原則6-モデル検証
原則7-ベンダー・モデル及び外部リソースの活用
原則8-内部監査

（出典）金融庁「モデル・リスク管理に関する原則」（1頁）より抜粋

　図表2-1のとおり，金融庁原則は大きく，次の4つのパートから構成されている。

- 金融庁原則の適用対象金融機関と「モデル」の範囲
- モデルやモデル・リスクの定義
- モデル・リスク管理における重要な概念（3つの概念）
- モデル・リスク管理に関する原則（8つの原則）

　次節以降では，この4つのパートについて，金融庁原則を引用しながら詳細に解説する。特に重要と考えられる論点や日本の金融機関の実務的な対応につ

いては，米国・英国の原則やパブリックコメントに対する金融庁の回答も引用
しつつ，説明することを意識したい。

第 2 節　金融庁原則の適用対象

（1）適用対象の金融機関

①　日本のG-SIBs

　金融庁原則は，適用対象先をかなり絞っていることが特徴である。具体的に
は，「金融システム上重要な金融機関」が適用対象金融機関となっており，以
下のとおり，まずは日本のG-SIBsが対象先となっている。

> 金融安定理事会（FSB）による選定を踏まえて金融庁が G-SIBsとして指
> 定した金融機関をいう。

（出典）金融庁「モデル・リスク管理に関する原則」（3頁）より抜粋

　具体的には，三菱UFJフィナンシャル・グループ，みずほフィナンシャルグ
ループ，三井住友フィナンシャルグループの3社が日本のG-SIBsであるため，
この3社が適用対象金融機関となる（2024年3月末時点）。

　この3社には，銀行・証券・信託等の異なる業態のグループ会社が存在する
が，金融庁原則ではグループ・グローバルベースでの管理が求められることが
示されているため，これらのグループ会社にも金融庁原則が適用されることに
なる。とはいえ，グループ会社は極めて多数に上るため，まずは重要性が高い
と考える主要なエンティティからモデル・リスクの管理態勢を整備・高度化し
ていくことが合理的だろう。

②　日本のD-SIBs

　次に，日本のD-SIBsが適用対象金融機関となっている。

> 我が国の金融システムにおける重要性を踏まえて金融庁がD-SIBsとして
> 指定した金融機関をいう。

（出典）金融庁「モデル・リスク管理に関する原則」（3頁）より抜粋

　日本のD-SIBsは，三井住友トラスト・ホールディングス，農林中央金庫，大和証券グループ本社，野村ホールディングスの4社であり，これらの先が適用対象金融機関となる（2024年3月末時点）。グループ・グローバルベースでの管理が求められる点は，日本のG-SIBsと同様である。

③　その他の適用対象先

　最後に，海外G-SIBsの日本の子会社であり，金融庁からモデルの承認を受けている金融機関も適用対象である。

> FSBにより選定されたG-SIBs（本邦G-SIBsを除く。）の本邦子会社であっ
> て，金融庁によるモデルの承認を受けている金融機関

（出典）金融庁「モデル・リスク管理に関する原則」（3頁）より抜粋

　なお，金融庁原則の最終版では適用対象金融機関から除外されているが，パブリックコメントが出された2021年6月の段階では，上記3つの適用対象金融機関以外に，以下の金融機関も適用対象とされていた。

> 高速取引業者からの受託取引量が大きい者など金融市場の公正性の観点か
> ら重要な金融機関

（出典）金融庁「モデル・リスク管理に関する原則（案）」（2頁）より抜粋

　もっとも，次のパブリックコメントに対する金融庁の考え方で示されているとおり，当該金融機関がどのようなプロセスで決定されるのか不透明といったコメントを受け，適用対象から除外されることになった。

No.	コメント	金融庁の考え方
7	【該当箇所】 　高速取引業者からの受託取引量が大きい者など金融市場の公正性の観点から重要な金融機関 【コメント】 （１）該当する金融機関はどのようなプロセスで決定されるのか明確化いただきたい。 （２）該当する金融機関におけるどのような取引・モデルのリスクを想定して適用範囲に記載されたか，背景をお伺いしたい。 【理由等】 （１）本原則が適用される会社を誰がどのように決定するのか不透明。 （２）該当箇所にて重要視されているリスクが不透明。	金融市場の公正性の観点から重要な金融機関に対する本原則の適用については，検討を継続することとし，本原則の対象金融機関からは除くことといたしました。これを踏まえ，Ⅱ.（１）の記載を修正いたしました。
8	自らが「高速取引業者からの受託取引量が大きい者など金融市場の公正性の観点から重要な金融機関」に該当しているかどうかは，どのように確認するのか。別途告示等があるのかご教示いただきたい。	

（出典）金融庁「コメントの概要及びコメントに対する金融庁の考え方」より抜粋

（２）適用対象外の金融機関等

　上述のとおり，金融庁原則の適用対象金融機関は，以下３つのカテゴリーに限定されている。

- 日本のG-SIBs
- 日本のD-SIBs
- 海外G-SIBsの日本の子会社であり，金融庁からモデルの承認を受けている金融機関

　これら以外の金融機関は金融庁原則の適用対象外となるが，次のパブリック
コメントのとおり，他の金融機関等についても金融庁原則の適用対象とすべき
ではないかといったコメントが寄せられている。

No.	コメント
9	報道やディスクロージャ資料によると，国内の大手地銀でも近年フォワードルッキングな引当の業務適用やCVAを含めたデリバティブの時価評価など，潜在的なモデル・リスクがあると推測されるモデルの実務適用が散見されるようです。一方，本原則案では本邦D-SIBsに含まれていない大手地銀については，適用範囲外と読めました。 　現状の適用範囲に大手地銀が含まれていないと解釈できるp2-p3の記述は，以下のうちどちらの理解が正しいでしょうか？ （1）これらの現時点での適用対象外の金融機関については，本原則案の精神に基づくモデル・リスク管理態勢の構築や高度化は当面不要とのメッセージでしょうか。 （2）それとも，将来的な適用範囲の拡大を見越して，金融機関の自主的な取り組みとしてモデル・リスク管理態勢の構築や高度化の努力が期待されているとのメッセージでしょうか。
10	原則には，「金融機関のモデルが当局宛報告や規制・監督上の意思決定に用いられる場合，（中略）規制・監督の目的を大きく損ないかねない」といいつつ，G/D-SIB以外の銀行を本原則の対象としない理由が分からない。プロポーショナリティ原則の下，あらゆる金融機関を対象とすべきではないか。
11	経済価値ソルベンシー規制の導入後，保険会社を本原則の追加対象とする予定は如何？
12	（前略） 　さらには，ステュワードシップコードがインベストメントチェーン全体を対象としていることから敷衍すると，標準生命表の作成に関与している生命保険協会や日本アクチュアリー会も本原則の対象とすべきと考える。
14	AIを活用した監査というのが最近流行っているようです。つまりは監査にモデルリスクが入るということだと思います。監査法人に適切にモデルリスクを管理させないと適正意見表明が出来なくなると思います。従ってこちらの原則の対象には，監査法人を追加すべきだと思います。
15	ステュワードシップコードは，議決権行使助言会社を含む機関投資家向けサービス提供者全体を対象とした文章となっている。一方，こちらの原則は，モデルベンダーは直接の対象となってない。ステュワードシップコードを倣い，モデルライフサイクルを通じたモデル関連サービス提供者全体を対象とすることを，少なくともモデルベンダーに対して適用される原則が追加され

	ることを期待したい。
16	日銀が行っているマクロストレステスト（例えばマクロストレスシナリオの設定）も，本原則の定義するモデルに該当すると思われ，日銀が適切に当該モデルリスク管理を行なっていることは，金融庁にとっても非常に強い関心事項であると考えられる。その他，日本銀行は各種モデルリスクを内包しており，いずれのリスク格付は極めて高いにも関わらず，モデルリスク管理が適切に行われているかは十分には明らかにされていない（金融機関を主語にしたお勉強論文はたくさん開示しているが，自分を主語にすることには躊躇いのある組織なのかもしれない）。以上より，本原則の適用対象に日本銀行を加えることをご検討頂きたい。

（出典）金融庁「コメントの概要及びコメントに対する金融庁の考え方」より抜粋
（注）No.9のコメントにおける「p2-p3」の記載は，「モデル・リスク管理に関する原則（案）」におけるページを指している。

　これらのコメントを整理すると，次の金融機関等を金融庁原則の適用対象先とすべきとされている。

- あらゆる金融機関
- 規模の大きな（大手の）地域銀行
- 保険会社
- 日本銀行
- 生命保険協会やアクチュアリー会
- 監査法人
- モデル・ベンダー

　適用対象先を広くすべきといったコメントが多く聞かれたのは，金融庁としても意外だったのではないかと思われる。これらのコメントは，モデル・リスク管理の重要性を認識している立場からのものなのかもしれない。

　これらの先を適用対象としなかった点について，金融庁は以下の考え方を示している。

- あらゆる金融機関や規模の大きな（大手の）地域銀行：「本原則は，モデル・リスクが顕在化した際に金融システムに与える影響の大きさに鑑み，初版公表時点の適用対象金融機関を金融システム上重要な金融機関（G-SIBs・D-SIBs）としています」（No.9およびNo.10に対する回答）
- 保険会社：「本原則は，用いられるモデルや健全性規制等の体系，モデル・

　　リスク管理の実務等に一定の共通点があることを踏まえ，銀行及び証券会社等への適用を念頭に置いて策定されています」（No.11およびNo.12に対する回答）

- その他の先：必ずしも明確ではないが，金融庁の考え方をみる限り，優先順位としては金融機関かつG-SIBsやD-SIBsであることから，適用対象外になったものと思われる。

　ただし，金融庁原則には「金融庁は今後，必要に応じて本文書の適用対象金融機関を拡大することもあり得る」とされているとおり，将来的な適用範囲の拡大も見据えていることがわかる。実際，パブリックコメントに対する金融庁の考え方において，頻繁に次のような考え方が示されている。

　本原則の適用有無に関わらず，金融機関は自社のリスク管理の中でモデル・リスクを適切に管理する必要があると考えられます。適用対象外の金融機関についても，業態・規模・用いているモデルやそのリスク等に応じて，自主的にモデル・リスク管理態勢の構築・高度化に向けた検討を行うことが望ましいと考えられます。

（出典）金融庁「コメントの概要及びコメントに対する金融庁の考え方」（No.9，10など）より抜粋

　すなわち，適用対象金融機関か否かだけで金融庁原則を捉えるのではなく，適用対象外であったとしても，モデル・リスク管理の重要性を踏まえて，金融機関に見合った態勢整備・高度化を自主的に行っていくことが望ましいというメッセージが示されているものと考えられる。

（3）海外の原則における適用対象先

①　米国の原則

　米国や英国における原則の適用対象先についても，簡単にみていきたい。まず米国の原則であるが，こちらはFRBから監督を受けている銀行が適用対象先となっている。

> （米国の原則の）目的は，銀行に対して実効的なモデル・リスク管理についての包括的なガイダンスを提供することである。

（出典）FRB／OCC「SUPERVISORY GUIDANCE ON MODEL RISK MANAGEMENT」（2頁）より筆者仮訳

> この原則は，銀行の規模や性質，複雑性，モデルの使用の程度や管理の洗練度合いを考慮に入れつつ，FRBから監督を受けている全ての銀行に適用される。

（出典）FRB「SR 11-7 : Guidance on Model Risk Management」より筆者仮訳

　米国の原則は，金融庁原則のように適用対象金融機関がG-SIBs等に限定されておらず，対象範囲は広い。比較的小規模な銀行にとって管理負担は軽くないと思われるが，「銀行の規模や性質，複雑性，モデルの使用の程度や管理の洗練度合いを考慮に入れながら」適用すべきとされている点が重要である。規模が大きくグループ・グローバルベースで活動している場合やモデルの活用が多い先，複雑なモデルが多い先などに関しては，より強固なモデル・リスク管理態勢が求められる一方で，そうではない先に対しては，それに見合った態勢の構築が許容されるという「プロポーショナリティ原則」が重視されている。

②　英国の原則
　次に英国の原則であるが，規制目的で使用する内部モデルの承認を受けている先が，適用対象金融機関となっている。

> 英国の原則は，英国の銀行，ビルディング・ソサエティおよびPRA指定の金融機関のうち，規制資本の計算に内部モデルの承認を受けている先が対象になる。

（出典）BOE／PRA「Model risk management principles for banks」（1.2項）より筆者仮訳

　この基準を日本にも当てはめると，金融庁から内部モデルの承認を受けている金融機関も適用対象先になり得るという意味では，G-SIBsやD-SIBs以外にも，いくつかの日本の金融機関が適用対象先になるため，適用対象は広くなることが想定される。

第 3 節　モデルの範囲や定義

（1）モデルの範囲

①　金融庁原則

　次に，金融庁原則が想定しているモデルの範囲を解説する。モデルには様々な種類があることは第1章で述べたとおりであるが，金融庁原則では，「特定のモデルのカテゴリーに限定せず，広範なモデルを対象としている」との記載のとおり，特定のモデルを想定していないという点が重要である。

　本文書で想定するモデル・リスク管理は，特定のモデルのカテゴリーに限定せず，広範なモデルを対象としている。例を挙げると，プライシング・モデル，市場リスク・信用リスク等のリスク計測モデルのほか，AML で使われるモデルや市場監視モデル等も含まれ得るが，これらに限定されるものではない。本文書は，モデルがリスクをもたらし得る限り，そのリスクを管理すべきという考え方に基づいている。また，本文書は個別具体的なモデルの管理について規定するものではなく，広く「モデル」に該当するものに対して，そのリスクを包括的に管理する態勢について記載したものである。

（出典）金融庁「モデル・リスク管理に関する原則」（4頁）より抜粋

　なお，パブリックコメントでは，モデルの範囲に関連して以下のような様々なコメントが寄せられている。

No.	コメント
19	エコノミストが使用する経済モデルもモデルリスク管理の対象ですか？
20	モデルの具体例として，銀行法施行規則第34条の37第1項第6号ハに規定される「機械的処理」を行うための処理内容は「モデル」に該当するのか確認したい。
21	本原則は，かなり幅広いモデルが対象になるように読め，例えば該当金融機関が使用するフィッシングメール検出モデルも対象になるように読める。しかし，このようなモデルは，感覚的には，単にパッケージを使用するのみで，モデルリスク管理の対象にすべきとは思えない。念のため，本原則の対象か確認したい。
22	金融機関のモデルリスクと聞き思い出すのは，アセットアロケーションモデルです。アセットアロケーションは，金融機関にとって，何か決める必要があるものの，地に足の付いた尤もらしい決定方法が存在しない中，経営判断として説明責任を尽くす必要があることから，あえてモデルリスクを山のようにとり，「とりあえず」何か決めるといった性質のものに過ぎません。このような性質を持つアセットアロケーションモデルをモデルリスク管理原則の対象としないのはなぜでしょうか？（後略）
23	モデルリスクと聞いて思い浮かぶのが，最近，監督当局や多くの金融機関で大流行している気候変動リスクです。気候変動リスクは，この原則の定義する定量モデルに関連する場合もあれば，定性的に捉えられる場合も多いですが，いずれにしても大きなモデルリスクを有していると考えられます（定性的に捉えられる場合には，この原則の定義するモデルに該当しないとしても，概念モデルとしてのモデルリスクがあると考えられます）。従って，モデルリスクを語るのであれば，このような今日的な課題である気候変動リスクに触れないのは，不十分であると考えます。

（出典）金融庁「コメントの概要及びコメントに対する金融庁の考え方」より抜粋

これらのコメントに対する金融庁の考え方をまとめると，次の2点に集約される。

- 金融庁原則は広く「モデル」に該当するものに対して，そのリスクを包括的に管理する態勢について記載したものであり，個別具体的なモデルの管理について規定したものではない
- モデル・リスク管理において，ある手法がモデルに該当するか否かについては，当該手法の詳細を踏まえて金融機関で判断されるべき

つまり金融庁としては，モデルに該当する／該当しないという点を示すべき

ではなく，あくまで金融機関が策定するモデル定義に沿って金融機関自身で特定・判断していくべきと考えていることがわかる。この点は，モデルの定義や特定に関係する重要な論点であるため，本節であらためて後述する。

②　米国の原則

米国の原則も個別具体的なモデルを想定していない点は，金融庁原則と同様である。例えば，米国の原則ではモデルの定義に合致するモデルが管理対象であるとした上で，金融庁原則と同様にモデルを例示するにとどめている。

> 定義に合致するモデルについては，ビジネス戦略の分析やビジネスの判断，リスクの特定や測定，エクスポージャーや商品，ポジションの評価，ストレステストの実施，資本充分性の評価，顧客資産の管理や内部リミットの遵守，内部の態勢の管理維持，財務・規制報告要件への適合，開示対応といった業務に使用することが想定される。

（出典）FRB／OCC「SUPERVISORY GUIDANCE ON MODEL RISK MANAGEMENT」（3頁）より筆者仮訳

③　英国の原則

英国の原則も具体的なモデルを想定しているわけではないが，パブリックコメントでは，英国の原則がどのようなモデルをカバーし得るのか，既存のモデルに係るガイダンスとどのような関係にあるのかといった図表が示されていた。2023年5月の最終版公表の段階では当該図表はみられないが，有用な図表であるので紹介する（**図表2-2**）。

図表2-2　英国の原則がカバーするモデル領域と既存のガイダンスとの関係

Current Existing publication	Proposed Broad expectation	Future Overarching framework
Internal capital models（Pillar 1）		Model risk management principles for banks

Credit risk models	SS 11/13 "IRB approach"
Counterparty credit risk models	SS 12/13 "IMM approach"
Market risk models	SS 13/13 "IMA approach"
Accounting provisions	
IFRS 9	Basel ECL guidelines
Capital planning & risk management（Pillar 2）	
EC models, ICAAP, Pillar 2 models	SS 3/18 "MRM Principles"
Other B/S & capital planning (BAU) models	Not covered
Valuation & pricing models	
Risk pricing, derivatives, valuations & structured	Not covered
Trading Algos	SS 5/18 "Algo-trading"
Compliance & operational risk management	
Anti-Money Laundering & -fraud, Trader surveillance	Not covered
AI / ML new technologies	Not covered

Model risk management principles for banks ➡

Overarching expectations
1. **Capital models**
- Credit, Counterparty and Market Risk models
2. **Provisioning & other B/S items**
- IFRS9（ECL）models
3. **Other risk management**
- Stress testing
- EC models, ICAAP & Pillar 2 models
- Capital planning（BAU）models
- Risk pricing, valuation
- Trading Algorithms
4. **Operational management models**
- Anti-Money Laundering（AML）
- Anti-fraud, Trader surveillance
- AI/ML & new technology
5. **Other models**

Specific requirements
1. **Capital models**
- IRB, IMM, IMA approach
2. **Provisioning & other B/S**
- Additional guidance for ECL models
3. **Other risk management**
- Additional expectations for Stress testing & capital planning
- Additional guidance for pricing
4. **Operational management models**

			• Specific expectations for AI/ ML & new technology **5. Other models**

（出典）BOE／PRA「CP6/22 – Model risk management principles for banks」より抜粋

（2）モデルの定義

①　金融庁原則

　モデルの定義については第1章でみたとおりであるが，金融庁原則における定義の留意点について，あらためて解説する。金融庁原則のモデル定義を再掲すると，次のとおりである。

> 　「モデル」とは，定量的な手法（複数の定量的な手法によって構成される手法を含む。）であって，理論や仮定に基づきインプットデータを処理し，アウトプット（推定値，予測値，スコア，分類等）を出力するものをいう。モデルには，インプット又はアウトプットの全体又は部分が定性的なものや，インプットが専門的判断に基づくものも含まれる。

（出典）金融庁「モデル・リスク管理に関する原則」（5頁）より抜粋

　ここで，「アウトプットの全体又は部分が定性的」とはどのように理解すべきだろうか。通常，モデルのアウトプットは，推定値や予測値といった数量的（quantitative）なもの，例えば，リスク量や収益見通し，損失額，公正価値などを想定することが多い。一方で，定性的（qualitative）なアウトプットとしては，スコアや分類，イメージしやすいものとしては貸出先や顧客の格付が思いつくが，例えば，以下のようなアウトプットも定性的であると考えられる。

- ある取引が疑わしいかどうかのフラグを立てる
- ある有価証券などの売買行為について不正のおそれがあるかどうかを検知する
- 契約書を読み込み，改定すべき点を提示する
- 投資判断のアドバイスを行う

　こうしたアウトプットを出力する手法も，モデルとして特定・管理すべきなのかは論点になり得るが，第8章で述べる海外のグローバル金融機関のモデル・リスク管理では，こうしたアウトプットを出す手法も，モデル・リスク管理の枠組みで管理することが一般的である。

　定性的なアウトプットを出力するモデルが重要になってきている背景として，技術の進歩に伴い，これまでは人が判断していたことも，ますますモデルに依存するようになったことが影響している。こうした定性的なアウトプットを出力するモデルは，2011年に公表された米国の原則にはなかった発想であると思われるが，10年以上の時を経て，金融庁原則ではこうした時代の流れを反映したモデルの定義になっている。

②　米国の原則

　米国の原則のモデル定義は，第1章で取り上げたとおりであり，ポイントは次の2つになる。

- モデルの定義は，基本的には金融庁原則と整合的
- アウトプットが定性的な場合は明示されていない

③　英国の原則

　英国の原則は，金融庁と似たモデルの定義であるという点は，第1章で述べたとおりであり，定性的なアウトプットを出力する場合もモデルの定義に合致することが示されている。この点について，パブリックコメントに回答するかたちで当局の考え方を示している箇所があり，参考になると思われるので，以下でポイントを紹介する。

モデル定義
- ➤ 原則1のモデル定義は，定性的なモデルのアウトプットを含むため，米国の原則に比べるとスコープが広いとのコメントがあった。定義を広くした背景について，意図を明確にすべきという意見もあった。
- ➤ 英国の原則のモデル定義は，顧客サービスにおけるレコメンデーションや定性的なアウトプットを出力するAIやMLの手法も，モデル・リスク

> 管理のスコープになるように工夫したものである。
> ➢ この定義は，急速に変化するデジタル環境や高度な手法の発展を踏まえ，複雑なモデルが増え，使用されることに対応している。米国の原則の公表以降，他の当局も定性的なアウトプットを出力する場合もモデルとして特定できるように，モデルの定義を広げている。

（出典）BOE／PRA「PS6/23 – Model risk management principles for banks」（10頁）より筆者仮訳

　上記の英国の原則における記載から重要な点をまとめると，以下のとおりになる。

- レコメンデーションなどの定性的なアウトプットを出力するモデルも，モデル・リスク管理の対象にすることが重要（特にAIやMLの手法を踏まえて）
- 急速に進展するデジタル環境や洗練された手法が出現する時代では，様々な種類のアウトプットも捕捉することができるように，モデルの定義を広くしておく必要がある
- 米国の原則が公表されて以降，他の当局も定性的なアウトプットを出力する手法をモデルとして特定・管理できるように工夫している

　金融庁原則や英国の原則のモデル定義の流れからは，今後，多くの当局がモデルの定義を広く捉えることは確実であると思われる。この点は，次のモデル／非モデルに係る論点にも関連するため，あらためて解説するが，金融機関としては，幅広くモデル（候補）を洗い出した上で，規模や業態に加えてビジネスモデルや用いているモデルの種類とその活用度合い等も踏まえ，モデルとして特定，管理すべきかを検討することが合理的である。

　なお，当局の考え方の中に「他の当局」として金融庁を取り上げている点を付言しておきたい。おそらく，2021年に公表した金融庁原則を参考にして，英国の原則が作成されたものと思われる。

④　モデル／非モデルに係る論点

　これまで金融庁原則と米国・英国の原則のモデルの定義をみてきたが，金融

機関からよく問われる論点として「どこまでをモデルとして特定・管理すべきか」,「単純な計算ロジックに沿ってアウトプットを出力するモデルがあるとして,それはモデル・リスクを内在する『モデル』として特定・管理を行うべきか」という点がある。

　金融庁原則に対するパブリックコメントでも,同じ趣旨のコメントがある。以下で,金融庁の考え方を紹介したい。

No.	コメント	金融庁の考え方
27	【該当箇所】 　「モデル」とは,定量的な手法(複数の定量的な手法によって構成される手法を含む。)であって,理論や仮定に基づきインプットデータを処理し,アウトプット(推定値,予測値,スコア,分類等)を出力するものをいう。 【コメント】 　モデルの定義として,「定量的な手法であって,理論や仮定に基づきインプットデータを処理し,アウトプット(推定値,予測値,スコア,分類等)を出力するものをいう。」とされているが,単純なアルゴリズム(四則演算のような単純計算等)や規制上の標準的方式の算式を実装・システム化したものは管理対象外とすることが許容され得るのであれば,その点について明確な表現とすることが望ましいと考える。 【理由等】 　対象となる「モデル」については,「モデル」と言われるもの全てなのか,一定の範囲のものに限定されるのか,あるいは,各行の判断に委ねられるのかについて確認させていただきたい。	モデル・リスク管理において,ある手法がモデルに該当するか否かについては,当該手法の詳細を踏まえて金融機関で判断されるべきものと考えられます。ただし,ご指摘の「単純なアルゴリズム(四則演算のような単純計算等)」を実装・システム化したものについては,単純か否かではなく,当該アルゴリズムの目的(推定や予測等を目的として実装されたものか)を考慮した上で判断する必要があると考えられます。 　なお,言うまでもなく,ある手法について金融機関がモデルに該当しないと判断した場合であっても,必要に応じて当該手法をモデル・リスク管理以外の適切な統制の下で管理する必要があります。

（出典）金融庁「コメントの概要及びコメントに対する金融庁の考え方」より抜粋

　金融庁は,ある手法がモデルに該当するか否かについては明言を避け,「あ

くまで金融機関が判断すべき」としている。一方で重要な示唆は，モデルに該
当するか否かの分かれ道を，手法が「単純か否か」「複雑か否か」ではなく，
手法の「目的」にあるとしている点である。つまり，モデルに該当するか否か
の判断においては，ある手法が「推定や予測の要素」を含んでいるかが重要で
あり，その意味では極めて単純な手法であったとしても，その手法の目的が推
定や予測の要素を含んでいるのであれば，その手法をモデルとして特定した上
で，管理する必要があると解釈するほうが合理的だろう。

⑤　推定や予測の要素

　次に，ある手法の「推定や予測の要素」については，どのように考えるべき
だろうか。例えば，疑わしい取引や不正売買を検出する手法は，「推定や予測
の要素」を含んでいるといえるだろうか。完全な答えはないが，次のように考
えれば「推定や予測の要素」を含んでいるとも考えられる。

- 疑わしいとか違法であると「推定される」活動や取引を抽出する手法とい
  う意味では，推定や予測の要素を含んでいる
- それらを抽出する基準や閾値もモデルの前提や仮定と考えれば，それに
  よってアウトプットが変わり得るという意味で，推定や予測の要素がある
- それらの基準や閾値自体が何らかのモデルによって規定（例：基準や閾値
  の最適化）されていれば，そもそもアウトプットに不確実性がある

　ここで思い出したいのが，「幅広くモデルの定義を設定するのがグローバル
トレンドである」という点である。繰り返しではあるが，まずは広範囲にモデ
ルを特定しておくほうが望ましいと考えられる。

⑥　ルールベースの手法

　それでは，アウトプットに推定や予測の要素がない場合はどのよう考えれば
よいのだろうか。つまり，誰が計算しても同じ結果が得られ，前提や仮定など
を変える必要もないという，いわば「ルールベースの手法」の場合である。既
述のパブリックコメントでは「標準的方式」の例が挙げられているが，この点
についても，金融庁は明確な回答を避けているように思われる。ただし，回答
を総合的に解釈すれば，「ある手法に推定や予測の要素がないのであれば，モ

デルとして特定・管理しないことで差し支えない。しかし，モデル・リスク管理以外の枠組み（例えば，システム・リスクやオペレーショナル・リスク管理）で，当該手法の統制がなされている必要はある」といったあたりが，妥当な解釈になるだろう。

　ちなみに，英国の原則ではこうした「ルールベースの手法」についても，一歩踏み込んだ記載がみられる。英国の原則では「決定的な定量的手法」（英語ではdeterministic quantitative methods）と呼ばれているが，この手法も重要性次第では，モデル・リスクの枠組みでの管理を検討するべきとの考えが示されている点は興味深い。

モデルとして分類されない「決定的な定量的手法」でも，重要なビジネスの決定が行われたり複雑な場合については，モデル・リスク管理の枠組みを部分的にでも適用すべきかどうか，検討する必要がある。

（出典）BOE／PRA「Model risk management principles for banks」（Principle 1.1）より筆者仮訳

第 4 節　3つの重要な概念

（1）　3つの防衛線

①　モデル・リスク管理における3つの防衛線

　金融庁原則では，モデル・リスク管理において重要な概念を3つ取り上げている。まずそのうちの1つである「3つの防衛線」について，本節では第1章で取り上げなかった，金融庁原則の記載や実務上の論点を中心に述べていきたい。

　まず金融庁原則では，モデル・リスク管理における3つの防衛線の狙いについて，以下のとおり記載されている。とりわけ，第2線が第1線に対して「けん制」を行い，それを「評価するリスク文化の醸成」の重要性を指摘している。

> 　健全なモデル・リスク管理の鍵は，実効的なけん制が行われるための態勢を構築することにある。かかる態勢の構築は，けん制を評価するリスク文化の醸成，モデルの透明性の確保，モデルに対する健全な懐疑心，モデルを「ブラック・ボックス」化させない努力等の上に成り立つものである。

(出典) 金融庁「モデル・リスク管理に関する原則」（5頁）より抜粋

　第1章でみたとおり，モデル・リスク管理における3つの防衛線の関係主体は，以下のとおりである。モデル・リスク管理で特有の主体は登場するが，実効的なけん制態勢を確保するために，この3者間で緊張関係を維持する必要性があることは，リスク管理業務における一般的な「3つの防衛線」で求められる概念と同様であると解釈できる。
- 第1線：モデル・オーナー，モデル開発者，モデル使用者（部門・個人）
- 第2線：モデル・リスク管理部門，モデル検証者（部門・個人）
- 第3線：内部監査部門

②　第1線

　金融庁原則では，第1線は次のとおり定義されている。モデル・オーナーやモデル開発者，モデル使用者の解説は第1章を参照するとして，ここでは日本の金融機関の実情や実務上の論点を中心に取り上げる。

> 第1の防衛線（第1線）は，モデルを所管する又はモデルの開発・使用に直接関係する部門・個人で構成される（モデル・オーナー，モデル開発者，モデル使用者等）。

(出典) 金融庁「モデル・リスク管理に関する原則」（6頁）より抜粋

　日本の金融機関では，モデル開発者やモデル使用者はなじみが深いと思われるが，モデル・オーナーを明確に設定している金融機関は少ない。しかし，第1章で説明したとおり，モデル・オーナーは第1線におけるモデルの責任者であり，重要な関係主体である。

　モデル・オーナーは，モデルを開発したりモデルを使用する部門の管理職に設定されることが多い。しかし，リソース制約等から，実務的にはモデル・オーナーを明示的には設置しない場合や，モデル開発者やモデル使用者がモデル・オーナーの役割を兼務することもある。その場合でも，第1線は，以下の観点について，役割・責任を明確化する必要がある。

- モデルの使用
- モデル・パフォーマンスのモニタリング
- モデル検証の依頼等の第2線とのコミュニケーション
- モデルの性能劣化や不備などがあった際の第2線への報告

　逆にいえば，モデル・オーナーが存在しても，こうした役割を誰が担うのかが不明確であれば，第1線としての態勢が機能しているとはいえない。

③　第2線

　金融庁原則では，第2線は次のとおり定義されている。モデル・リスク管理部門やモデル検証者に関する役割等の解説は，第1章を参照するとして，ここでも日本の金融機関の実情や実務上の論点を中心に取り上げる。

> 第2の防衛線（第2線）は，第1線に対するけん制を通じてモデル・リスクを管理する部門・個人で構成され，モデル・リスク管理態勢の維持，規程等の遵守状況及びモデル・リスク全体に対する独立した立場からの監視，モデルの独立検証等の役割を担う。

（出典）金融庁「モデル・リスク管理に関する原則」（6頁）より抜粋

　日本の金融機関では，G-SIBsやD-SIBsレベルでも，モデル・リスクを専門的に管理する部門を設置している先は少数であり，多くはリスク管理部門等でモデル・リスクを管理したりモデルの検証を実施している。この点は，海外のグローバル金融機関と大きな差が生じている部分である。

　この背景には様々な要因が考えられるが，日本の金融機関では，モデル（への独立した立場からのけん制）に対する感度が米国等に比べると高くなく，これまでリソースが十分に割り当てられなかったため，人材が育ってこなかった

という事情が大きいのではないかと考えられる。日本の金融機関がこれまで行ってきたような，「再鑑」のような形式的なチェックや同じ部門に属している別のチームによるチェックといった形式的な作業では，金融庁原則が求める「けん制」の水準には達していない。

とはいえ，米国等のグローバル金融機関と同レベルのモデル・リスク管理部門の設置やモデル検証者の育成・採用は，すぐには不可能である。本来，モデル・リスク管理やモデル検証は，専門性が求められる分野であり，米国等では専門人材を早くから育成・採用してきた。特にモデル検証者は，自身が検証するモデルの分野について深い理解が必要であると同時に，ガバナンスの観点からの知見も有している必要がある。第2線はモデルの使用を拒否したり制限を付したモデルの使用を求めることができるという意味で，強力な権限を有しており，金融機関におけるポジションやサラリー自体も魅力的である。

日本の金融機関は，米国等の状況を参考にして，金融庁原則の求める期待値を充足していくことが合理的であるが，充足の仕方は金融機関の業態や規模等に応じて様々なアプローチが考えられるため，第9章で詳しく解説したい。

④　第3線

第3線について，金融庁原則では次のとおり定義されている。

> 第3の防衛線（第3線）は，内部監査部門で構成され，金融機関のモデル・リスク管理態勢の全体的な有効性を評価する。

（出典）金融庁「モデル・リスク管理に関する原則」（6頁）より抜粋

内部監査部門はどの金融機関にも設置されているため，第2線のモデル・リスク管理部門やモデル検証者のように，どのように設置すべきかといった論点は存在しないが，「内部監査部門に，モデル・リスク管理に知見のある監査人がいるのか」という点は重要な論点である。

日本の金融機関では，モデルやモデル・リスク管理に対する意識が米国等と比較して高くなかったため，人材が育ってこなかったという点は，第2線の課題で述べたとおりであるが，これは第3線にも当てはまる。第3線は，既存の

内部監査部門の人材や外部の第三者による監査のコソース（共同実施）といった方法で当面は乗り切っていくことが想定される。優先順位としては，やはり第2線の態勢整備を進めることが高いだろう。

　いずれにせよ，日本の金融業界・金融機関全体でモデル・リスク管理における第2線や第3線の人材の厚みが増し，リソースが行き来する「エコシステム」が形成されることが，日本のモデル・リスク管理実務の高度化に向けて，中長期的には求められる。

⑤　実効的なけん制

　ここでは，3つの防衛線の重要な論点である「実効的なけん制」について触れておきたい。この用語は，モデル・リスク管理でよく使われ，英語では「Effective Challenge」と呼ばれるが，どのような点に留意すれば「実効的なけん制」が可能なのだろうか。まず，金融庁原則における記載を，次のとおり示した。

> 　本文書では，モデル・リスク管理における実効的なけん制を重視する観点から，3つの防衛線に重点を置いた記載をしていく。ただし，3つの防衛線における組織構成のあり方や役割・責任の割り当てには様々な形が考えられるほか，防衛線の完全な分離が現実的でない場合もあり得る。どのような態勢であれ，金融機関は，自社のモデル・リスク管理態勢において，いかに実効的なけん制を確保するかを検討する必要がある。

（出典）金融庁「モデル・リスク管理に関する原則」（6頁）より抜粋

　金融庁原則からは，「3つの防衛線の構築の仕方は様々であり，金融機関に見合った態勢を構築することで実効的なけん制を行っていくべき」といったメッセージが示唆される。すなわち，第1線であれば，モデル開発者やモデル使用者，モデル・オーナー，第2線であればモデル・リスク管理部門やモデル検証者といった「表面上の用語」にとらわれて形式的な態勢構築を行うだけでは「実効的なけん制関係」を構築したとはいえない。用語や態勢の置き方はどうあれ，第1線が自発的にリスク・オーナーシップを取りながら，リスクが顕

在化した際には第２線にすみやかに報告を行うことや，第２線は自社のモデル・リスクを理解しながら，第１線のモデル開発プロセスや使用方法等についてけん制を行うという，実質的な態勢整備が求められているといえる。具体的な態勢整備方針などは，各原則において説明する。

（2）モデル・ライフサイクル

①　金融庁原則における例示

　３つの重要な概念の２つ目は「モデル・ライフサイクル」である。こちらも概念自体は第１章で説明したとおりであり，ここでは第１章で触れていない点を中心に解説する。まず，金融庁原則の該当箇所は次のとおりである。

> 　モデル・リスク管理における実効的なけん制は，「モデル・ライフサイクル」（モデルの特定，リスク格付の付与，開発，使用，変更，使用停止等の，モデルが経る一連の流れをいう。）の各ステージにおいて行われる必要がある。

（出典）金融庁「モデル・リスク管理に関する原則」（6頁）より抜粋

　第１章で述べたとおり，「モデル・ライフサイクル」は，モデル・リスク管理における独特の概念である。すなわち，モデル・リスク管理では，モデル開発の構想段階からモデルが開発・検証され，承認を受けて使用が開始され，期中管理を経てモデルの使用が停止されるという，いわば人間の「一生」ともいうべき各フェーズにおいて，適切な管理が求められる（使用停止になったモデルが，再度使用され得るという点は，残念ながら人間の「一生」とは異なるが）。

　以下では，金融庁原則が想定するモデルの「一生」について，金融庁原則を引用しながら，留意点を解説していきたい。なお，金融庁原則のモデル・ライフサイクルで示されている点は，例示に過ぎないということに留意が必要である。

(a)　モデルの特定とモデル・インベントリー管理

モデル・リスク管理の対象とする「モデル」を定義し，その定義に基づいて「モデル」を特定する。その上で，特定したモデルを包括的な「モデル・インベントリー」（金融機関が特定したすべてのモデルの情報を記載したデータベースをいう。）に記録する。

（出典）金融庁「モデル・リスク管理に関する原則」（6頁）より抜粋

　まずは，自社に適用し得るモデルの定義を策定する必要がある。モデル・インベントリーへの登録は，この段階で登録をしても，後のフェーズで登録しても構わない。

(b)　モデルのリスク格付付与

各モデルに対してリスク評価を行い，リスク格付を付与する。モデルのリスク格付は，モデル・リスク管理におけるリスクベース・アプローチの基礎として，各モデルに対する統制のレベル（検証の深度や頻度等）を決定する重要な要素となる。

（出典）金融庁「モデル・リスク管理に関する原則」（6頁）より抜粋

　次は，モデルのリスク格付を付与するフェーズであり，金融庁原則にも記載されているとおり，「モデル・リスク管理におけるリスクベース・アプローチの基礎」となる重要なフェーズである。金融機関のモデル定義に沿って特定したモデルを，リスク格付の付与ロジックに沿って，全てのモデルに格付を付していく。なお，リスク格付は，このフェーズでは暫定の格付であり，その後のモデル検証において最終的な格付が第2線（モデル検証者）によって決定される。

(c) モデル開発

開発プロセスでは，モデルで用いられる手法や仮定，モデルの限界等がモデル・リスク管理におけるステークホルダーに十分かつ確実に伝達されるように，包括的なモデル記述書を作成する。

（出典）金融庁「モデル・リスク管理に関する原則」（7頁）より抜粋

　いよいよモデル開発フェーズである。後の原則3で解説するが，モデル開発者は，モデル開発に際してモデル・テストの実施とモデル記述書の作成を行わなければならない。モデル記述書は，第2線によるモデル検証において，重要な評価の対象となる。

(d) モデル・テストとモデル検証および承認

モデルの使用開始前には，第1線がモデル・テスト（開発時の点検）を行う。また，第2線が独立した立場から検証を行い，検証結果を踏まえてモデルの使用を承認する。

（出典）金融庁「モデル・リスク管理に関する原則」（7頁）より抜粋

　金融庁原則では，第1線が実施するモデル・テストと第2線が実施するモデル検証が同じタイミングで記載されているが，実務的には，第1線が実施したモデル・テスト結果等に対して第2線が検証を行い，検証報告書を作成する。その検証報告書を踏まえ，モデル・リスク関連会議体等でモデルの使用の承認／否認が行われる。

(e) モデルの期中管理

モデルの使用開始後には，第1線がモデルに対する継続モニタリング，第2線が再検証を実施し，モデルが意図したとおりの性能を示すことが出来ているかを評価する。欠陥等が発見されたモデルについては，第2線が使用を制限又は拒否する権限を持つ。

（出典）金融庁「モデル・リスク管理に関する原則」（7頁）より抜粋

　モデルの使用が承認されれば，モデルの使用中に期中管理を行わなければならない。第1線は，リスク格付に応じてあらかじめ定められた頻度やモニタリング項目に沿ってモニタリングを実施する（継続モニタリング）。期中において，モデルの性能等に変化が生じれば，第1線（主にはモデル・オーナー）は第2線に報告し，第2線はモデル検証の必要性等について判断を行う。また第2線は，リスク格付に応じて定められた頻度に従って，モデル導入時と同等レベルのモデル検証を実施する（再検証）。第2線は，モデル導入時の検証であれ，再検証であれ，モデルに大きな欠陥等を発見した場合は，モデルの使用を制限したりモデルの使用を認めないことがある。

(f) モデル変更時の検証

> モデルに重要な変更が加えられた場合には，必要に応じて追加的な検証を実施する。

（出典）金融庁「モデル・リスク管理に関する原則」（7頁）より抜粋

　第2線は，モデル変更の重要性に応じて，モデル検証の必要性を判断する。モデルの変更は第1線が行うため，期中における第1線と第2線のコミュニケーションが重要になる。

(g) モデル・リスクの報告

> 第2線は自社全体のモデル・リスクを評価し，結果を取締役会等に報告する。

（出典）金融庁「モデル・リスク管理に関する原則」（7頁）より抜粋

　第2線はモデル・リスクの状況を取締役会等に報告することが求められるが，報告すべき内容や頻度については明示されていない。この点は，原則1で解説する。

(h) 内部監査の実施

> 内部監査を担う第3線は，金融機関のモデル・リスク管理態勢の全体的な有効性を評価する。

（出典）金融庁「モデル・リスク管理に関する原則」（7頁）より抜粋

金融庁原則において，具体的な評価の視点は明示されていない。原則8の解説や第3章において具体的な視点を提示したい。

(i) 文書化の実施

> 上記すべてのプロセスを方針・規程によって明確化し，各プロセスにおける結果は適切に文書に残しておく。

（出典）金融庁「モデル・リスク管理に関する原則」（7頁）より抜粋

文書化の重要性は，金融庁原則において一貫して指摘されている点である。原則1の解説において詳しく取り上げるが，既述の（a）～（h）の各フェーズの実施内容や結果等は文書化の必要がある。

② モデル・ライフサイクルに応じたガバナンス

金融庁原則では以上のフェーズについて，モデル・ライフサイクルの例示を行っているが，これらのフェーズを再整理すると，**図表2－3**のとおりとなる。「モデル・リスク管理は負担が大きい」という話が金融機関から聞かれるが，その要因の1つがこのモデル・ライフサイクルに応じた管理にある。モデル・ライフサイクルの一部で管理に不備があると，モデル・リスク管理全体に影響を及ぼし得るため，1つひとつのフェーズに対してしっかりと態勢を整備する必要がある。例えば，次のような懸念点が挙げられる。

- モデル・インベントリーが未整備であるため，そもそも効率的なモデル・リスク管理が行えていない
- リスク格付が適切に付与されていないため，リスクに応じた管理（リスクベース・アプローチ）が行えておらず，リソースを浪費している

図表2-3　モデル・ライフサイクルの全体像

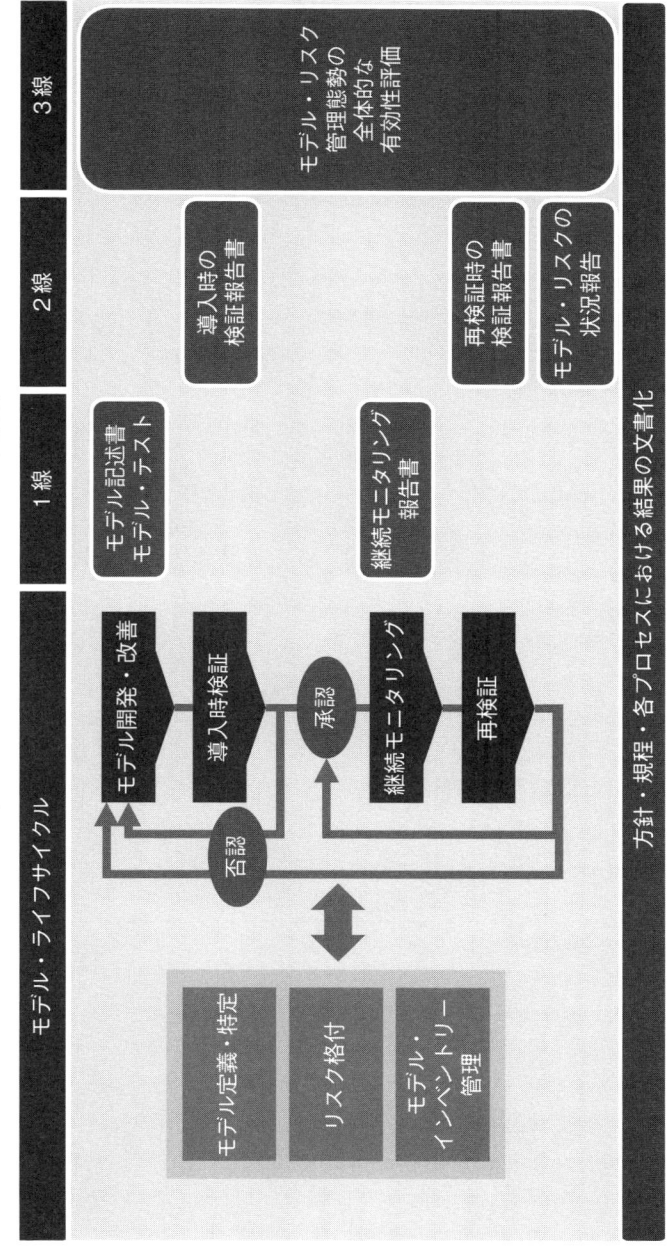

- モデル開発に不備はなかったが，モデル検証において実効的なけん制が行われておらず，モデルの問題に気付けていない

　全体を通じてモデル・リスク管理が機能するように，モデル・ライフサイクル全般の態勢をバランスよく構築していく必要がある。各フェーズにおける態勢を整備・高度化していくと同時に，ライフサイクル全体として実効的な管理を行うことができているかを意識することが重要である。

（3）リスクベース・アプローチ

①　リスク格付

　3つ目の重要な概念は，「リスクベース・アプローチ」である。各国のモデル・リスク管理に関する原則にも同じ概念は存在するが，明確に「リスクベース・アプローチ」という用語を使っているのは，金融庁原則のみと思われる。リスクベース・アプローチは，日本では他のリスク管理業務や内部監査業務においてよく聞かれる言葉であるが，モデル・リスク管理でも，モデルのリスク（モデルのリスク格付）に応じて管理の強度を変えるという意味で，同じ概念である。まずは，金融庁原則の該当箇所を引用する。

> 　リスクベース・アプローチは，モデル・リスク管理の実効性確保にとって重要な概念である。モデル・リスク管理におけるリスクベース・アプローチとは，金融機関がモデルに内在するリスクを評価し，評価結果に基づいてリスクを管理することをいう。

（出典）金融庁「モデル・リスク管理に関する原則」（7頁）より抜粋

　金融庁原則では，リスクベース・アプローチは「金融機関がモデルに内在するリスクを評価し，評価結果に基づいてリスクを管理すること」と定義されている。「モデルに内在するリスク」とは，主にモデルの用途や重要性，複雑性のことを指している。それらを評価した上での「評価結果」とは，代表的にはリスク格付であり，リスク格付の高低によって管理の強度を変えるという概念である。リスク格付は，「モデル・リスク管理におけるリスクベース・アプ

ローチの基礎」であり，モデル・リスク管理において極めて重要な役割を果た
す。

　それでは，リスク格付に応じて「管理の強度を変える」という点は，どのよ
うに理解すればよいだろうか。金融庁原則では，次の記載がある。

> 　金融機関は，あるモデルに対してリスクが高いと判断した場合には，そ
> のリスクに適切に対処し，必要に応じてリスクを低減すべきである。一方，
> リスクが低いと判断した場合には，それに応じた措置を採ることも可能で
> ある。こうしたアプローチによって，金融機関はリソースを効率的に配分
> し，モデル・リスクを実効的に低減することが可能となる。なお，モデ
> ル・リスク管理において，金融機関は，個々のモデルが有するリスクだけ
> でなく，自社が使う様々なモデルを総体として捉えたときのリスク（異な
> るモデル間の相互依存関係等）も勘案し，適切に対応する必要がある点に
> は留意が必要である。

（出典）金融庁「モデル・リスク管理に関する原則」（7 頁）より抜粋

　「あるモデルに対してリスクが高いと判断した場合」とは，端的にはリスク
格付が高いモデルを指すが，その場合は，頻度高くかつしっかりと管理を行わ
なければならないことを意味している。逆に「リスクが低いと判断した場合」，
すなわちリスク格付が低い場合は，そうした管理を行わないことを許容すると
いうことである。この「リスクベース・アプローチ」はどのような局面で効果
を発揮するのかは，期中に行われる継続モニタリング（原則 5）やモデルの再
検証（原則 6）で述べたい。

　なお，「個々のモデルが有するリスクだけでなく，自社が使う様々なモデル
を総体として捉えたときのリスク」についても，簡単に解説しておく。モデル
はそのアウトプットが他のモデルのインプットに活用されることがあり，さら
にそのアウトプットが別のモデルのインプットになるといったように「異なる
モデル間の相互依存関係」を有することがある。あるモデルのインプットにな
るアウトプットを算出するモデルは「上流モデル」，そのアウトプットを活用
するモデルを「下流モデル」と呼ぶことが多いが，個別のモデルが正しくても，

様々なモデルを全体として評価したときにも問題が生じていないかを念頭に置いて，モデルの管理を行う必要がある。

②　モデル検証

リスク格付に基づく「リスクベース・アプローチ」の最も効果的な場面が，第2線によるモデル検証である。モデル検証は，原則6の解説で詳しく述べるが，モデル・リスク管理で最も重要かつリソースを要する分野である。金融機関が管理すべきモデル数は年々拡大しており，海外のグローバル金融機関であれば数千のモデルを有していることは，すでに述べたとおりである。こうした中で，全てのモデルについて頻度高く広範囲かつ深度のある検証を行うことは不可能である。そのために，モデルのリスク（リスク格付）に応じて，検証にメリハリを付けてリソース等を有効活用することが重要になる。

例えば，リスクが高いと判断されるモデルに対しては，モデル検証において，モデルの評価や検証報告書の作成にかなりのリソースを割くことが求められる一方，リスクが低いモデルに対しては，そこまでのリソースを割かないといった判断を行うことができる。リスクベース・アプローチが浸透していれば，メリハリの付いたモデル検証が可能になるだろう。

③　期中管理

モデルの使用開始後は，期中管理を行う必要がある。期中管理は，第1線が実施する「継続モニタリング」と，第2線が実施する「再検証」や「重要なモデル変更時の検証」に大別され，それぞれにおいてリスクベース・アプローチが重要になる。

継続モニタリングでは，事前に定められたモニタリング計画に沿って，第1線がモデルのモニタリングやパフォーマンス・チェック等を実施することが求められるが，その際の頻度や粒度は，リスク格付が高ければ，例えば月次や四半期かつ様々な観点からのモニタリングが求められるといった厳格な管理が必要になる（リスク格付が低いモデルはその逆である）。

再検証では，例えば，リスク格付が高い場合は2年に1度，低い場合は5年に1度といった頻度でモデル使用開始前と同程度の検証が求められる（リスク

が低ければ，検証項目を限定することもあり得る）。全てのモデルについて2年に1度の頻度で再検証を実施しなければならないことになると，業務が立ち行かないため，こうしたメリハリは極めて重要である。再検証以外にも，モデルに重要な変更が加えられた際にはモデル検証が必要になる。この場合も，リスクが高いモデルはフルスコープで検証が必要かもしれないが，リスクが低いモデルは限定的な検証が許容され得る。期中管理としてのモデル検証には，リスク格付に基づくリスクベース・アプローチが極めて重要になるという点について，再度，強調しておきたい。

④　モデル・リスク管理における基礎

　これまでみてきたとおり，リスクベース・アプローチとモデルのリスク格付は密接に関連している。金融庁原則で取り上げている3つの概念は，モデル・リスク管理においていずれも重要だが，とりわけ重要なのがリスクベース・アプローチである。リスクベース・アプローチによる管理がうまくいかなければ，3つの防衛線やモデル・ライフサイクルでの管理も成功しない。

　さらにいえば，リスクベース・アプローチに基づくモデル・リスク管理が有効に機能するためには，リスク格付が適切に機能していることが必要である。したがって，まずはリスク格付の概念や付与ロジックをしっかりと検討し，中長期的な取組みとしてグループ・グローバルベースで整合的な枠組みを構築することが，モデル・リスク管理を効率的・効果的に行うための近道となるだろう。リスク格付については，原則2の解説において，枠組みの構築の仕方などについて詳しく解説する。

第 5 節　8つの原則

　本節では，金融庁原則の8つの原則について，各原則を引用しながら詳細に解説する。金融庁原則は，モデル・リスク管理の望ましい態勢に言及しているという意味で，「あるべき姿」を示しているが，日本の金融機関における実務と金融庁原則が求める態勢との間に，ギャップが少なからず存在すると思われ

る。本節では，こうしたギャップにも理解を示しつつ，実務上の論点について取り上げながら解説を行うことを意識する。

（1）原則1－ガバナンス

> **原則1－ガバナンス：取締役会等及び上級管理職は，モデル・リスクを包括的に管理するための態勢を構築すべきである。**

（出典）金融庁「モデル・リスク管理に関する原則」（8頁）より抜粋

　原則1はガバナンスである。取締役会や上級管理職が主導してモデル・リスク管理態勢を整備し，モデル・リスクの状況について報告を受け，必要に応じて改善の指示を出し，それを実行・監督することが求められる。

①　取締役会及び上級管理職の責任

> 1.1. 取締役会等及び上級管理職の責任
> 　取締役会等及び上級管理職は，リスク管理態勢の一部として，モデル・リスクを包括的に管理するための強固なモデル・リスク管理態勢を構築すべきである。取締役会等は，モデル・リスク管理の実施及び管理態勢の維持に関する責任を，上級管理職又は関連する委員会に委譲することができる。取締役会等は，他のリスク領域と同様に，方針・規程の遵守状況，自社のモデル・リスクの状況等について定期的に報告を受けるべきである。

（出典）金融庁「モデル・リスク管理に関する原則」（8頁）より抜粋

　原則1.1.では，「取締役会等及び上級管理職は，リスク管理態勢の一部として，モデル・リスクを包括的に管理するための強固なモデル・リスク管理態勢を構築すべき」とされている。一方で，取締役会等がモデル・リスク管理態勢の整備・高度化を主導することは現実的ではない。そのため，管理態勢の整備・高度化は，金融庁原則で言及されているとおり，一般的にはCROなどの上級管

理職やモデル・リスクの関連委員会に権限を委譲することが認められている。上級管理職の例としては，CRO以外に，モデル・リスク管理部門の責任者などが考えられる。モデル・リスクの関連委員会としては，リスク全般について議論するリスク管理委員会のほか，モデル・リスクに特化したモデル・リスク管理委員会やモデル承認委員会等の設置が考えられる。

　日本の金融機関では，モデル・リスク管理部門の責任者やモデル・リスクの関連委員会を設置することは，まだ多くない。そのため，リスク統括部等のリスク管理部門がモデル・リスク管理の態勢整備・高度化に責任を負い，リスク管理委員会等でモデル・リスクの状況を監督することが一般的である。

　次に，「取締役会等は，他のリスク領域と同様に，方針・規程の遵守状況，自社のモデル・リスクの状況等について定期的に報告を受けるべき」とされている。日本の金融機関からは，他のリスク領域に比べて経営陣の理解が必ずしも深くないモデル・リスクについて，「誰が何をどの頻度で取締役会等に報告すべきなのか」といった論点がよく聞かれるが，キーワードは「他のリスク領域と同様に」である。つまり，モデル・リスクを信用リスクや市場リスクといったリスク領域と「同様に」報告を行うべきであって，そこに何か差があるべきではないということになる。実務的には，モデル・リスク管理の態勢整備を行い始めたばかりの頃に，「他のリスク領域と同様」の頻度・粒度で取締役会等に報告を行うことは求められないと考えられるが，態勢整備に目処が付けば，他のリスク領域と同レベルの頻度・粒度での報告が求められると思われる。

　報告内容については，**図表２－４**のような項目をCROなどの上級管理職から報告を行うことが想定される。

図表2-4　モデル・リスク管理に関する報告内容の例

項目	報告内容
全体のモデル・リスク	➤ 保有モデル数 ➤ リスク格付に応じたモデル数（特にリスクが高いモデルの数・シェア） ➤ 条件付きで承認を行ったモデル数やその概要 ➤ 業態やエンティティごとのモデルの保有状況
モデル・リスク管理の状況	➤ 承認の実施状況 ➤ モデル検証の実施状況（特にリスクが高いモデルの検証の状況（遅延・完了等）） ➤ 第1線における継続モニタリングの実施状況
個別モデル	➤ リスクが高いモデルの発見事項 ➤ リスクが高いモデルのパフォーマンスやリスク低減措置
当局対応	➤ 検査・監督への対応状況 ➤ 管理態勢の高度化方針

　ちなみに，原則1.1.では，「取締役会等」と記載されている。これはパブリックコメントに対する金融庁の回答「取締役会以外の意思決定機関を設置している金融機関も存在することから，取締役会に類する機関を含める目的で「取締役会等」という表現を用いています」（No.47）が参考になる。

② モデル・リスク管理態勢

1.2. モデル・リスク管理態勢
　モデル・リスク管理態勢は，金融機関の特性，リスク・プロファイル，モデル・リスクの性質，モデル・リスクに対する許容度等と整合的でなければならない。モデル・リスク管理態勢は，グループ全体での管理を基本とし，業態間・地域間・法域間等で適切なレベルの一貫性を確保する必要がある。モデル・リスク管理態勢は，業界の健全な実務慣行や，自社内外におけるモデル・リスク管理の失敗事例から得られた教訓も十分に考慮して構築されるべきである。

（出典）金融庁「モデル・リスク管理に関する原則」（8頁）より抜粋

　原則1.2.では，モデル・リスク管理態勢の構築を求めている。まず，「モデル・リスク管理態勢は，金融機関の特性，リスク・プロファイル，モデル・リスクの性質，モデル・リスクに対する許容度等と整合的でなければならない」とされている。原則の適用対象先でも規模や業態，ビジネスモデル等が異なっている（＝モデル・リスクに対する許容度も異なる）ことを踏まえ，各金融機関に見合った態勢を整備・高度化していくことが重要である点が示されている。例えば，次のようなケースである。

- 規模は大きいが，保有するモデルはシンプルなモデルばかりであり，リスクの高いモデルは少ない
- 海外に支店はあるが，重要な業務は日本国内の業務がほとんどであり，日本の態勢整備に注力する
- 地域金融機関であるため，G-SIBsやD-SIBsの対応事例を参考に，必要と思われる態勢から整備を開始した

　次に，「モデル・リスク管理態勢は，グループ全体での管理を基本とし，業態間・地域間・法域間等で適切なレベルの一貫性を確保する必要がある」からは，基本的にはグループ・グローバルベースで整合性の取れたモデル・リスク管理態勢の構築が求められているといえる。これには，ある業態（銀行）と別の業態（証券）や，ある拠点（東京）と別の拠点（米国）があるとして，それぞれでモデル・リスク管理方針が異なっていれば，グループ全体で一貫性を確保することが困難になり，効率的・効果的な管理態勢を構築できないためである。この点については，日本の金融機関の場合は，本社が主導して整備した方針や規程等を，各業態やエンティティに展開することが標準的なアプローチになると思われる。

　最後の「モデル・リスク管理態勢は，業界の健全な実務慣行や，自社内外におけるモデル・リスク管理の失敗事例から得られた教訓も十分に考慮して構築されるべきである」については，失敗事例や教訓を交えながら取締役会等に報告を行えば有効だろう。日本では，モデル・リスク管理やその重要性について，上級管理職を含めて認識がまだ深くないことが多いが，例えば第1章で触れたモデル・リスクの顕在化事例を共有することは重要である。

③　方針・規程及び文書化

1.3. 方針・規程及び文書化

　金融機関は，モデル・リスク管理態勢とその業務を定めた方針・規程を整備すべきである。方針・規程には，モデルの定義，役割と責任，モデル・インベントリー，モデル開発，実装，検証等，モデル・リスク管理のすべての項目を網羅すべきである。

　また，金融機関は，モデル・リスク管理における各プロセスの結果を適切に文書に残しておくべきである。文書化の水準は文書の目的によって異なり得るが，目的に照らして，ステークホルダーに必要な事項が十分に伝わる内容・粒度を備えている必要がある。

（出典）金融庁「モデル・リスク管理に関する原則」（8頁）より抜粋

　次に，モデル・リスク管理のルールとなる「方針・規程の整備」である。原則1.3.では，「方針・規程には，モデルの定義，役割と責任，モデル・インベントリー，モデル開発，実装，検証等，モデル・リスク管理のすべての項目を網羅すべきである」とされている。これは，モデル・ライフサイクルのあらゆるフェーズにおいて，方針・規程および文書化が求められることを意味している。

　なお，金融庁原則では，整備すべき方針・規程について個別具体的な記載はないが，求められる方針・規程の例示については，英国の原則が参考になると思われるため，第3章で紹介する。また，金融庁原則では図表2－5のとおり，原則の多くの部分で「文書化をすべき」といった記載がなされている。このことから，金融庁原則では，文書化を重視する姿勢が示されていることがわかる。

図表2-5　金融庁原則での文書化の重要性

原則	記載箇所	記載内容
原則1 ガバナンス	1.3. 方針・規程及び 文書化	また，金融機関は，モデル・リスク管理における各プロセスの結果を適切に文書に残しておくべきである。文書化の水準は文書の目的によって異なり得るが，目的に照らして，ステークホルダーに必要な事項が十分に伝わる内容・粒度を備えている必要がある。
原則3 モデル開発	3.2. モデル記述書	モデル開発プロセスにおいては，包括的なモデル記述書を作成するべきである。モデル記述書は，各モデルの機能や特性をステークホルダーに適切に共有できるように，モデルで用いられる手法や仮定，モデルの限界・弱点等を包括的かつ詳細に記載すべきである。モデル記述書は，関連分野の専門性を持つ第三者（モデルの検証者等）がモデルの機能等を理解できる程度に十分な情報を備えている必要がある。
原則5 継続 モニタリング	5.2. 継続モニタリングの 実施方法	（前略）継続モニタリングにおいても文書化は重要なプロセスであり，金融機関は，継続モニタリングの頻度・手法といった実施方法や，実施した結果を適切に文書化するべきである。
原則6 モデル検証	6.1. モデル検証	（前略）検証結果は適切に文書化され，モデル承認の判断基準として考慮されるべきである。（後略）
原則8 内部監査	8.1. 内部監査の役割	（前略）また，金融機関は，自社が行う他の内部監査と同様に，モデル・リスク管理に係る内部監査の所見を文書化し，取締役会等又は関連する委員会に報告すべきである。

（出典）金融庁「モデル・リスク管理に関する原則」より筆者作成

　実際，モデル・リスク管理において，文書化は日本の金融機関の弱点の１つである。とりわけ重要な文書は，第１線が作成する「モデル記述書」と第２線が作成する「モデル検証報告書」であるが，これらの文書については海外のグローバル金融機関の例も交えながら，後の原則３と原則６で解説する。

④　役割・責任

> 1.4. 役割・責任
> 　金融機関は，モデル・リスク管理に係る各部門・部署等の役割・責任を明確に規定すべきである。役割・責任のあり方は金融機関のモデル・リスク管理態勢によって異なると考えられるが，金融機関は，そのうちの重要なものとして，①モデルの所管及び②独立した立場からの統制について規定する必要がある。
> ①について，金融機関は，モデル毎にモデル・オーナー（第１線としてモデル使用及びその性能に責任を担う者（部署）をいう。）を設定すべきである。
> ②について，金融機関は，第１線の有するモデル・リスクに対して統制を行う部署として，モデル・リスク管理部署（第２線としてモデル・リスク管理態勢の維持，方針・規程の遵守状況及びモデル・リスク全体に対する独立した立場からの監視等に責任を負う者（部署）をいう。）を設置すべきである。

（出典）金融庁「モデル・リスク管理に関する原則」（8〜9頁）より抜粋

　原則１の最後は，「役割・責任」である。「モデル・リスク管理に係る各部門・部署等の役割・責任を明確に規定すべきである」という点については，すでに第１章や本章第４節で，モデル・リスク管理における３つの防衛線の役割・責任を述べてきた。原則1.4.では，第１線の「モデルの所管」と第２線の「独立した立場からの統制」が重要である。
　まず「モデルの所管」について，「金融機関は，モデル毎にモデル・オーナー（第１線としてモデル使用及びその性能に責任を担う者（部署）をいう。）

を設定すべき」とされている。第１章で述べたとおり，日本ではモデル・オーナーを設置することは多くないが，モデル・リスク管理では，モデル・オーナーは第１線のモデルの責任者という点では重要な関係主体である。金融庁原則では明確に，「モデル毎にモデル・オーナーを設定すべき」とされている点は重要である。

　次に「モデル・リスク管理部署」については，キーワードは「独立した立場からの統制」となる。モデル・リスク管理で一貫して重要な考え方は，モデル開発者等の第１線から「独立した立場で」，モデル検証等のモデル・リスク管理を行う第２線の個人や部門を設置することであるが，この点は日本の金融機関が特に弱い箇所である。第１章や本章第４節で述べたとおり，日本におけるモデルに係る考え方の違いも影響しているものと思われるが，金融庁原則では「金融機関は，第１線の有するモデル・リスクに対して統制を行う部署として，モデル・リスク管理部署（第２線としてモデル・リスク管理態勢の維持，方針・規程の遵守状況及びモデル・リスク全体に対する独立した立場からの監視等に責任を負う者（部署）をいう。）を設置すべき」と強調している点は重要である。独立性に係る実務上の論点は，後の原則６で解説する。

（２）原則２－モデルの特定，インベントリー管理及びリスク格付

> **原則２－モデルの特定，インベントリー管理及びリスク格付：金融機関は，管理すべきモデルを特定し，モデル・インベントリーに記録した上で，各モデルに対してリスク格付を付与するべきである。**

（出典）金融庁「モデル・リスク管理に関する原則」（９頁）より抜粋

　原則２は，モデルの特定，インベントリー管理とリスク格付である。原則２は，原則３のモデル開発以降のフェーズにつながる重要な原則であり，原則２の各項目の概要は以下のとおりになる。

- モデルの特定：金融機関が定めたモデル定義に沿って，管理すべきモデルを特定する。モデル定義があいまいであったり，定義が極端に狭い場合や

モデル特定作業に大きな見落としがあれば，以降に続くモデルの管理はうまくいかないだろう

- インベントリー管理：モデル数は何百・何千（あるいはそれ以上）に及ぶことが想定される。モデル・インベントリーを整備しなければ，特定したモデルを効率的に管理できない
- リスク格付：リスクベース・アプローチに基づくモデル・リスク管理につながる極めて重要な概念である。リスク格付をうまく付与できなければ，メリハリの付いたモデル・リスク管理を行うことはできない

以下では，それぞれの各項目について解説する。

①　モデルの特定

2.1. モデルの特定

　金融機関は，自社のモデル・リスク管理態勢におけるモデルの定義に基づき，管理対象とする「モデル」を特定すべきである。通常，第1線がモデルの特定に責任を負い，第2線がモデルの該当・非該当の最終判定に責任を負う。

（出典）金融庁「モデル・リスク管理に関する原則」（9頁）より抜粋

　原則2.1.で重要な点は，「自社のモデル・リスク管理態勢におけるモデルの定義に基づき」である。金融機関は，金融庁原則や第1章や本章で紹介した米国・英国の原則におけるモデルの定義を参考に，自社でモデル定義を規定することになる。

　重要な点としては，これらの原則の定義に「一言一句」従う必要はないということであり，金融機関自身が策定したモデルの定義に沿ってモデルを特定，管理していくことが認められている。実際，パブリックコメントに対する金融庁の考え方では，「金融機関が定めるモデルの定義が本原則のⅢ.（a）における定義と一致することを求めるものではありません」と明記されている。一方で，「対象とするモデルの範囲が著しく狭い場合，金融機関は合理的な説明が求められます」とされていることから，金融機関のモデル定義が各国の原則の

定義から大きく違えば（特に，策定したモデルの定義で捉えられるモデルの範囲が狭い場合には），合理的な説明が求められる可能性がある点には留意が必要である。

No.	コメント	金融庁の考え方
36	Ⅳ.（2）において「モデル・リスク管理の対象とする『モデル』を定義し」とされているのは，各金融機関においてモデル・リスク管理の対象とするモデルが Ⅲ.（a）に定義されているモデルの範囲よりも小さくなることもあり得るという趣旨か。	金融機関が定めるモデルの定義が本原則のⅢ.（a）における定義と一致することを求めるものではありませんが，対象とするモデルの範囲が著しく狭い場合，金融機関は合理的な説明が求められます。

（出典）金融庁「コメントの概要及びコメントに対する金融庁の考え方」より抜粋

　実務的には，金融庁原則などの各国の原則から大きく離れた定義は策定され得ないものと考えられるが，論点が分かれる点として，「定性的なアウトプットを出力するモデルは定義に含まなくてもいいのではないか」との考えもあり得る。特に原則の適用対象先でない金融機関では，管理負担を低減する目的から，そうした運用を行うことは合理的だろう。いずれにしても，金融機関のモデルの定義や特定に関する考え方については，グループ・グローバルベースで整合性を確保した上で，当局等と議論を行っていくことが重要である。

　なお，モデルの特定作業は，第1線（特にモデル開発者やモデル・オーナー）が行いつつも，最終決定は第2線が行うことになる。もし第1線と第2線でモデルの特定にコンフリクトが発生し，それが解消されない場合は，最終的にはモデル・リスク管理部門の責任者といった上級管理職やモデル・リスクの関連会議体でコンフリクトの解消を図ることになる。

② モデル・インベントリー管理

2.2. モデル・インベントリー管理
　金融機関は，使用中のモデル，開発中のモデル及び最近使用を停止した

モデルに関する一連の情報を，モデル・インベントリーに記録すべきである。モデル・インベントリーは，金融機関がモデル・リスク管理を行うに当たって必要な情報を包括的に記載している必要がある。各業態・子会社や各部門・部署等の単位でモデル・インベントリーを管理することも可能であるが，グループ・ベースでのモデル・インベントリーの管理は必要であり，第2線がその責任を担うべきである。

(出典) 金融庁「モデル・リスク管理に関する原則」（9頁）より抜粋

　モデル・インベントリーに関する重要な論点は，モデルの「一連の情報」として何を記載すべきかであり，**図表2－6**で管理すべき項目を具体的に例示してみた。金融機関にとって重要な情報に違いがあったり，もう少し情報を絞ることも考えられるため，必ずしも**図表2－6**で示した項目を記載すべきというわけではないが，ひとつの目線として参考になると思われる。とりわけ，以下の項目は重要である。

- モデルの目的・用途
- モデルの限界・使用制限
- リスク格付
- モデル開発や検証に関連する項目
- リスク低減措置

　モデル数が数百の後半や数千の単位になれば，インベントリーのシステム化を検討したほうがよい点は，第1章で述べたとおりである。システムを導入すれば，ここで議論したような「一連の情報」はデフォルトで入っているほか，業務の効率化に資する機能や高度な機能が内在されている点も魅力的である。

　モデル・インベントリーでもう1つの重要な論点は，「グループ・ベースでのモデル・インベントリーの管理」である。すなわち，金融機関の規模が大きくなり，活動が多岐にわたると，各業態・エンティティでモデルを保有して管理することが合理的であり，その単位でインベントリーを作成することが考えられる。金融庁原則では，こうしたそれぞれの単位でのインベントリー管理は許容されているが，最終的には「グループ・ベースでのモデル・インベント

図表2-6　モデル・インベントリーにおける管理項目例

項目			モデルID	1	2	・・・	100	・・・	1,000
モデル名									
対象ポートフォリオ			1	格付遷移モデル					
目的・用途			2	事業法人（国内・中堅中小）					
	対象規制		3	与信費用及びRWAに掛かるwhat if分析					
モデル概要	種類		4						
			5	リスク計測、ストレステスト					
	インプット	概要	6	・・・					
		データソース	7	実績値：・・・　マクロ経済指標：・・・					
		上流モデル	8	格付遷移行列の実績値、マクロ経済指標：・・・					
	アウトプット	概要	9	モデルA、B					
		下流モデル	10	格付遷移確率					
	推計区分		11	モデルC					
	本数		12	ポートフォリオレベル					
	アプローチ		13	・・・本（地域・業種別）					
	内製・外製		14	トップダウン					
リスク格付			15	内製モデル					
		エクスポージャー	16	リスク高					
		複雑性	17	・・・					
	モデル全体（総合評価）		18	・・・					
		検証結果	19	・・・					
		リスク低減措置	20	・・・					
モデルステータス	開発	現状	21	使用中					
		初回承認	22	20XX/XX/XX					
		前回承認	23	20XX/XX/XX					
		再検証頻度	24	3年に1回					
	検証	初回検証	25	20XX/XX/XX					
		前回検証	26	20XX/XX/XX					
		次回検証予定	27	20XX/XX/XX					
	継続モニタリング	継続モニタリング頻度	28	半年に1回					
		前回モニタリング	29	20XX/XX/XX					
		次回モニタリング予定	30	20XX/XX/XX					
	当局対応		31	・・・					
		直近対応時期	32	・・・					
	チャンピオン／チャレンジャーモデル		33	チャンピオンモデル					
関係主体	モデル・オーナー		34	信用リスク管理部XX					
	モデル使用者		35	信用リスク管理部○○					
	モデル開発者		36	クオンツ部△△△					
	モデル検証者		37	モデル・リスク管理部●●					
モデルの限界・使用制限			38	企業規模による感応度の違いを表現できない					
エキスパート的運用			39						
例外的ジャッジ有無			40	・・・					
モデル記述書			41	XXに格納（URL）					
検証報告書			42	●△に格納（URL）					
・・・			43						

リーの管理は必要」とされている。日本のG-SIBsであれば，銀行や証券，信託，海外エンティティ等での単位のインベントリーは，最終的にはグループの第2線が全体の管理を行う必要があると考えられる。

　なお，海外のグローバル金融機関では，最低年に1度の頻度でグループ・グローバルベースでのインベントリー・チェック（いわゆるアテステーション）を行うことが一般的である。インベントリー・チェックでは，インベントリーの記載は正確か，適時に更新されているか，漏れはないかといった確認作業を第2線が行うことになる。ここでもグループ・グローバルベースでのモデル・インベントリーの整合性確保は重要である。つまり，各業態・エンティティにおいて，「一連の情報」がバラバラのインベントリーで管理されていれば，グループ・グローバルベースでの効率的な管理は不可能である。エクセルで管理するにせよ，システムで管理するにせよ，こうした各業態・エンティティ間の違いは，できるだけ排除しておくことが望ましい。そうした意味では，システムを導入する場合，グループ・グローバルベースで同一のシステムを採用するほうが効率的かもしれない。

③　モデルのリスク格付

2.3. モデルのリスク格付
　金融機関は，モデル・インベントリーに記録した各モデルに対して，リスク評価を行い，リスク格付を付与するべきである。リスク格付は，モデル・リスク管理におけるリスクベース・アプローチの基礎として，各モデルに対する統制のレベル（検証の深度や頻度等）を決定する重要な要素となる。リスク格付の手法は金融機関によって異なり得るが，リスク評価に当たっては，モデルの重要性，複雑性，用途等の要素を考慮することが考えられる。

（出典）金融庁「モデル・リスク管理に関する原則」（9頁）より抜粋

　原則2の最後は，モデルのリスク格付である。リスク格付は，リスクベース・アプローチの基礎となる点は，この原則2.3.でも述べられており，本書で

も一貫して指摘している点である。「リスク格付の手法は金融機関によって異なり得る」とされているとおり，付与方法に明確なルールは存在しないため，金融機関の規模や業態，ビジネスモデル，さらには用いているモデルの種類やその活用度合い等に応じて，金融機関が自ら枠組みを策定しなければならない。しかし，格付の付与に際しての一定の共通軸や視点は存在するため，以下ではそれらについて解説する。

　リスク格付の付与の基本的な枠組みは，第1章で述べたとおり，モデルの重要性や複雑性，用途に応じてスコアを付し，それらを合算してリスク格付を決定することである。金融庁原則では，「リスク評価に当たっては，モデルの重要性，複雑性，用途等の要素を考慮することが考えられる」とされているが，これら以外には，**図表2－7**で挙げたような要素も考慮することが考えられる。これらの要素を「追加的に」考慮しなければならないというわけではないが，金融機関が用いているモデルやその度合いなどに応じて考慮することが重要になる。

図表2－7　リスク格付付与の評価要素と評価目線

評価要素	評価目線（例）
不確実性	➤ アウトプットの振れ幅が大きいか ➤ 他のモデル（のアウトプット）への依存度が大きいか
パフォーマンス	➤ モデルが適切に機能しているか ➤ モデル使用前および使用後の再検証等において，どの程度の課題等が指摘されているか
データ	➤ データの十分性や正確性に疑義があるか ➤ データ入手が容易か ➤ 第三者からデータを購入しているか
システム	➤ システムにモデルを実装しているか ➤ システムの管理は頑健か ➤ システムが複雑か
文書化	➤ 第三者がモデルを十分に理解できる文書（モデル記述書や検証報告書）が作成されているか

　次に，それぞれの評価の要素をどのように組み合わせるかが重要になるが，

海外のグローバル金融機関では，モデルの重要性（用途もこの中で評価する場合がある）と複雑性を重視して，大きく次の枠組みのいずれかを採用することが多いものと思われる。

- 2軸マトリックス型：重要性と複雑性の2軸を設定した上で，リスクが高いほうに4点，低いほうに1点を付与した4×4のマス目を作り，左上に該当すればリスクが高い，右下に該当すればリスクが低いといった枠組み（**図表2－8**）。ここでは説明の便宜上，8点～6点を「H格」，5点～4点を「M格」，3点～2点を「L格」と定義し，第4章から第6章で説明する個別モデルおよび第7章のAIモデルのリスク格付において当該表記を使用する

図表2－8　重要性と複雑性の2軸マトリックスの例

2軸マトリックス型		複雑性			
		高（4）	中（3）	低（2）	極低（1）
重要性	高（4）	8	7	6	5
	中（3）	7	6	5	4
	低（2）	6	5	4	3
	極低（1）	5	4	3	2

- 2軸マトリックスの変形型：最初にモデルの用途で大きくリスクを区分けし，その後に上記の2軸マトリックスで詳細にリスク格付を付与する枠組み
- 単純スコア型：いくつかの評価項目（典型的には，モデルの重要性，複雑性や用途に加えて，**図表2－7**で例示した項目の中から合計5～10項目）のスコアを集計し，スコアが高いほど，リスク格付が高くなる枠組み

　上記いずれの枠組みも採用し得るが，マトリックス型を採用する例が多いように思われる。リスク格付の付与ロジックは一度策定してしまえば，連続性の観点から大幅な修正は行いにくいことから，シンプルな枠組みを策定することが一案だろう。いずれの型にしても，どのようにすれば金融機関が保有するモデルのリスクが適切に表現できるのか，ある程度の試行錯誤が必要である。リ

スク格付はリスクベース・アプローチの基礎となる重要な枠組みであるため，時間をかけてしっかりと議論を行い，構築することが望ましい。グループ・グローバルベースで，リスク格付の付与ロジックを一貫させることも重要である。

　最後に，リスク格付の定性調整について触れておきたい。リスク格付は，基本的には以上で議論した評価要素や枠組みに基づいて付与していくべきだが，それだけではモデルのリスクを適切に反映できないこともある。例えば，次の状況を取り上げてみよう。

- 2軸マトリックス型（重要性×複雑性）で評価する場合，モデルが複雑でない場合は格付が低くなってしまうが，モデルの重要性の観点からは，格付が低いとすることに違和感がある
- 同じようなモデルでも，どの業態・エンティティが保有・使用するかでリスクは異なる
- あまり重要なモデルではないが，使用頻度が多い

　このような場合は，リスク格付を付与する「最後の段階」で定性的な判断を行い調整することが，実務的にはみられる運用である。基本的には，保守的に格付を上げることが多いが，格付を非保守的にする場合は，背後にある考え方をしっかりと説明する必要がある。「最後の段階」とした点には理由があり，定性調整をそもそもの枠組みに組み込んでしまえば，ある意味で「なんでもあり」になってしまう可能性があるためである。定性調整は，あくまで例外扱いとして，最後にやむを得ない状況で行うものと位置付けることが重要である。あまりに定性調整が入ったリスク格付が多い場合は，そもそもの格付の付与ロジックに問題があるのではないかと考えることが必要である。また，定性調整を行った場合は，恣意的な調整にならないようにその考え方を文書に残した上で，上級管理職などのレビューを入れるといった追加的な管理を行うことが望ましい。

（3）原則3－モデル開発

> **原則3－モデル開発：金融機関は，適切なモデル開発プロセスを整備すべきである。モデル開発においては，モデル記述書を適切に作成し，モデル・テストを実施すべきである。**

（出典）金融庁「モデル・リスク管理に関する原則」（10頁）より抜粋

　原則3はモデル開発である。モデル開発では，モデル開発のエビデンスとなる「モデル記述書」の作成と，モデルのパフォーマンスをチェックする「モデル・テスト」の実施が重要になる。

①　モデル開発

> 3.1. モデル開発
> 　モデル開発においては，モデルの理論的な適切性，データの質・モデルとの適合性など，モデルの目的に照らした適切性を確保するための開発プロセスを整備するべきである。

（出典）金融庁「モデル・リスク管理に関する原則」（10頁）より抜粋

　原則3.1.はモデル開発である。モデル開発では，モデルの目的に照らして，適切な経済・ファイナンス理論や数学，統計学的な手法やモデルに用いるデータ等を選択する。

②　モデル記述書

> 3.2. モデル記述書
> 　モデル開発プロセスにおいては，包括的なモデル記述書を作成するべきである。モデル記述書は，各モデルの機能や特性をステークホルダーに適切に共有できるように，モデルで用いられる手法や仮定，モデルの限界・

弱点等を包括的かつ詳細に記載すべきである。モデル記述書は，関連分野
の専門性を持つ第三者（モデルの検証者等）がモデルの機能等を理解でき
る程度に十分な情報を備えている必要がある。

（出典）金融庁「モデル・リスク管理に関する原則」（10頁）より抜粋

　原則3.2.はモデル記述書の作成である。モデル記述書は，モデル開発におい
て「モデルで用いられる手法や仮定，モデルの限界・弱点等」に関して，第1
線のモデル開発者が作成する文書であり，モデル・リスク管理において第2線
が作成する検証報告書と対をなす，重要な文書である。金融庁原則では，モデ
ル記述書に盛り込むべき項目について，「モデルで用いられる手法や仮定，モ
デルの限界・弱点等」といった記載があるが，金融機関からは，どのような項
目をモデル記述書に記載すべきかといった質問が聞かれる。モデル記述書に記
載すべき項目に決まったルールがなく，モデルによって記載すべき項目に違い
があるため，実務では，モデルに応じて様々なモデル記述書を作成しているの
が実情である。そのため，あるモデルの記述書と別のモデルの記述書で構成や
項目などがバラバラになっていることがある。
　一方，海外のグローバル金融機関では米国の原則を参照して，どのモデルで
あれ，似たような項目を設定してモデル記述書を作成している。海外のグロー
バル金融機関のモデル記述書の主な項目例を挙げると，**図表2-9**のとおりと
なる。

- 概要：リスク格付などに依存するが，モデル記述書は50ページから100
  ページに及ぶため，サマリーとして，モデルの目的や概要等を記載する
- 適用：何をモデルの適用対象にしているのか，対象となるビジネスやポー
  トフォリオ，商品，関連規制等を記載する
- 関係者：モデルに関わっている第1線の名前や部門などを記載する
- データ：モデル開発に用いる全てのデータについて，出所や加工方法，
  データの適切性や正確性を記載する
- 手法：モデルの前提や仮定，手法の詳細や選択根拠等を記載する。米国の
  原則等で言及のある，コンセプトの健全性（Conceptual Soundness）に

該当する重要な項目である
- モデル・テスト：詳しくは原則3.3.で説明するが，モデルのパフォーマンス・チェックであり，こちらも重要な項目である
- 実装：モデルがどのように実装されているのか，例えばツールやシステムに実装されているのか，それらに対してどのような管理がなされているのかを記載する
- ガバナンス：モデルのアウトプットに対して何らかの調整を行う場合やモデルの弱点・限界に対するリスク低減措置，第1線が行うべき継続モニタリングの方法や頻度等を記載する

図表2−9　海外のグローバル金融機関のモデル記述書の項目例

	項目	記載すべき内容
1	概要	モデルの目的
		モデルの概要
		モデルの前提・仮定
		モデルの限界・弱点
		アウトプットの評価
2	モデルの適用	ビジネスやポートフォリオ，商品，関連規制等
3	関係者	モデル・オーナーやモデル開発者，モデル使用者
4	データ	出所
		加工方法
		適切性・正確性
5	手法	モデルの前提や仮定
		モデルの手法の詳細や選択根拠
		モデルの変数やシナリオ
		モデルの計算過程
6	モデル・テスト	感応度分析，ベンチマーキング，バックテスト等のアウトカムアナリシス
7	実装	ツールやシステムなどの概要
		管理状況

8	ガバナンス	定性調整やモデル・オーバーレイ
		モデルの弱点・限界とリスク低減措置
		継続モニタリングの方法や頻度
		モデル変更時の取決め

　上記のモデル記述書における項目の中から，モデル開発において重要な項目を5つに集約すれば，**図表2−10**のとおりになる。この5項目は，モデル開発や検証に際して，米国の原則が求めている項目として整理可能であり，米国G-SIBsでは，少なくともこの5項目についてはモデル記述書に盛り込んでいる。

図表2−10　モデル開発で重要な5項目

①データ，②手法，③モデル・テスト，④実装，⑤ガバナンス

　モデル開発者はこの5項目に沿って，モデル記述書を作成していくことになる。原則6の解説であらためて述べるが，この5項目は，モデル検証でも重要な項目である。すなわち，モデル検証の実施方法は第1線から独立した第2線が決定するが，モデル検証時の視点はこの5項目になる。いい換えれば，モデル開発者とモデル検証者では，モデルについてみるべき視点はこの5項目ではとんど同じだが，モデル検証ではこれらの5項目について，独自に評価を行うことになる。個別モデルの各章では，予想信用損失（ECL）モデルや気候変動モデル，AMLモデルについて，どのような点に留意してモデルの開発・検証を行っていくべきかを解説している。

　なお，**図表2−9**については，モデルによって記載に濃淡があってしかるべきである。当然ながら，項目の名称や順序などは，金融機関によってまちまちである。例えば，リスクが高いモデルについては，深度のある包括的なモデル記述書を作成すべきだが，リスクが低いモデルは，詳細に分析すべき項目を絞ってモデル記述書を作成することは合理的である。ここでも，リスクベース・アプローチの概念が用いられている。

　留意点としては，グループ・グローバルベースでモデル記述書のテンプレー

ト（さらにいえばリスク格付が高・中・低のモデル用のテンプレート）を作成
しておくことが有用ということである。各業態やエンティティで様々なモデル
記述書の項目があったり書き方に違いがあれば，何千というモデルの管理を行
う中で，効率的にモデル記述書を作成し，モデル検証を行うことは難しくなる
だろう。

③　モデル・テスト

3.3. モデル・テスト
　モデル開発プロセスにおいて，第1線は，モデルの正式使用開始前にモ
デル・テストを実施すべきである。モデル・テストでは，当該モデルの各
構成要素及び全体の動作の点検を行い，モデルの潜在的な限界・弱点を分
析し，当該モデルが意図されたとおりに機能しているかの評価を行う。ま
た，モデル・テストの結果は適切に文書化すべきである。

（出典）金融庁「モデル・リスク管理に関する原則」（10頁）より抜粋

　モデル開発において，「モデル・テスト」の実施も重要である。金融庁原則
ではモデル・テストは，「当該モデルの各構成要素及び全体の動作の点検を行
い，モデルの潜在的な限界・弱点を分析し，当該モデルが意図されたとおりに
機能しているかの評価を行う」とされている。つまりモデルのパフォーマンス
の確認を行うわけであるが，具体的には**図表2-11**のような方法で，モデル・
テストを実施することが考えられる。

図表2－11　モデル・テストの方法

- 感応度分析
- 安定性分析
- ベンチマーキング（ベンチマーク・モデルやチャレンジャー・モデルといった他のモデル候補とのアウトプットの比較分析）
- バックテスト
- サンプル・テスト（モデルで用いたインプットデータ以外の期間等のデータでモデルのアウトプットの挙動分析を実施）
- シナリオ分析

　図表2－11のような様々な方法から，モデル開発者はモデルに応じて妥当なモデル・テストの方法を選択し，モデルの性能を第1線としてテストすることになる。図表2－11が基本的なモデル・テストの方法になるが，モデル・テストはこの他にも，データや実装（システム）等に焦点を当てたテストも考えられる。例えば，第3章で取り上げる英国の原則では明確に「システム・テスト」の実施が求められている。モデルに対して，データや実装等，様々な観点からテストを実施することが重要である。

　なお，モデル・テストの結果は，適切に文書化されるべきである。一般的には，モデル記述書における1つの項目として，モデル・テストの結果を記載することが多い（つまり，モデル・テストの結果をモデル記述書に盛り込む）。実務的には，各種のモデル・テストを実施しながらモデル記述書を作成したり，モデル・テストの結果を参照しながらモデル記述書を作成することもあり，モデル・テストの結果はモデル記述書と別に作成しても構わない。いずれにせよ，モデル開発者は，モデル検証者などがモデル・テストの結果を十分に理解できるように，文書化を行うことが重要になる。

（4）原則4－モデル承認

> **原則4－モデル承認：金融機関は，モデル・ライフサイクルのステージ（モデルの使用開始時，重要な変更の発生時，再検証時等）に応じたモデルの内部承認プロセスを有するべきである。**

（出典）金融庁「モデル・リスク管理に関する原則」（10頁）より抜粋

　原則4は，モデル承認である。これまで日本の金融機関では，「モデルを承認する」という活動自体があまり明示的には行われてこなかった。金融庁原則において，「モデルは承認されて初めて使用できる」との考え方が明記された点は重要である。

①　モデル承認

> 4.1. モデル承認
>
> 　モデルが正式に使用開始される際や，モデルに重要な変更が加えられる際には，事前に第2線によるモデル検証と内部承認を受ける必要がある。また，モデルの再検証が行われる際には，当該モデルの継続使用に関する内部承認を受ける必要がある。モデル承認者は，モデル使用に関する制限等の条件を付した承認や，モデル使用の拒否を行う権限を持つべきである。

（出典）金融庁「モデル・リスク管理に関する原則」（10頁）より抜粋

　金融庁原則では，モデルの使用前だけではなく，モデルの使用が開始された期中において，モデルに重要な変更が加えられる場合やリスク格付に応じて数年に1度実施する再検証後にも，モデルの継続使用に関する承認を行うことが求められている。

　そもそも，モデル承認はどのように行うべきなのだろうか。海外のグローバル金融機関などでは，CROなどの上級管理職やモデル・リスク管理に関連する会議体がモデルの承認を行う。また，リスク格付が高いモデルはCRO，そ

れ以外はモデル・リスク管理部門の責任者（日本の金融機関であればリスク統括部長など）が承認を行うというように，リスク格付に応じて，承認主体を分ける対応もみられる。

　金融庁原則においてモデル承認者は，「モデル使用に関する制限等の条件を付した承認や，モデル使用の拒否を行う権限を持つべき」とされているとおり，強力な権限を有している。実務的には，承認の前段階で第 2 線のモデル検証者がモデルの評価を行い，CRO やモデル・リスク管理部門の責任者などが承認／否認することで使用可否が正式に決まる。モデル・リスク管理において，第 2 線の権限が大きいといわれる理由はここにある。

②　モデル承認に係る例外規定

> 4.2. モデル承認に係る例外規定
> 　金融機関は，モデル承認に関する例外規定を設けることも可能である。ただし，正式なモデル承認を経ずにモデルの使用を例外的に認めることは，あくまでも第 2 線による厳格な統制のもとで行われる一時的な措置であるべきである。また，こうした例外措置は，モデルが有するリスクと整合している必要がある。

（出典）金融庁「モデル・リスク管理に関する原則」（11頁）より抜粋

　金融庁原則では，モデル承認に係る例外規定にも言及されている。例外規定の適用は，次のような状況が想定される。

- 経済環境の急変により，使用中のモデルが適切に機能しないことが確認できたため，急いでモデルを見直す必要が生じたが，第 2 線によるフルスコープでのモデル検証を行い，承認を得る時間がないため，最低限の確認で使用を可能とする例外規定を適用する
- あるモデルが開発されたが，1 回限りの限定的な使用が想定されており，その後は使用を停止するため，最低限の検証でモデルの使用を可能とする例外規定を適用する
- これまでは，あるリスク・カテゴリーのモデルについて，モデル検証と承

認を経ず使用していたが、順次、モデル検証を行った上で承認を受ける。それまでは暫定的に例外規定を適用する

　重要な点として、例外規定は、「第2線による厳格な統制のもとで行われる一時的な措置」であり、こうした措置は、「モデルが有するリスクと整合している必要がある」ということである。例えば、第2線が必要と考える最低限のモデル検証は行ったり、厳格かつ保守的な使用停止基準を設けるといった運用が考えられる。しかしその場合でも、リスク格付が高いモデルや極めて重要な目的に使用されるモデルには、例外規定は認められないことがほとんどであると思われる。

（5）原則5－継続モニタリング

> **原則5－継続モニタリング：モデルの使用開始後は、モデルが意図したとおりに機能していることを確認するために、第1線によって継続的にモニタリングされるべきである。**

(出典)　金融庁「モデル・リスク管理に関する原則」(11頁) より抜粋

　原則5は、継続モニタリングである。継続モニタリングとは、第1線によるモデルの期中管理であり、金融庁原則では「モデルの使用開始後は、モデルが意図したとおりに機能していることを確認する」とされている。特に、「第1線によって継続的にモニタリングされるべき」点は重要である。モデルのモニタリングや検証といった統制活動は、主に第2線が実施すべきものと思われるかもしれないが、期中管理において「継続モニタリング」を第1線が、「再検証」を第2線がそれぞれ実施するという役割分担が、金融庁原則では明記されている。これには、第1線のモデル使用者がいち早くモデルのパフォーマンス劣化などに気付きやすいという事情以外にも、第1線にモデル・リスクを認識させ、モデル・リスクに係るカルチャーやリスク・オーナーシップを醸成させたいという金融庁の想いが込められているものと思われる。

① 継続モニタリング

5.1. 継続モニタリング

　金融機関は，使用が開始されたモデルに対して継続モニタリングを実施すべきである。継続モニタリングは通常，第１線によって実施され，モデルが意図したとおりに機能しているかについて定期的な確認を行う。

　使用開始時には意図したとおりの性能が確認されたモデルであっても，計測対象とする金融商品，金融機関のビジネス活動，市場の状況その他の環境の変化等により性能が低下することも想定される。継続モニタリングは，そのようなモデルの陳腐化を捕捉し，モデルの変更又は使用停止が必要となっていないかを確認する役割も担っている。

（出典）金融庁「モデル・リスク管理に関する原則」（11頁）より抜粋

　継続モニタリングの目的について，金融庁原則は次の２つを挙げている。

- 「モデルが意図したとおりに機能しているかについて定期的な確認を行う」
- 「使用開始時には意図したとおりの性能が確認されたモデルであっても，計測対象とする金融商品，金融機関のビジネス活動，市場の状況その他の環境の変化等により性能が低下することも想定される。継続モニタリングは，そのようなモデルの陳腐化を捕捉し，モデルの変更又は使用停止が必要となっていないかを確認する」

　この両者は重なり合う部分もあるが，おおまかに区分すれば，１つ目はいわばモデル固有の問題であり，２つ目は，モデル外の問題（環境の変化）である（**図表２－12**）。

図表2-12　継続モニタリングにおける視点

	具体例	主な視点
モデル固有の問題	仮定や前提	• モデル開発時の仮定や前提に変化はないか • 仮定や前提を見直す必要はないか
	手法	• 採用した手法が，業界のプラクティスなどから外れていないか • よりよい手法が開発されていないか
	モデルのパフォーマンス	• パフォーマンス劣化を示唆する閾値を超えていないか
環境の変化	金融商品やビジネス活動，ポートフォリオ	• 新たな金融商品やビジネス活動を対象としていないか • ポートフォリオ等の残高や構成等に変化がないか
	マクロ経済環境	• 想定が大きく変わる事象はないか
	ミクロ動向	• 個社のビジネスモデルの変化等，構造変化が起っていないか

　図表2-12のようなモデル固有の問題や環境の変化から，モデルの劣化や陳腐化，パフォーマンスの低下，用途の変化等が観察されれば，モデル・オーナーはモデル使用者から報告を受け，モデル・オーナーが第2線に報告を行うことが求められる。これらの具体的な関係については，次で解説する。

② 継続モニタリングの実施方法

5.2. 継続モニタリングの実施方法
　継続モニタリングの手法等は，モデルの目的，性質及びリスクによって異なり得る。金融機関は，継続モニタリングの実効性を確保するために適切なアプローチを選択する必要がある。継続モニタリングにおいても文書化は重要なプロセスであり，金融機関は，継続モニタリングの頻度・手法といった実施方法や，実施した結果を適切に文書化するべきである。

（出典）金融庁「モデル・リスク管理に関する原則」（11頁）より抜粋

　金融庁原則の「継続モニタリングの手法等は，モデルの目的，性質及びリスクによって異なり得る」という点は，**図表2－12**の2つの視点からモニタリングを行うことを意味している。「金融機関は，継続モニタリングの実効性を確保するために適切なアプローチを選択する必要がある」という点については，実効性を確保する論点の1つに，第1線と第2線の関係がある（**図表2－13**）。つまり，モデルの劣化やパフォーマンスの低下などを第1線が検知すれば第2線に報告し，第2線がモデル検証等の必要性について判断を行うことが求められる。

　モデルを引き続き使用可能か，それともモデル検証が必要かの判断を第2線が行うため，継続モニタリング結果の文書化が重要になる。金融庁原則でも，「継続モニタリングにおいても文書化は重要なプロセスであり，金融機関は，継続モニタリングの頻度・手法といった実施方法や，実施した結果を適切に文書化するべき」とされている。継続モニタリング結果は，モデル・オーナーの責任のもとで文書化がなされ，結果を第2線に提出し，第2線がそれをレビューすることが求められる。

　なお，継続モニタリングの実施方法，モデルの劣化や陳腐化等を捉える閾値，モニタリングの頻度などの継続モニタリング計画は，第1線がモデル開発時に作成するモデル記述書に記載することが重要である。第2線はモデルの使用開始前の検証において，継続モニタリング計画の妥当性について評価を行う。したがって，モデルの使用開始後は，第1線は第2線から評価を受けた継続モニタリング計画に沿ってモデルをモニタリングすることになる。リスク格付が高ければ高頻度でしっかりとモニタリングを行う必要がある一方で，リスク格付が低ければそれほどの強度で行わないことが許容される点は，原則6で述べるモデルの再検証と同様である。

図表2－13　継続モニタリングにおける第1線と第2線の関係

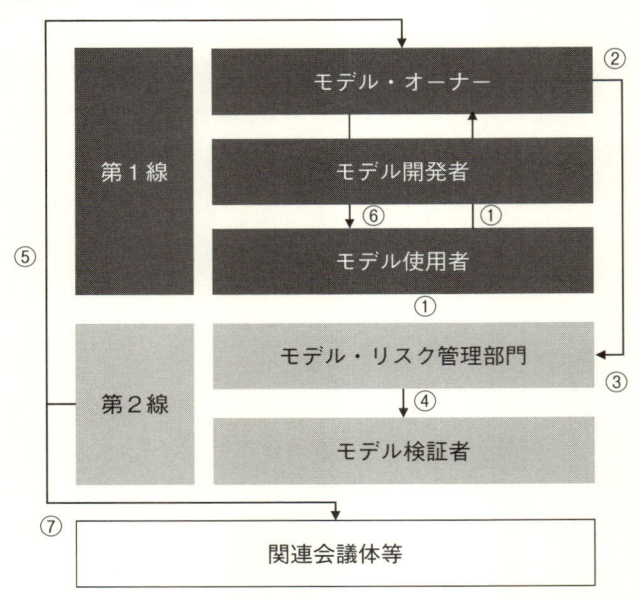

①	➤モデル使用者が継続モニタリングを実施 ➤結果をモデル・オーナーに報告
②	➤モデル・オーナーがモデル開発者・使用者と連携しながら継続モニタリング結果報告書を取りまとめ，モデル・リスク管理部門に提出
③	➤モデル・リスク管理部門が，継続モニタリング結果報告書を受領 ➤モデルが想定どおりに機能しているか，パフォーマンスが劣化していないか等をレビュー（特に問題がなければ⑥へ）
④	➤モデル・リスク管理部門の判断の結果，モデル検証が必要になれば，モデル検証者が検証を実施
⑤	➤モデル・リスク管理部門は，モデル検証の結果を受けて，モデルの継続使用を許可
⑥	➤モデル・オーナーは，継続モニタリング結果やモデル検証結果をモデル・リスク管理部門から受領 ➤モデル検証結果をモデル開発者・使用者に伝達（①に戻る）
⑦	➤モデル・リスク管理部門は，継続モニタリング結果（および必要に応じて実施する⑤の検証結果）を関連会議体等に報告

（6）原則 6 － モデル検証

> **原則 6 － モデル検証：第 2 線が担う重要なけん制機能として，金融機関は
> モデルの独立検証を実施すべきである。独立検証には，モデルの正式な使
> 用開始前の検証，重要な変更時の検証及びモデル使用開始後の再検証が含
> まれる。**

（出典）金融庁「モデル・リスク管理に関する原則」（11頁）より抜粋

　原則 6 は，モデル・リスク管理で最も重要なモデル検証について言及してい
る。モデル検証では第 2 線が第 1 線に対して「独立的な立場」から「けん制」
を行うことの必要性が示されている。モデル検証には以下 3 種類の検証があり，
それぞれ概要は次のとおりである。

- 使用開始前の検証：モデルを開発して使用を開始するには，モデル検証で
  評価を受け，承認を得る必要がある
- 重要な変更時の検証：モデルを使用している期中に，モデル固有の問題が
  生じたり，環境の変化を受けてモデルに変更を加える場合，第 2 線がモデ
  ル検証の必要性を判断し，必要な場合に検証を実施する
- 再検証：モデルを使用している期中に，主にリスク格付に応じて数年に 1
  度の頻度で，使用開始前と同程度のモデル検証を実施する

　以下では，原則 6 の詳細について解説する。

①　モデル検証

6.1. モデル検証

　金融機関はモデルの独立検証を実施すべきである。モデル検証では，モデルの仕様及び理論の適切性，モデル使用の適切性，モデルの使用に関する制限の要否等を確認する。検証結果は適切に文書化され，モデル承認の判断基準として考慮されるべきである。第2線は，モデル検証で欠陥等が発見されたモデルについて，第1線に対して使用の制限や停止等の適切なリスク低減措置を求める権限を有するべきである。

（出典）金融庁「モデル・リスク管理に関する原則」（11〜12頁）より抜粋

　金融機関は，保有する全てのモデルに対して，モデル開発後に第1線から独立した第2線がモデルの検証を実施しなければならない。金融庁原則では，「検証結果は適切に文書化され，モデル承認の判断基準として考慮されるべき」とされているが，検証結果の文書化とは，検証報告書の作成を意味する。検証報告書に盛り込むべき項目として，「モデルの仕様及び理論の適切性，モデル使用の適切性，モデルの使用に関する制限の要否等」が挙げられており，具体的には，原則3のモデル開発で取り上げた5項目（データ，手法，モデル・テスト，実装，ガバナンス）について，第1線から独立した第2線がそれらの妥当性等につき評価することが求められる。その評価で問題が見つかれば，第2線は第1線に対して，使用の制限や停止等の適切なリスク低減措置，あるいはモデルの再開発（第1線における別途のモデルを再選定することを含む）を求めることになる。

②　モデル検証の類型

6.2. モデル検証の類型

　モデルは，モデル・ライフサイクルのステージに応じて各種のモデル検証の対象となる。まず，すべてのモデルは，原則 4.2.の例外規定により使用を認められる場合を除いて，正式な使用開始前に検証を受けるべきである。また，モデルに重要な変更が加えられる場合には，第2線が検証の必要性を検討すべきである。モデルの使用開始後は，実際の運用において意図したとおりに機能しているかどうかを評価するために，再検証が行われるべきである。

（出典）金融庁「モデル・リスク管理に関する原則」（12頁）より抜粋

　原則6.2.はモデル検証の類型である。すでに述べたとおり，モデル検証には3つの類型（「使用開始前の検証」，「重要な変更時の検証」，「再検証」）がある。まず，金融庁原則で「すべてのモデルは，原則4.2.の例外規定により使用を認められる場合を除いて，正式な使用開始前に検証を受けるべき」とされている点が重要である。モデル検証を受けないまま，モデルを使用することは許容されない。

　次に，「モデルに重要な変更が加えられる場合には，第2線が検証の必要性を検討すべき」とされていることから，第1線のモデル開発者が，第2線の許可を得ずにモデルに変更を加えることは，基本的には認められない。モデル変更の必要性が生じれば第1線は第2線に報告を行い，第2線は変更の重要性などに応じて，モデル検証の必要性を判断し，必要な場合には検証を実施する。

　最後にモデルの再検証であるが，再検証は，リスクベース・アプローチの観点から重要になるため，原則6.5.であらためて述べる。

③　モデル検証の手法及び検証項目

6.3. モデル検証の手法及び検証項目

　モデル検証の手法及び検証項目は，モデルの目的，性質，リスクのほか，データの利用可能性やモデル検証の類型によって異なり得る。金融機関は，モデルに対して実効的なけん制を行うために，モデル検証に当たって適切な手法等を選択する必要がある。実施が適当な場合には，実際の過去データとモデルのアウトプットの比較分析（バック・テスト等）もモデル検証の手法に含まれる。

　モデル検証における検証項目は，モデル自体の評価と第1線の管理に対する評価の両方をカバーする必要がある。検証項目には，例えば，モデル記述書，手法，仮定，データ，開発上の証跡，実装，使用，継続モニタリング等の評価が含まれる。

（出典）金融庁「モデル・リスク管理に関する原則」（12頁）より抜粋

　原則6.3.は，モデル検証の手法および検証項目である。金融庁原則では「モデル検証の手法及び検証項目は，モデルの目的，性質，リスクのほか，データの利用可能性やモデル検証の類型によって異なり得る」とされているとおり，モデルに応じて検証の手法などに違いがあることが想定されている。「モデル検証の類型」については，既述の「使用開始前の検証」，「重要な変更時の検証」，「再検証」の3つを指している。

　しかし，モデル開発時と同様に，モデル検証時に評価すべき主な項目として原則3の**図表2−10**で挙げた5項目がある。これらの項目の評価を第2線が実施し，検証報告書を作成する。原則3で提示したモデル記述書のようなかたちで，第2線の検証報告書の項目を例示すると，**図表2−14**のとおりとなる。

図表２－14　海外のグローバル金融機関の検証報告書の項目例

	項目	記載すべき内容
1	概要	モデルの目的
		モデルの概要
		モデルの前提・仮定の評価
		モデルの限界・弱点の評価
		発見事項および評価結果
2	スコープ	モデルの検証の方向性
3	モデルの適用	ビジネスやポートフォリオ，商品，関連規制等に対する評価
4	データ	データの適切性・正確性に対する評価
5	手法	モデルの前提や仮定に対する評価
		モデルの手法の詳細や選択根拠に対する評価
		モデルの変数やシナリオに対する評価
		モデルの計算過程に対する評価
		他のモデル候補に対する意見
6	モデル・テスト	感応度分析，ベンチマーキング，バックテスト等のアウトカムアナリシスに対する評価
7	実装	実装するツールやシステム，それらの管理状況に対する評価
8	ガバナンス	定性調整やモデル・オーバーレイの妥当性
		モデルの弱点・限界に対する評価
		リスク低減措置に対する評価
		継続モニタリングの方法や頻度の妥当性
		モデル変更時の留意点

　重要な点としては，検証報告書とモデル記述書で構成や項目に大きな違いはなく，５項目に対する「評価の視点」で検証報告書が作成されている点である。すなわち，第２線のモデル検証は，第１線が行ったモデル開発に対して独立した立場から評価を行った上で，モデルとして使用してもよいか，使用できるとしても何か制限を付ける必要はないか，否認すべきかの結論を述べる作業といえる。

④　モデル検証の独立性

> 6.4. モデル検証の独立性
>
> 　金融機関は，モデル検証者が第1線から十分に独立してけん制機能を発揮できる態勢を構築すべきである。モデル検証の独立性は，レポーティンググラインの分離やインセンティブ構造等によって確保されることが考えられる。なお，第1線がモデル検証を実施することも許容されるが，その場合は，第1線が実施した検証結果に対して第2線が評価を行うべきである。

（出典）金融庁「モデル・リスク管理に関する原則」（12頁）より抜粋

　原則6.4.では，モデル検証において重要な論点である独立性について言及されている。金融庁原則では「モデル検証者が第1線から十分に独立してけん制機能を発揮できる態勢を構築すべき」とされているとおり，第2線としての（第1線からの）独立性が重視されている。従来から日本の金融機関でみられてきたような，モデルの計数チェック（いわゆる再鑑）やモデル開発と同じ部門のチームがモデルをレビューすることで済ませるといったことは，独立性の観点から許容されない。

　独立性の確保について最も望ましい形態としては，独立したモデル・リスク管理部門の設置と十分なモデル検証者を確保することである。しかし，日本の金融機関では，G-SIBsやD-SIBsでも，モデルとガバナンスの両方に精通した人材を確保することは難しく，内部の人材を訓練・活用しようにも少なくとも数年はかかるだろう。また，外部の人材プールも，日本の場合は残念ながら限定的である。そのため，まずはリスク管理部門等の既存の態勢や人材を活用することを第一に，モデル・リスク管理態勢を高度化する一環で，少しずつモデル・リスク管理チームを新たに組成したり，モデル・リスク管理部門を設置することが考えられる。

　また，金融庁原則が指摘しているとおり，レポーティンググラインの分離やインセンティブ構造等の確保も重要である。ただし，日本の金融機関で悩ましい点は，リスク管理部門にモデル・リスク管理チームを置いたとして，リスク管理部門で開発したり使用するモデルが相応に存在することである。この場合，

モデル開発者や使用者のレポーティングラインとモデル・リスク管理チームの
レポーティングラインが同一になり得るため，独立性の確保が難しくなる。態
勢を構築する初期段階では仕方のないことであるが，金融庁原則の適用対象先
であるG-SIBsやD-SIBsであれば，数年後を目処に独立したモデル・リスク管
理部門の設置を模索するほうが望ましいと思われる。

　なお，原則6.4.には，「第１線がモデル検証を実施することも許容されるが，
その場合は，第１線が実施した検証結果に対して第２線が評価を行うべき」と
いう記載がある。米国や英国の原則では，モデル検証は，第２線の役割・責任
において実施されるべきである点が強調されているが，日本の金融機関では第
２線の人材が不足していることは，既述のとおりである。金融庁原則において，
米国のような厳格な独立性を当初から要求すれば，「そのようなリソースが内
部にも外部にもないのに，どうすればいいのか」という意見が金融機関から聞
かれることが想像される。こうした日本の金融機関の状況も踏まえて，「第１
線がモデル検証を実施することも許容される」といった要素が入ったものと考
えられる。

　ただし，金融庁原則では第２線がモデルの検証を行わない場合は，「第１線
が実施した検証結果に対して第２線が評価を行うべき」とされている点に，留
意が必要である。これは，モデル開発者である第１線がモデル開発とモデル記
述書の作成を行いながら，「別の」第１線がモデル検証を行い，その検証結果
を第２線が評価するということを意味している。金融庁原則では「別の」第１
線であるべきことは明記されていないが，それは自明であると思われる。つま
り，モデル開発やモデル記述書の作成を行った人物が，モデル検証や検証報告
書の作成を行うことは許容されないと考えるのが自然である。

　以上を踏まえると，モデルの使用に際しては，第２線の検証であれ，第２線
のレビューを通じた評価であれ，結局は第２線が関与するかたちでモデル使用
の可否の判断がなされなければならないということになる。第１線のみで，モ
デルの開発から検証，使用に至るプロセスが完結することは認められないと解
釈すべきである。

⑤　モデル検証におけるリスクベース・アプローチ

> 6.5. モデル検証におけるリスクベース・アプローチ
>
> 　モデル検証の実施頻度や深度・範囲等は，当該モデルのリスクの高低と整合的でなければならない。特に，再検証の実施頻度及び優先順位付けは，モデルのリスク格付と整合的であることのほか，環境の変化やそれに伴うモデルの性能低下の兆候，モデルの使用に関する制限等の状況も考慮することが必要である。
>
> 　なお，リスクベース・アプローチの観点からは，リスクが低いモデルについて，例えば環境に大きな変化があった場合やモデルの性能低下の兆候が観察された場合に不定期の再検証を実施するなど，定期的な再検証を実施しないことも許容される。

（出典）金融庁「モデル・リスク管理に関する原則」（12～13頁）より抜粋

　原則6.5.は，モデル検証（特に期中における再検証）とリスクベース・アプローチの関係について言及している。金融庁原則では，「モデル検証の実施頻度や深度・範囲等は，当該モデルのリスクの高低と整合的でなければならない」とされ，特に「再検証の実施頻度及び優先順位付けは，モデルのリスク格付と整合的であること」が求められている。再検証においては，リスク格付が高ければ頻度高く（例：2年に1度）しっかりとした検証が求められる一方で，リスク格付が低ければそこまでの検証が求められないということである。場合によっては，不定期の検証も許容されることも，金融庁原則で明記されている。これは，原則5で述べた継続モニタリングでも同様である。原則6.5.からは，リスクベース・アプローチはリスク格付を基礎としており，リスク格付は，再検証や継続モニタリングの頻度や粒度と深い関係にあることが，あらためてわかる（**図表2－15**）。

図表 2 － 15　リスク格付とリスクベース・アプローチ

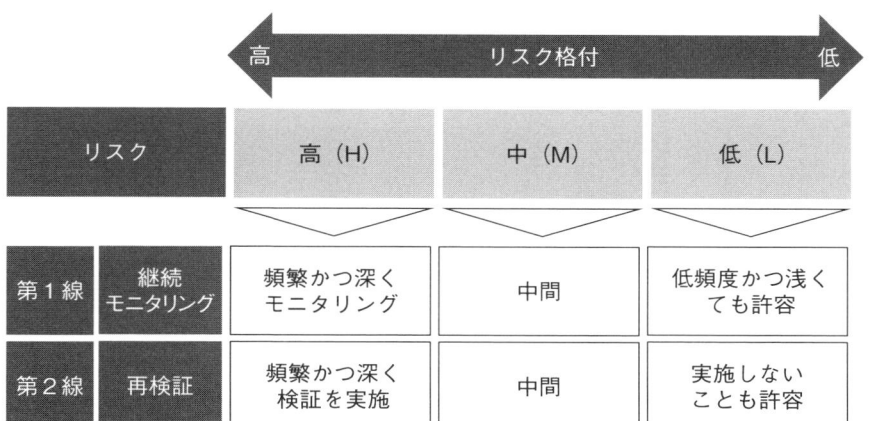

　それでは，「環境に大きな変化があった場合やモデルの性能低下の兆候が観察された場合」については，どのように理解すべきだろうか。ここでも関連するのが，第1線が期中に実施する継続モニタリングである。例えば，継続モニタリングにおいて，大きな環境の変化やモデルの性能低下などが観察されれば，原則5の**図表2－13**で述べたフローに沿って，第1線は第2線に報告を行わなければならない。その結果，第2線がモデル検証の必要性を認めれば，リスク格付に紐付く再検証の時期を待たずしてモデルの検証を行うことがあり得るというわけである。

　モデルの検証結果を踏まえて，継続使用が許可される場合を想定した上で，以上の流れをまとめたものが，**図表2－16**である。

図表2−16 継続モニタリング報告とモデル検証の判断の流れ

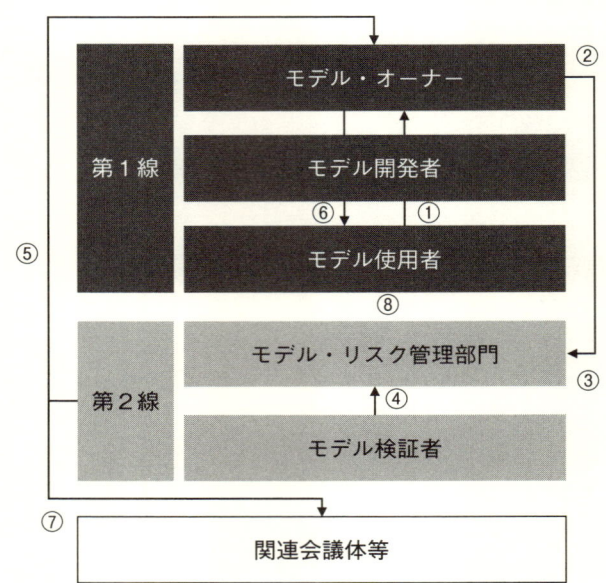

①	➢ 大きな環境の変化やモデルのパフォーマンス劣化が示唆されたため，モデル使用者がモデル・オーナーに状況を報告
②	➢ モデル・オーナーがモデル・リスク管理部門に報告
③	➢ モデル・リスク管理部門は対応を協議（例：モデル使用を一時停止）
④	➢ （モデル・リスク管理部門が必要と判断すれば）モデル検証者が検証を実施し，その結果をモデル・リスク管理部門に報告
⑤	➢ モデル・リスク管理部門が，検証結果をモデル・オーナーに伝達（今回は，モデルに問題はないと判断）
⑥	➢ モデル・オーナーが，検証結果をモデル開発者や使用者に共有
⑦	➢ モデル・リスク管理部門が，検証結果を関連会議体等に報告
⑧	➢ モデル使用者が，モデルの使用やモニタリングを再開

　最後に，リスクが低い場合の再検証の位置付けについて解説する。リスクが低いモデル（リスク格付が低いモデル）は，金融庁原則によると「例えば環境に大きな変化があった場合やモデルの性能低下の兆候が観察された場合に不定期の再検証を実施するなど，定期的な再検証を実施しないことも許容される」

とされている。つまり「定期的な再検証は実施しなくてもよい」と解釈できる。これはモデル数が何百，何千にも増える一方，日本の金融機関ではリソースや人材が少ない中で，やむを得ないものと考えられる。

　しかし，リスク格付が低いことだけで再検証を行わなくてもよいとただちに考えるのはやや早計だろう。海外のグローバル金融機関の実務では，リスク格付が低いことだけで再検証を実施しないということは，基本的には認められないものと考えられる。モデルとして特定・管理する以上，リスク格付が低くても管理強度を変えつつ，全てのモデルを検証すべきとの考え方が一般的である。ただし，最近ではモデル数が増加し，あまりにも管理負担が高まっていることもあって，リスク格付を3段階から4段階や5段階に増やし，一番下のリスクについては「実質的にリスクなし」として，かなりの程度，頻度や深さを落として検証を行うといった実務もみられる。その中の一部のモデルについては，「検証を行わない」という判断もあるようだが，それでも全体のモデル数に占めるシェアは極めて少ない点は付言しておきたい。

　なお，定期的な再検証は実施しないとした場合でも，「環境に大きな変化があった場合やモデルの性能低下の兆候が観察された場合に不定期の再検証を実施する」点から，モデル検証の必要性自体は忘れてはならない。その際にも，第1線の継続モニタリングが重要になる。**図表2-16**で示したフローに従って，第2線が検証を実施した上で，「リスク格付が低いままでよいか」，「再検証を実施しなくてもよいとした判断を変える必要はないか」といった点にまで，第2線は踏み込むべきである。

（7）原則7－ベンダー・モデル及び外部リソースの活用

> **原則7－ベンダー・モデル及び外部リソースの活用：金融機関がベンダー・モデル等や外部リソースを活用する場合，それらのモデル等や外部リソースの活用に対して適切な統制を行うべきである。**

（出典）金融庁「モデル・リスク管理に関する原則」（13頁）より抜粋

　原則7は，ベンダー・モデルと外部リソースの活用である。これまで日本の金融機関では，外部ベンダーからモデル（データを含む）を購入する場合，「モデルの責任は開発したベンダーにある」とまではいかないまでも，「少なくとも自分たちが管理すべきではない（管理できない）」というスタンスにあることが少なくなかったように思われる。しかし金融庁原則では，「モデル等や外部リソースの活用に対して適切な統制を行うべき」とされ，ベンダー・モデル等の管理を行うことが明確に求められている。

　一方で，ベンダー・モデル等の管理に際して，金融機関が管理を行うにも限界がある点は金融庁原則でも言及されている。以下では，どのような点に留意して管理を行うべきかみていきたい。

①　ベンダー・モデルその他のサードパーティー製品

> 7.1. ベンダー・モデルその他のサードパーティー製品
>
> 　ベンダー・モデル等（モデルで使用するサードパーティー製のデータやパラメーター等を含む。）は，その仕様等の詳細が非公開であることが多く，金融機関は当該ベンダー・モデル等で用いられている手法，仮定，データ等に関して限定的な情報しか持たないことが多い。しかしながら，金融機関は，これらの制約がある場合であっても，ベンダー・モデル等を自社のモデル・リスク管理態勢の下で位置づけ，そのリスクを管理し，許容可能な水準まで低減する必要がある。

（出典）金融庁「モデル・リスク管理に関する原則」（13頁）より抜粋

　金融庁原則でも，「ベンダー・モデル等（モデルで使用するサードパーティー製のデータやパラメーター等を含む。）は，その仕様等の詳細が非公開であることが多く，金融機関は当該ベンダー・モデル等で用いられている手法，仮定，データ等に関して限定的な情報しか持たないことが多い」点は認めている。ベンダー・モデル等はそれ自体が価値になるため，コードやモデルの開発手法を全て開示してしまえばその価値が失われるため，詳細な開示は行うことができないというベンダーの事情はよく理解できる。

　しかし同時に，「これらの制約がある場合であっても，ベンダー・モデル等を自社のモデル・リスク管理態勢の下で位置づけ，そのリスクを管理し，許容可能な水準まで低減する必要がある」とされている。ベンダー・モデル等であっても，金融機関が「できる限りにおいて」責任を持ってリスクを管理しなければならないという考え方に変えることが，最初の重要なステップになる。具体的なリスク管理については，次の原則7.2.に記載されているが，キーワードは「できる限りにおいて」である。

② 　ベンダー・モデル等のリスク管理

7.2. ベンダー・モデル等のリスク管理

　ベンダー・モデル等のリスク管理には，社内開発のモデル等とは異なるアプローチが必要になる。ベンダー・モデル等に特有の管理としては，例えば，適切なベンダー及び製品を選定すること，可能な限り詳細な情報の提供をベンダーに求め，モデルの仮定・特性や限界・弱点の把握に努めること，入手可能な情報に基づき可能な範囲でモデル検証を実施すること，当該ベンダー・モデル等が使用できない状況に備えたコンティンジェンシープランを策定すること等が考えられる。

（出典）金融庁「モデル・リスク管理に関する原則」（13頁）より抜粋

　金融庁原則では具体的なリスク管理について，基本的なモデル・リスク管理は実施した上で，「社内開発のモデル等とは異なるアプローチが必要」としている。具体的には，以下のとおり例示しているが，ここで挙げた項目以外に，継続モニタリングも重要になると考えられる。

- 適切なベンダーおよび製品を選定する
- 可能な限り詳細な情報の提供をベンダーに求め，モデルの仮定・特性や限界・弱点の把握に努める
- 入手可能な情報に基づき可能な範囲でモデル検証を実施する
- 当該ベンダー・モデル等が使用できない状況に備えたコンティンジェンシープランを策定する

「適切なベンダーおよび製品を選定する」点については，サードパーティー・リスク管理と関連するところが多い。モデル・リスク管理特有の視点を例示すると，**図表2-17**のとおりとなる。

図表2-17   ベンダー・モデルの管理における視点

視点	補足
適切なベンダーや製品を選定する	・サードパーティー・リスク管理と関連（特にモデル開発の実績やモデルの詳細情報の開示スタンス，問題発生時の対応などを考慮）
可能な限り詳細な情報の提供をベンダーに求め，モデルの仮定・特性や限界・弱点の把握に努める	・ベンダーが作成しているモデル記述書の開示を依頼 ・モデル記述書そのものの入手が難しくても，モデルの仮定や特性，限界・弱点の把握だけは試みる
入手可能な情報に基づき可能な範囲でモデル検証を実施する	・ベンダー・モデルの検証は難しいが，以下のような視点で独自に検証を実施する 　➤ベンダーが開発に用いたデータとは観測期間等を変えたデータを用いる 　➤極端なデータを用いてモデルの挙動を観察する 　➤ベンチマーク・モデルやチャレンジャー・モデルとのアウトプットを比較する
当該ベンダー・モデル等が使用できない状況に備えたコンティンジェンシープランを策定する	・規制報告や財務開示など，重要な用途にベンダー・モデルを使用している場合が該当 ・別のモデルで暫定的に対応可能なのか，一部をマニュアル作業で対応すれば事足りるのかなどを事前に決めておく

ここで重要な点が先に述べた，「できる限りにおいて」になる。実務的には，ベンダーがモデル等に係る全ての情報を金融機関に開示することは想定できない。したがって金融機関は，「できる限りにおいて」ベンダーと情報開示を交渉していくことになる。例えば，モデル記述書の開示が難しいのであれば，次のような交渉を，第1線が中心となってベンダーと行うべきだろう。

・モデルの機密情報に係る部分は黒塗りなどで情報を落とした上で，モデル記述書の開示を依頼する
・モデル開発で重要と考えられる手法については，詳細な開示を依頼する

- どうしても開示が難しい場合は，口頭でディスカッションを行い，それを
  内部で文書化の上，第２線などに共有し，追加的に必要な情報について指
  示を仰ぐ

　金融機関がベンダー・モデル等の内容をしっかり理解した上で，独自に追加
的な検証を行い，必要に応じてリスク低減措置を検討することができれば，ベ
ンダー・モデル等に対する管理のグッドプラクティスに達すると考えられる。
なお，パブリックコメントNo.72に対する金融庁の考え方にも，ベンダー・モ
デルを管理していく際の追加的な視点が例として挙げられている。また，
No.73に対する金融庁の考え方では「ご理解のとおり」と回答されており，金
融機関は「できる限りにおいて」，ベンダー・モデル等の理解・管理を行うこ
とが求められていることがわかる。

No.	コメント	金融庁の考え方
72	外部の専門事業者が提供するモデルを利用するときには，金融機関がその詳しいロジック（細かな数式を含むモデル記述書）の開示を得られない場合や金融機関内部においてそのモデルに対する専門的な評価機能を有していない場合（人材不足など）も想定されるが，そのような場合に第１線がモデルを利用する場合の留意点としてはどのようなものが考えられるか。（以下略）	１点目について，第１線がベンダー・モデルを使用する際には，例えば以下の点に留意することが考えられます。ただし，以下はあくまで例示であり，ベンダー・モデルに関する具体的な管理手法は金融機関で検討する必要があります。 • ベンダーが提供するモデルであっても，最終的なモデル・リスクは利用者たる金融機関がオーナーシップを持つ旨を認識し，健全な懐疑心を持ってモデルを選定・使用・管理すること • ベンダーが提供するモデルを購入する際には，その特性や限界・弱点等の理解に努めた上で，適切な承認プロセスを経ること • 自社以外のデータを用いてカリブレーションされている場合等には，自社のポートフォリオその他の特性に合致しているかを十分に検討すること

	・モデルの仕様等に関する不透明性や自社の統制が及ぶ程度を考慮の上，モデルのリスクについて総合的に判断すること （以下略）

（出典）金融庁「コメントの概要及びコメントに対する金融庁の考え方」より抜粋

No.	コメント
73	原則7に関して，ベンダー・モデル等のリスク管理のためのアプローチの例として，「ベンダーへの情報開示請求」が挙げられている（7.2）。当該記載の趣旨・目的につき確認したい。 （1）金融機関からベンダーへの情報開示請求は，個人情報保護法，金融商品取引法（インサイダー取引規制等），独占禁止法（優越的地位の濫用の禁止等）その他の法令等に抵触しない方法や範囲で行われるべきものであり，ベンダーもそれらの法令等に抵触しない方法や範囲で対応すれば足りるとの理解でよいか。 （2）金融機関からベンダーへの情報開示請求は，ベンダーの知的財産権や営業秘密等の正当な権利・利益を害することのない方法や範囲で行われるべきものであり，ベンダーもそれらの権利・利益を害されない方法や範囲で対応すれば足りるとの理解でよいか。具体的には，ベンダー・モデルにはベンダーの経営及び事業継続等にとって重要な知的財産権や営業秘密等が含まれており，金融機関との間で秘密保持契約を締結するなどしても，金融機関に対しモデル記述書を開示すること等により，ベンダーの正当な権利・利益が害されるおそれがある。また，そもそも，金融機関から，ベンダーの正当な権利・利益を害するような情報開示請求がなされる可能性があること自体，ベンダーにおけるモデル開発へのインセンティブや（本原則の適用対象となる）金融機関に対するモデル提供の阻害要因となる。このため，金融機関が，本原則に基づく情報開示請求として，ベンダーの正当な権利・利益を害するような請求を行うことは許されず，ベンダーもそのような請求に応じる必要がないことを明確にしたい。

（出典）金融庁「コメントの概要及びコメントに対する金融庁の考え方」より抜粋

　なお，金融機関側の事情として，モデル・リスク管理の重要性が高まる中，当局からのモデル・リスク管理に対する要請が年々増している点は，モデルを提供するベンダー側も理解しておくことが重要である。すなわち，コメント

No.73に対する回答のとおり，機密情報などの機微な情報の開示は求められないが，ベンダー・モデル等の管理を行っていくべき金融機関としては，開示が多い分には内部（特に第２線）に対する説明や外部（特に当局）に対する説明が行いやすいというメリットは存在する。そのため，ベンダー側も，「できる限りにおいて」開示を行うという姿勢が重要になる。

③　外部リソースの活用

> 7.3. 外部リソースの活用
>
> 　モデル検証やモデルの評価等，モデル・リスク管理の実施において外部リソースを活用する場合，金融機関は外部リソースの提供者が実施した活動の結果を理解し，適切に評価できる必要がある。外部リソースの提供者に係るデュー・ディリジェンスその他の外部委託に当たっての統制は，金融機関における外部委託に係る既存の管理と整合的であるべきである。

（出典）金融庁「モデル・リスク管理に関する原則」（13頁）より抜粋

　原則7.3.は外部リソースの活用である。管理すべきモデル数の拡大に伴い，最近ではモデルの第三者レビューやモデルの検証を外部の第三者が実施する（金融機関が第三者にモデル検証を委託する）ことが増えている。第８章で詳しく説明するとおり，海外のグローバル金融機関では，第三者（特にコストの低いインドや東欧のリソース）を活用することがかなり一般的になっている。日本の金融機関でも，一部ではこうしたモデル検証の第三者委託はみられるようになってきているが，インドや東欧などのリソースを活用することは未だ少ないため，海外のグローバル金融機関ほどにはコストメリットが大きくないのが実情である。この点は，第８章であらためて解説したい。

　いずれにしても，金融庁原則では「外部リソースの提供者が実施した活動の結果を理解し，適切に評価できる必要がある」とされている。ベンダー・モデル等の活用と同じ論点ではあるが，「第三者評価の責任は提供側にある」，「自分たちが評価の責任を負うべきではない」というスタンスでは，当局からチャレンジを受ける可能性がある。第三者にモデル検証を委託するのであれば，

「丸投げではないか」と当局から指摘されないためにも，第三者の選定を（ベンダー・モデル等と同様に）適切に行い，委託の最中から第三者と適切に連携を行い，第三者が提供した最終的な活動の結果は，金融機関で理解の上，責任を持つというスタンスが求められる。

（8）原則8－内部監査

> **原則8－内部監査：内部監査部門は，第3線として，モデル・リスク管理態勢の全体的な有効性を評価すべきである。**

(出典) 金融庁「モデル・リスク管理に関する原則」(14頁) より抜粋

金融庁原則の最後（原則8）は，内部監査である。日本の金融機関ではモデル・リスク管理に対する内部監査を実施している例はまだ少ないと想定されるが，海外のグローバル金融機関では重要な活動として認識されている。金融庁原則では「第3線として，モデル・リスク管理態勢の全体的な有効性を評価すべき」とだけあり，具体的な視点などには言及されていない。

① 内部監査の役割

> 8.1. 内部監査の役割
> 　内部監査部門は，モデル・リスク管理態勢とその実務が包括的で厳格かつ実効的であるかどうかを，独立した立場から評価・検証すべきである。また，金融機関は，自社が行う他の内部監査と同様に，モデル・リスク管理に係る内部監査の所見を文書化し，取締役会等又は関連する委員会に報告すべきである。

(出典) 金融庁「モデル・リスク管理に関する原則」(14頁) より抜粋

ここでは，内部監査部門がモデル・リスク管理においてみるべき視点を述べてみたい。金融庁原則には，「モデル・リスク管理態勢とその実務が包括的で

厳格かつ実効的であるかどうかを，独立した立場から評価・検証すべき」とある。一般的な内部監査とモデル・リスク管理に関する視点を踏まえると，次のような点から，監査を実施することが考えられる。

- 方針や規程，3つの防衛線の態勢が整備されているか
- モデル・ライフサイクルの管理態勢，リスクベース・アプローチにつながるモデルの特定・リスク格付の枠組みといったモデル・リスク管理態勢の枠組みが機能しているか
- 定められたモデル・リスク管理に関する方針や規程・手続等を遵守した運営が行われているか
- モデルの使用目的から外れてモデルを使用していないか，使用上の制限や制約を遵守したモデルの使用を行っているか
- 指摘されたモデルの課題や改善状況のフォローは行っているか
- モデル・リスク管理に関するリソースは十分か，当局から求められている整備計画の進捗はどうか
- モデル・リスクの状況を適切に報告できているか
- モデル・リスク管理に対する役職員の理解が進んでいるか
- 第2線の管理を尊重する文化が醸成されているか

なお，「内部監査部門は個別モデルに踏み込んだ監査を行うべきか」という論点がよく聞かれる。この点については，内部監査部門が個別モデルの監査（例：モデル開発で採用した手法は妥当か，パフォーマンスの劣化を示唆する閾値は適切か，バックテストの結果は望ましいか等）を行うことは否定されないものの，個別モデルに対する監査が主体になることは避けるべきと考えられる。やはり内部監査部門としては，「全体的な有効性を評価」することにまずは注力すべきだろう。

（執筆）田中　康浩，曽我部　淳

第3章

米国・英国の
モデル・リスク管理に関する原則

第 1 節　各国の原則の比較

（1）概要比較

　第1章や第2章では，金融庁原則と米国・英国の原則に大きな違いはなく，整合性の取れた内容になっていることなどを述べてきた。あらためてハイレベルで各国の原則について概要を比較すると，**図表3－1**のとおりとなる。

図表3－1　各国の原則の概要比較

米国（SR11-7） ＜2011年＞	英国（SS1/23） ＜2023年＞	金融庁原則 ＜2021年＞
1．目的とスコープ 2．モデル・リスク管理の概要	Principle 1 - モデル特定・ モデル・リスクの分類	I．意義 II．適用 III．定義 IV．モデル・リスク管理における重要な概念 原則2－モデルの特定，モデル・インベントリー管理及びリスク格付
3．モデル開発，実装，使用	Principle 3 - モデル開発，実装，使用	原則3－モデル開発 原則4－モデル承認
4．モデル検証	Principle 4 - 独立したモデル検証	原則6－モデル検証 原則5－ 継続モニタリング
5．ガバナンス，ポリシー，コントロール	Principle 1 - モデル特定・ モデル・リスクの分類 Principle 2 - ガバナンス Principle 5 - モデル・リスクの低減	IV．モデル・リスク管理における重要な概念 原則1－ガバナンス 原則2－モデルの特定，モデル・インベントリー管理及びリスク格付 原則7－ベンダー・モデル及び外部リソースの活用 原則8－内部監査

（出典）各国の原則より筆者作成

　図表3－1では，グローバル・スタンダードとなっている米国の原則の項目を左に置き，次に英国の原則，最後に金融庁原則を並べたが，項目レベルでは大きな違いはないことがわかる。英国の原則や金融庁原則は，今から10年以上前に公表された米国の原則を意識しつつ，最新の動向等を踏まえながら策定されたものと思われる。一方で，各国の原則にはいくつかの違いも存在している点はこれまでにも述べてきたとおりであるが，以下であらためて解説する。

（2）主な相違点

　各国の原則における主な相違点は，やはりモデルのアウトプットになるだろう。すなわち，米国の原則ではモデルのアウトプットとして，定量的なアウトプット（quantitative output）が挙げられているが，金融庁原則や英国の原則では，定量的なアウトプットに加えて定性的なアウトプット（qualitative output）を出力するモデルも対象になっている。

　また，対象になり得るモデルについて，英国の原則ではルールベースの手法もモデル・リスク管理の対象となり得る点は，第2章で述べたとおりである。

　そのほかにも，米国の原則は適用対象先を限定していないが，英国の原則では規制で用いる内部モデルを保有する金融機関に限定し，金融庁原則では日本のG-SIBs，D-SIBsおよび海外G-SIBsの子会社で内部モデルを保有する金融機関に限定している点も違いの1つである。

　各国の原則の主な相違点を，**図表3－2**で整理した。1や2の違いは小さくないともいえるが，第8章で説明するとおり，米国のG-SIBsでは定性的なアウトプットを算出するモデルについても，すでにモデル・リスク管理の対象としている先がほとんどである。むしろ，これからモデル・リスク管理態勢を整備・高度化していく日本の金融機関は，定性的なアウトプットを出力するモデルの管理方法を，米国G-SIBsの事例から学んでいく必要があるだろう。

図表3－2　各国の原則における主な相違点

	主な相違点	米国の原則	英国の原則	金融庁原則
1	モデルのアウトプット	定量的なアウトプット	定量的・定性的なアウトプット	定量的・定性的なアウトプット
2	モデルの範囲	定量的なアウトプットを対象にする場合，狭くなる	定量的・定性的なアウトプットが対象になることに加えて，ルールベースの手法も対象になり得るため，最も広い	定量的・定性的なアウトプットが対象になるため，広い
3	原則の適用対象	限定せず	規制目的で使用する内部モデルを保有する金融機関	日本のG-SIBs，D-SIBsおよび海外G-SIBsの子会社で内部モデルを保有する金融機関

（3）本章の目的

　上述のとおり，金融庁原則は多少の違いはあれ，米国・英国の原則と整合的である。日本の金融機関としては，まずは金融庁原則の遵守を第一に考えるべきである。一方で，整合性が取れているとはいえ，強調している点や情報の粒度等には違いも存在する。その中には，金融庁原則の補足となり得る有用な情報を含んだ記載もみられる。

　こうした点を踏まえて，本章は金融庁原則には詳細な記載がないテーマについて，米国・英国の原則の内容を紹介することを目的とする。具体的には，第2節や第3節で，ハイレベルで米国・英国の原則のポイントを整理した後に，日本の金融機関にとって参考になり得る記載を金融庁原則ごとに集約して取り上げ，解説を加えるという形式で記載する。なお，米国・英国の原則を取り上げる際には，ポイントを解説している（厳密な訳出は行っていない）点に留意されたい。

第 2 節　米国の原則と金融庁原則

（1）米国の原則の概要

　米国の原則は，**図表3－3**のとおりの構成と概要である。米国の「原則」といいつつも，金融庁原則や英国の原則とは異なり，いわゆる「原則ベースでの記載」があるわけではないが，モデルやモデル・リスクに関する定義に続き，モデル開発やモデル検証，それらを支えるガバナンスや役割・責任，方針・規程，内部監査に関する項目が盛り込まれている点は，金融庁原則や英国の原則と同様である。そのため本書では，「米国の原則」と呼称することにしている。

図表3－3　米国の原則の概要

項目	概要
目的とスコープ	➢実効的なモデル・リスク管理を行うために，包括的なガイダンスを提供
モデル・リスク管理の概要	➢モデルやモデル・リスクを定義
モデル開発，実装，使用	➢モデル開発の目的やモデルの使用等と整合性が取れた開発・導入プロセスを有していることの重要性 • モデル開発・導入：モデルの目的・理論・ロジック，データ・その他の情報，検定・テスト，定性的判断，システム • モデルの使用：モデル開発におけるモデル使用者の関与・報告，モデルの不確実性と複数シナリオでの試算，保守的調整
モデル検証	➢モデル検証の重要性 • モデル検証は，モデルが期待どおりに機能していることを確認する重要なプロセス • モデルの設計や使用の評価 • 包括的な検証における主な要素：モデルのコンセプトの健全性，定性情報・判断，モニタリング，モデル・テスト（アウトカムアナリシス）

	• ベンダー・モデル等の検証
ガバナンス， ポリシー， コントロール	➢ 強固なガバナンス，ポリシーおよび統制の策定・維持の重要性 ➢ 効果的・効率的なモデル・リスク管理を行うための土台 　• 取締役会・上級管理職 　• 方針・規程 　• 役割・責任 　• 内部監査 　• 外部リソース 　• モデル・インベントリー 　• 文書化

（出典）FRB／OCC「SUPERVISORY GUIDANCE ON MODEL RISK MANAGEMENT」より筆者作成

　米国の原則の主な特徴は，モデル開発や検証等について，具体的な視点に触れながら，かなり詳細に記載している点だろう。金融庁原則は原則ベースの文書であり，規範的（prescriptive）な記述になっていないが，米国の原則は金融庁原則や英国の原則の中で最も規範的な内容といえる（分量も3つの原則の中で一番多い）。本書では米国の原則そのものの詳細な解説は行わないが，公表から10年を経た今でも非常に参考になる文書であるため，モデル・リスク管理に関する原則がない国や地域では，米国の原則をベンチマークに，態勢整備や高度化が行われている。米国の原則は20ページ程度であり，モデル開発やモデル検証，モデル・リスク管理に従事する方には，ぜひ一読を勧めたい。

　以下では，米国の原則について日本の金融機関にとって参考になり得る箇所を，金融庁原則ごとに集約して取り上げながら解説する。なお，米国の原則の引用はすべてFRB／OCC「SUPERVISORY GUIDANCE ON MODEL RISK MANAGEMENT」であり，そのポイントを日本語で作成している点を，あらかじめ断っておく。

（2）金融庁原則1（ガバナンス）関連

①　上級管理職の役割

> モデル・リスク管理の最終責任は取締役会等にあるが，モデル・リスク管理の実行と維持の責任は，上級管理職に委譲することが一般的である。上級管理職の主な役割は次のとおりである。
>
> （主な役割）
>
> ➢方針・規程等を策定し，態勢を整備する
>
> ➢コンプライアンスの遵守を徹底する
>
> ➢適切に職員を配置する
>
> ➢モデルの開発・実装を管理する
>
> ➢モデルの結果（アウトプット）を評価する
>
> ➢実効的なけん制態勢を確保する
>
> ➢モデル検証や内部監査の発見事項をレビューする
>
> ➢必要な場合に迅速な対応を取る
>
> ➢重大なモデル・リスクや方針等の遵守状況について，取締役会等に定期的に報告する

（出典）FRB／OCC「SUPERVISORY GUIDANCE ON MODEL RISK MANAGEMENT」より筆者作成

　まずは，金融庁原則1関連の上級管理職の役割である。金融庁原則1.1.においても，モデル・リスク管理の実施や管理態勢の維持に関する責任を上級管理職に委譲することが可能な点は記載されている。一方で，上級管理職が具体的に何をすべきか，その役割については明記されていないため，米国の原則は参考になると思われる。米国の原則では，上級管理職の主な役割として，モデルの開発・実装の管理やモデル検証のレビューが示されているが，実務的には，モデルの開発・実装の管理やモデル検証のレビューを，上級管理職が個別モデルの単位で行うことまでは想定しにくい。一方で，モデル・リスク管理部門が作成するモデルの開発・検証結果について，一覧表形式で報告を受け，必要と

判断した場合にリスク低減措置を指示するといったことは考えられる。

②　モデル・オーナーの役割

> 　モデル・オーナーは，モデルの使用とパフォーマンスに関して説明責任を負う。モデル・オーナーの役割は次のとおりである。
> （主な役割）
> ➤モデルが適切に開発・実装され，使用されていることを確保する
> ➤モデルが適切な検証・承認プロセスを経ることを確保する
> ➤新規のモデルやモデルの変更を把握する
> ➤モデル検証に際しての必要な情報を，モデル検証者に提供する

（出典）FRB／OCC「SUPERVISORY GUIDANCE ON MODEL RISK MANAGEMENT」より筆者
　　　作成

　次に，モデル・オーナーの役割である。第1章や第2章で指摘したとおり，日本の金融機関では，モデル・オーナーという概念はあまり浸透していないが，モデル・オーナーは第1線のモデル・リスク管理における責任者という意味で，重要な存在である。金融庁原則1.4.では，モデル・オーナーは「第1線としてモデル使用及びその性能に責任を担う者（部署）をいう」という記載にとどまっているため，モデル・オーナーの具体的な役割について記載のある米国の原則は参考になるものと思われる。

（3）金融庁原則2（モデル特定，インベントリー管理，リスク格付）関連

①　モデルとシステムの関係

> モデルは，システムに実装されていることが多い。モデルは，様々な場所からデータを取り込みながら，モデルのアウトプットとしてレポートを行うことのできる形式に変換される。モデル・リスクを適切に管理するため

には，システムにおけるデータやレポーティングの管理，実装やシステムの使用に関して，統制やテストを行う必要がある。

（出典）FRB／OCC「SUPERVISORY GUIDANCE ON MODEL RISK MANAGEMENT」より筆者作成

　金融庁原則2では，モデルの特定やインベントリー管理，リスク格付といった，いわばモデル・リスク管理におけるインフラについて言及している。インフラといえばシステムが特に重要になるが，金融庁原則ではモデルとシステムの関係について，明確に触れている箇所はない。最近では，モデルがシステム上に実装されることが多くなっており，特にAIやMLといった手法を用いたモデルであればなおさらである。この点，モデルとシステムの関係性やモデルを実装するシステムの統制等の重要性について記載している米国の原則は，参考になると思われる。

②　モデル・インベントリーにおける管理項目

モデル・インベントリーにおける管理項目をどの程度細かく設定するかは，保有するモデルのリスクや複雑性，モデルを用いる程度等に依存するが，以下では一般的な項目を列挙する。
（主な項目）
➤モデルの目的や対象
➤モデルの制約
➤インプットデータ
➤モデルの構成（他のモデルとの連関性等）
➤モデルのアウトプットやその使用目的
➤モデルのパフォーマンス
➤モデルの更新状況
➤例外措置
➤モデル開発や検証の責任者

> ➤モデル検証の完了日や次回の実施予定日
> ➤モデルが使用される時間軸

(出典) FRB／OCC「SUPERVISORY GUIDANCE ON MODEL RISK MANAGEMENT」より筆者作成

　金融庁原則では，第2章で述べたとおり，モデル・インベントリーにおいて，モデルの「一連の情報」を記録すべきといった記載や「モデル・リスク管理を行うに当たって必要な情報を包括的に記載している必要」といった記載しかみられない。米国・英国の原則におけるモデル・インベントリーの記載項目例やグローバル金融機関等のプラクティスを踏まえて，包括的なモデル・インベントリーの管理項目を一例として紹介したのが，第2章の**図表2－6**である。ただし，米国の原則でも指摘されているが，モデル・インベントリーにおける管理項目をどの程度細かく設定するかは，保有するモデルのリスクや複雑性，モデルを用いる程度等に依存することに留意が必要である。複雑なモデルがほとんどない金融機関やそもそも保有モデル数が少ない金融機関では，管理項目を過度に細かく設定することは，あまり得策ではないといえる。

（4）金融庁原則3（モデル開発）関連

①　データの重要性

モデル開発に際してデータは重要であり，データの質やモデルとの関連性の評価，データに関する文書化が必要である。データに関する主な視点は次のとおりである。
（主な視点）
➤データとモデルとの関連性
➤モデル開発手法の背後にある理論等との整合性
➤プロキシーデータを用いる場合の理由
➤データがポートフォリオ等をうまく表せていない場合の，モデルの限界

> の把握（外部データを利用する場合は特に重要）

（出典）FRB／OCC「SUPERVISORY GUIDANCE ON MODEL RISK MANAGEMENT」より筆者作成

　金融庁原則では，データについて原則3.1.において，「モデル開発においては，モデルの理論的な適切性，データの質・モデルとの適合性など，モデルの目的に照らした適切性を確保するための開発プロセスを整備するべきである」と記載されている。この記載でもデータについてみるべき視点は理解できるが，米国の原則で取り上げたデータに関する主な視点を踏まえて，データの評価を行うことは有用だろう。なお，データについては，第3節で解説する英国の原則でより詳細かつ最新の動向を踏まえて記載されており，あらためて取り上げるが，データはモデルの土台である。データに関する評価が十分になされていなければ，頑健なモデルを開発したり，実効的なモデル検証は行えないだろう。

②　モデル・テストの概要や方法

> モデル開発において，モデル・テストは重要である。モデル・テストでは，モデルの様々な要素やモデルが全体として適切に機能しているかの評価を，次のような視点に基づいて実施する。
>
> （主な視点）
> ➢ モデルの正確性，頑健性や安定性の評価
> ➢ モデルの限界の把握
> ➢ インプットの変化を受けてのモデルの評価（極端なインプットに対するモデルの反応等）
> ➢ 仮定がモデルに与える影響の評価
> ➢ 様々なシナリオを考慮してのモデルの評価
> ➢ 他のモデルへの影響の把握（アウトプットを他のモデルのインプットに活用している場合）

モデル・テストでは，モデル・テストの目的や設計，実施計画，結果等について整理し，適切に文書化すべきである。モデル・テストの方法は，モデルの手法や複雑性，データの利用可能性，潜在的なモデル・リスク顕在化の影響度合いを踏まえ，様々な方法が存在する。あるモデルには通用する（意味のある）テスト手法が別のモデルには通用しない（意味がない）場合がある点には，留意が必要である。

(出典)　FRB／OCC「SUPERVISORY GUIDANCE ON MODEL RISK MANAGEMENT」より筆者作成

　第1章や第2章で説明したとおり，モデル・テストは第1線のモデル開発者が実施する，重要なモデル開発プロセスの1つである。金融庁原則ではモデル・テストについて，原則3.3.で「当該モデルの各構成要素及び全体の動作の点検を行い，モデルの潜在的な限界・弱点を分析し，当該モデルが意図されたとおりに機能しているかの評価を行う」と記載されている。米国の原則では，モデル・テストの結果だけでなく，モデル・テストの目的や設計，実施計画についても文書化を求めている点やモデル・テストには様々な方法があり，モデルに見合ったテストの方法を採用すべきとされている点は，参考になると思われる。

③　アウトプットの調整に際しての留意点

モデルのアウトプットに定性的な調整を実施する場合は，そうした調整を行うことが適切なのか十分に検討し，根拠等を文書化する必要がある。

(出典)　FRB／OCC「SUPERVISORY GUIDANCE ON MODEL RISK MANAGEMENT」より筆者作成

　金融庁原則では，原則1のガバナンスや原則3のモデル開発，原則6のモデル検証のいずれにおいても，モデルのアウトプットに対する調整（上書き）については明記されていない。実務的には，モデルのアウトプットに対する調整

（この調整には，何らかの評価軸を設定して定性的に調整する方法だけではな
く，いわゆるエキスパート・ジャッジメントを含む）を行うことは少なくない
が，その必要性などについて十分に検討を行い，文書化を行うことは重要であ
る。こうした調整は，それまでのモデルの評価を上書きしてしまう行為である
ため，恣意的でないかを第2線のモデル検証時にあらためて確認し，妥当かど
うかを文書に残すことが大切である。

④　モデルの保守的調整

> モデル・リスクの顕在化を防ぐためには，保守的な調整に意味はあるもの
> の，その狙いなどを十分に理解しないままの対応は，よい結果につながら
> ないことがある。特に留意すべき点は次のとおりである。
> （調整で留意すべき点）
> ➤ 複雑なモデルに対して保守的な調整を実施すると，調整の効果が見えに
> 　くくなる
> ➤ あるモデルへの保守的な調整が，別の方法による調整よりも保守的にな
> 　るとは限らない
> ➤ 保守的な調整をしていたが，時間の経過とともにその調整が効果的でな
> 　くなる可能性もある
>
> 必要以上に保守的な調整を行うと，モデル開発の意欲を削ぐだけでなく，
> モデルに本来必要な改善が行われず，ただ保守的な調整を行えばよいとい
> う考え方につながりかねない。

（出典）FRB／OCC「SUPERVISORY GUIDANCE ON MODEL RISK MANAGEMENT」より筆者
　　　作成

　日本の金融機関ではリスクが高いモデルに対しては，その意図や効果が曖昧
なまま，「とりあえず保守的に調整する（アドオンをする）」という場合がある
かもしれない。リスク管理上，ある程度の保守的な調整を実施することは合理
的ではあるが，米国の原則では，過度に保守的な調整は別の問題を生じさせか

ねないとして，注意を促している。この記載をもう少し広く捉えると，モデルに対して過度に保守的な調整を求めることは，モデルの開発や改善のインセンティブを削ぎ，弊害をもたらし得ることを主張しているともいえそうだ。厳格なモデル・リスク管理を要請すると同時に，モデルに係る改善やイノベーションを阻害することがないように配慮した，米国（の銀行）らしい記載といえるだろう。

（5）金融庁原則5（継続モニタリング）関連

①　モデルに関連するプロセスの確認

（主な視点）
➢ インプットデータが正確かつ完全で，モデルの目的や設計と整合的か，データの質は高いか
➢ モデルのコードが正しいか，全ての変更が記録され，監査可能か
➢ データの統合や集計，計算に影響を与えるシステムの統合や変更に注意しているか
➢ エクセル等にはモデル・リスクが内在していることがあるため，適切に管理しているか
➢ データなどの情報に変更があれば，システムに反映させる必要はないか

（出典）FRB／OCC「SUPERVISORY GUIDANCE ON MODEL RISK MANAGEMENT」より筆者作成

　金融庁原則5は，モデル使用後の継続モニタリングについて言及している。継続モニタリングの視点については第2章において，モデル固有の問題（例：モデルの前提や仮定，モデルの手法やパフォーマンス）と環境の変化（例：商品やビジネス活動，ポートフォリオ，マクロ経済環境やミクロ動向）について留意する必要があると述べた。米国の原則では，モデルのモニタリングでは，データやコード，システムといったモデルを構成する要素についても確認することを求めている。確認すべき視点は既述の米国の原則の記載のとおりだが，

現実的には，これらの点を全てのモデルについて確認することは難しいだろう。そのため実務的には，例えばリスクが高いモデルについて，継続モニタリングの際に追加的にこれらの点を確認することや，大規模なシステム変更や上流システム，外部ベンダーによるデータの変更があった場合に影響を受けることが予想されるモデルについて確認を行うといった対応が考えられる。モデル・リスク管理では，モデルの手法やパフォーマンスだけに注意を払っていればよいというわけではない点に，留意が必要である。

（6）　金融庁原則6（モデル検証）関連

①　モデル検証の対象

> モデル検証では，インプットデータ，計算プロセス，アウトプットのレポーティングが対象である。また，モデル検証では，内部で開発したモデルと外部ベンダーから購入したモデルに扱いの違いはない。モデル検証の厳格性や粒度は，以下の視点を参考にしながら実施すべきである。
> （厳格性や粒度の視点）
> ➤モデルの活用度合い
> ➤モデルの複雑性や重要度
> ➤オペレーションの大きさや複雑性

（出典）FRB／OCC「SUPERVISORY GUIDANCE ON MODEL RISK MANAGEMENT」より筆者作成

　この記載に目新しい点はないようにみえるかもしれないが，モデル検証の対象は何かを示しているという意味で重要である。日本の金融機関では，モデル検証は，モデルの手法やパフォーマンスを中心に評価を行えばよいと思われるかもしれないが，モデルを構成する要素，つまりデータ，計算プロセス，アウトプットとその加工等を行うレポーティングについても，検証のスコープであることを強調している。とはいえ，これらの要素を全て厳格かつ粒度細かく検証を行うことはやはり困難であるため，モデル・リスクの程度（リスク格付を

構成するモデルの重要性や複雑性，モデルの用途に加えて，モデルの活用度合いやオペレーションの大きさ等）に応じて，モデル検証の頻度や粒度にメリハリを付けることが合理的だろう。

②　コンセプトの健全性

> コンセプトの健全性については，モデル記述書やモデル・テストの結果の確認が重要である。特にモデルの設計や開発，変数選択に際しての判断が妥当で詳細な検討が行われているかを評価し，公表されている研究や業界プラクティスと照らしても整合的かどうかを確認すべきである。

（出典）FRB／OCC「SUPERVISORY GUIDANCE ON MODEL RISK MANAGEMENT」より筆者作成

次に，モデル検証に際して特に重要な項目の1つである，コンセプトの健全性について取り上げる。金融庁原則には「コンセプトの健全性」という用語はないが，コンセプトの健全性は，第2章で解説したモデル開発・検証における5項目（データ，手法，モデル・テスト，実装，ガバナンス）のうちの手法（の健全性）に相当する。コンセプトの健全性は，アウトカムアナリシスなどのモデル・テストと並ぶ最重要項目である。モデル・リスク管理を行う際，手法（コンセプト）の健全性についての詳細な理解が必要な場合には，米国の原則で詳細な記載がなされているため，参考になると思われる。

③　独立性に関する論点

> （独立性の確保）
> モデル検証は，モデル開発者やモデル使用者といった第1線から独立した第2線の部門（個人）が実施すべきである。独立性はレポーティングラインの分離によって確保されるが，モデルの評価に際して客観性を保持しバイアスを防ぐことが可能な態勢になっているかで，判断されるべきである。つまり，形式的な独立性を確保することが目的ではなく，実質的に独立性

を確保できているかが重要である。

実務的には，モデル検証の一部をモデル開発者やモデル使用者が実施する
ほうが，実効的なモデル検証を実施できるということも想定される。その
場合でも，独立した別の部門（個人）によるレビューは必要である。

（インセンティブの付与・カルチャー醸成）
モデル検証の質や批評的だがバイアスのないレビューの程度に応じて，報
酬や人事評価に反映させることで，モデル検証のインセンティブ付けを行
うことは一案である。実効的なモデル検証を行うためには，客観的な思考
や疑問を呈することを評価するカルチャーの醸成も重要である。

（モデル検証者の能力）
モデル検証者には，次のような高度な知識やスキル，専門性が求められる。
➢ 複雑なモデルを理解できる高度な専門性
➢ モデルの使用目的やビジネスの理解
➢ モデル開発者から独立してモデルを理解し，評価する姿勢

（出典）FRB／OCC「SUPERVISORY GUIDANCE ON MODEL RISK MANAGEMENT」より筆者
　　　作成

　上記は，日本の金融機関にとって大切な論点の１つである，第２線の独立性
の確保に関する記載である。米国の原則では，独立性はモデル開発者やモデル
使用者といった第１線から独立した立場の部門（個人）がモデル検証を実施す
ることで確保すべきとされており，第１線と第２線のレポーティングラインを
分離するように求めている。一方で，こうした形式面を重視して実質的な独立
性を確保できていない場合は，むしろ問題であるとの指摘も行っている点は，
示唆に富む。仮にレポーティングラインを分離できていたとしても，第１線の
モデル開発者と第２線のモデル検証者に馴れ合い的な関係があるのであれば，
実効的なけん制を行っているとはいえない。米国の原則で記載されているとお
り，「客観性を保持し，バイアスを防ぐこと」が可能な態勢を構築することが
重要であり，それが確保できているのであれば，第１線のモデル開発者と別の

第1線の部門がモデル検証を行うことも許容されるものと考えられる。その場合は別の主体（第2線）がレビュー等を実施する必要があることは，金融庁原則6.4.でも言及しているとおりである。

　なお，米国ではどのようにモデル検証の質を高めているのだろうか。米国の原則には，質の高いモデル検証を行うことで報酬や人事面でポジティブな評価を行う点が記載されており，これが1つのインセンティブになっていると思われる。第8章でも取り上げるが，米国ではモデル検証者やモデル・リスク管理部門といった第2線の報酬や地位は，金融機関の中でも高いといわれており，こうした点が人材獲得という点でポジティブなループを生み，米国におけるモデル関連の人材の厚みにつながっているものと思われる。さらに，モデルに対する批判的な目線を歓迎するカルチャーも寄与しているものと考えられ，米国の原則でも，けん制を評価するカルチャーの醸成が重要になる点が明記されている。

（7）金融庁原則8（内部監査）関連

①　内部監査の役割

内部監査部門は，モデル・リスク管理に関連する必要な方針・規程の有無や第1線と第2線における遵守状況を確認すべきである。
（主な視点）
➢モデルの使用やモデル検証などの記録
➢モデル検証の実施
➢モデルの弱点に対する対応
➢モデル・インベントリーの正確性や完全性
➢モデルの使用制限・モニタリングのプロセス
➢モデルの更新に関する文書化
➢第1線や第2線の関連文書の質
➢モデルに関連するシステムやデータの状況

> 内部監査部門は，モデル検証が適切に実施されているか，実効的なけん制が行われているかを確認する。
> ➤モデルの不備を発見し，報告できるモデル検証（者）の能力や態勢
> ➤内部・外部で実施されたモデル検証が，「SUPERVISORY GUIDANCE ON MODEL RISK MANAGEMENT」の要請を踏まえて実施されているか

（出典）FRB／OCC「SUPERVISORY GUIDANCE ON MODEL RISK MANAGEMENT」より筆者作成

　最後に，内部監査である。内部監査の具体的な視点は，金融庁原則には詳しく記載されていないが，主に確認すべき視点は第2章で述べたとおりであり，ここでは簡単に，米国の原則における記載を紹介することにとどめておく。興味深い点としては，米国の原則では，内部監査部門が，モデル検証に携わる人員の能力や態勢などについて確認することを求めている点だろう。モデル検証の質を重視する，米国の原則の特徴が表れているといえるかもしれない。

第 3 節　英国の原則と金融庁原則

（1）英国の原則の概要

　次に，英国の原則である。英国の原則は5原則から構成され，金融庁原則と同様にそれらに紐付く詳細な原則から構成されている（**図表3－4**）。金融庁原則の数は8つと英国の原則と数は異なるが，原則の中身をみると項目レベルでは似た内容であり，両者は整合性が取れている。特に，各国の原則の主な相違点で指摘したモデルのアウトプットについては，英国の原則は金融庁原則のモデル定義も参考にしたことが明記されているなど，英国の原則の策定の際には，金融庁原則が参考にされていることが伺われる（金融庁原則は2021年に，英国の原則は2023年に公表されている）。

図表3－4　英国の原則の概要

原則	項目
Principle 1 － モデル特定, モデル・リスクの分類	• Principle 1.1 Model definition（モデル定義） • Principle 1.2 Model inventory（モデル・インベントリー） • Principle 1.3 Model tiering（リスク格付）
Principle 2 － ガバナンス	• Principle 2.1 Board of directors' responsibilities（取締役会の責任） • Principle 2.2 SMF accountability for model risk management framework（上級管理職の責任） • Principle 2.3 Policies and procedures（規程等） • Principle 2.4 Roles and responsibilities（役割・責任） • Principle 2.5 Internal Audit（内部監査） • Principle 2.6 Use of externally developed models, third-party vendor products（ベンダー・モデル等）
Principle 3 － モデル開発, 実装, 使用	• Principle 3.1 Model purpose and design（モデルの目的と設計） • Principle 3.2 The use of data（データ） • Principle 3.3 Model development testing（モデル・テスト） • Principle 3.4 Model adjustments and expert judgement（モデルの調整やエキスパート・ジャッジメント） • Principle 3.5 Model development documentation（モデル記述書） • Principle 3.6 Supporting systems（システム）
Principle 4 － 独立したモデル検証	• Principle 4.1 The independent validation function（独立したモデル検証） • Principle 4.2 Independent review（独立レビュー） • Principle 4.3 Process verification（プロセスの確認） • Principle 4.4 Model performance monitoring（パフォーマンスのモニタリング） • Principle 4.5 Periodic revalidation（再検証）
Principle 5 － モデル・リスクの低減	• Principle 5.1 Process for applying post-model adjustments（アウトプットのオーバーレイ） • Principle 5.2 Restrictions on model use（モデル使用の制限） • Principle 5.3 Exceptions and escalations（例外措置・エスカレーション）

（出典）BOE／PRA「Model risk management principles for banks」より筆者作成

　ただし，金融庁原則とは，（実質的には大きな違いではないものの）次のような違いも存在する。すなわち，英国の原則は，

- 米国の原則ほどではないが，モデル開発や検証に関しては，規範的な記載がなされている
- 原則の適用対象先を規制目的で使用する内部モデルを保有する先に限定している（金融庁原則と似たアプローチだが，金融庁原則のようにG-SIBsやD-SIBsに限定していない）
- 原則の遵守期限が明確化されている（金融庁原則は，「包括的なモデル・リスク管理態勢の構築・強化には，相当の時間を要することが見込まれる」として，明確な対応期限は明示していない）
- データに関して分量を割いて記載されている。AIやMLといった最新の手法を意識したものと思われる
- 原則5に「モデル・リスクの低減（Risk Mitigants）」があるとおり，モデルのアウトプットに対する調整やモデルの使用制限，エスカレーションといった管理を重視しているようにみえる

　次の（2）では，米国の原則と同様に，英国の原則について日本の金融機関にとって参考になり得る箇所を，金融庁原則ごとに集約して取り上げながら解説する。なお，英国の原則の引用は全てBOE／PRA「Model risk management principles for banks」であり，そのポイントを日本語で作成している点を，あらかじめお断りしておく。

（2）　金融庁原則1（ガバナンス）関連

①　取締役会の理解

取締役会等は，金融機関のモデル・リスクアペタイトと比較したモデル・リスクの状況について，定期的に報告を受けるべきである。
（報告を受けるべき主な項目）
➤ 管理の枠組みの実効性やモデルの使用状況
➤ 個別モデルやモデル全体から生じ得るモデル・リスクの状況

> ➤ モデルのパフォーマンスの変化
> ➤ モデル・リスク管理の遵守状況

取締役会等は，最も重要なモデルのアウトプットに対して，けん制を行うことが期待される。特に，以下の点について理解が求められる。
（重要性が高いモデルに対する理解の視点）
> ➤ モデルのケイパビリティと限界
> ➤ モデルが機能する状況
> ➤ モデルのパフォーマンス悪化時の潜在的な影響
> ➤ リスク低減措置

（出典）BOE／PRA「Model risk management principles for banks」より筆者作成

　まずは，金融庁原則1関連として取締役会の理解を取り上げる。取締役会等は金融機関のモデル・リスクの状況について報告を受けるべきという点は金融庁原則でも明記されているが，その報告内容については英国の原則の例示が参考になりそうだ。
　とりわけ注目すべきは，「最も重要なモデルのアウトプットに対して，けん制を行うことが期待される」という点である。取締役会等のメンバーにおいて，モデルの詳細（モデルのアウトプットや限界，リスク低減措置等）については，最も重要なモデルでも理解が深くないことが多く，そうしたモデルに対してけん制を行うことは現実的ではないかもしれない。しかし英国の原則では，明確に取締役会等の関与を求めている点は，リスク管理の強度としては強いといえる。日本の金融機関ではここまで求められないと考えられるが，最もリスクが高いモデルに関する英国当局の目線として参考になる。なお，パブリックコメントでは，取締役等への期待が高すぎるのではないかといったコメントがなされていたが，英国当局の意識の強さが感じられる。

②　上級管理職の役割

（主な役割）

➤モデル・リスク管理の枠組みが機能するように方針・規程を策定し，態勢を整備する

➤モデル・リスク管理に関して役割・責任を設定する

➤実効的なけん制態勢を確保する

➤独立したモデル検証態勢を確保する

➤モデルのアウトプットやモデルの検証結果，内部監査結果を評価する

➤自社のモデル・リスクが，承認されたモデル・リスクアペタイトに照らして，その範囲内であるかを確認し，必要に応じて是正措置をとる

➤データやシステムの質を確保できるための十分なリソースや適切なシステム，インフラなどを整備し，モデルのアウトプットの管理等を行う

（出典）BOE／PRA「Model risk management principles for banks」より筆者作成

　次に上級管理職の役割だが，米国の原則における記載とほぼ同様である。日本の金融機関がモデル・リスク管理で上級管理職に求める役割を検討する際には，米国・英国の原則で挙げられた項目が参考になる。英国の原則で特徴的な点としては，データやシステムの質を確保するためのインフラ等を整備することを，上級管理職に求めている点だろう。これまでも述べてきたとおり，最近では様々なシステムやツールにモデルが実装されることが多くなっているため，上級管理職にもこうした視点が求められるのは自然な流れである。

③　モデル・オーナーの役割

モデル・オーナーはモデルの開発，実装，使用に責任を持ち，モデルのパフォーマンスが良好であることを確認する。モデル・オーナーは，モデル開発者やモデル使用者が兼務することも想定される。モデル・オーナーは，全てのモデルに対して割り当てられるべきである。モデル・オーナーに求められる視点は次のとおりである。

（主な視点）
➤モデル・リスクアペタイトに照らしながら，モデルのパフォーマンスを
　モニタリングする
➤付与されたリスク格付を踏まえたモデル検証がなされていることを確認
　する
➤モデル検証者が検証に必要となる全ての情報を取得可能にする
➤モデルがモデル・インベントリーに登録されていることを確認し，モデ
　ルに関する情報が正確であり，最新の情報であることを確保する

（出典）BOE／PRA「Model risk management principles for banks」より筆者作成

　次に，モデル・オーナーの役割である。モデル・オーナーの役割も米国の原
則とほぼ同じ内容であり，モデル・オーナーは，「モデルの第1線としての責
任者」であることが明確化されている。英国の原則で特徴的な点としては，モ
デル開発者やモデル使用者もモデル・オーナーになり得ることが示されており，
モデル・オーナーが，モデル・インベントリーに登録されているモデルの情報
が正確かつ最新であることを確保することが求められている点だろう。日本の
金融機関でも，モデル・オーナーの役割を検討する際には参考になる記載であ
る。

④　モデル・リスク管理で整備すべき方針・規程

モデル・ライフサイクルのあらゆるフェーズを対象に，（最低限）次のよ
うな方針・規程を整備すべきである。
（整備すべき方針・規程の例）
➤モデルやモデル・リスクの定義
➤モデル特定プロセス
➤モデルのリスク格付（リスク格付に応じたモデル検証の頻度やリスク格
　付の見直しの頻度を含む）
➤モデル開発プロセス

> ➤データ管理プロセス
> ➤モデル検証プロセス（役割，優先順位やスコープ，再検証の頻度，実効的なけん制，検証プロセスの実効性に関するモニタリング，結果の報告や是正措置を含む）
> ➤継続モニタリング（パフォーマンスのモニタリング）
> ➤モデル・リスクの低減措置
> ➤モデル承認・変更プロセス

（出典）BOE／PRA「Model risk management principles for banks」より筆者作成

　金融庁原則でも，モデル・リスク管理に関する方針・規程の整備は求めているが，どのような方針・規程を整備すべきについては明確な記載がない。英国の原則では，「モデル・ライフサイクルのあらゆるフェーズを対象に，方針・規程を整備すべき」としている点が重要である。金融庁原則に紐付けると，金融庁原則で例示しているモデル・ライフサイクルの全てのフェーズにおいて方針・規程等の整備が求められているといえる（**図表2－3参照**）。英国の原則では，モデル検証（モデルのリスク格付を含む）については，特にしっかりと方針・規程を整備することを求めている印象がある。

⑤　モデルのアウトプットに対する調整

> モデルのアウトプットに対する全ての調整（PMA（Post Model Adjustment））については，PMAの重要性を踏まえ，次のような視点から厳格な独立レビューを受けるべきである。
> （主なレビューの視点）
> ➤PMAとポートフォリオとの関連性
> ➤PMAを実施する合理性
> ➤データ（PMAを実施するために使用されるデータ）の評価
> ➤PMA後のアウトプット（違和感がないか）
> ➤真因分析（モデルの限界やモデルの欠陥を理解しているか。PMAでは

なく，モデルの限界や欠陥に対応する必要がないか）

➤文書化（合理性，PMAの基準やPMAの程度を低くする／なくす基準，モデル検証や改善を行うトリガー）

➤PMAを実施すべきか，モデルの再開発などを実施すべきかを検討するプロセス

（出典）BOE／PRA「Model risk management principles for banks」より筆者作成

　金融庁原則1関連の最後は，PMA（モデルのアウトプットに対する調整）に対するガバナンスである。モデルのアウトプットに対して調整を加えることは実務的には珍しくないが，その場合には厳格なガバナンス態勢を整備する必要がある。米国の原則にも同じような記載がみられるが，英国の原則ではみるべき視点について具体的に列挙されているため，より参考になるだろう。

（3）金融庁原則2（モデル特定，インベントリー管理，リスク格付）関連

①　モデルの定義

モデルの定義は，モデル・リスクの管理対象となるモデルを確定させるために必要であり，ビジネス部門やエンティティ間で整合性の取れた定義を設定することが重要である。金融機関は，基本的には次のモデル定義を採用すべきである。

➤「モデルとは，統計，経済，ファイナンスや数学理論や手法，仮定を用いてインプットデータをアウトプットに変換する定量的な手法やシステム，アプローチを指す。モデルの定義には，定量的・定性的またはエキスパート・ジャッジメントに基づくインプットデータや定量的または定性的なアウトプットも含む」

（出典）BOE／PRA「Model risk management principles for banks」より筆者作成

　続いて，金融庁原則2関連である。英国の原則のモデル定義は，金融庁原則のモデルの定義と似ている点は述べてきたとおりである。「ビジネス部門やエンティティ間で整合性の取れた定義を設定することが重要」という点は，グローバル金融機関では，特に重要な視点である。ただ，英国の原則で興味深いのは，「基本的には次のモデル定義を採用すべき」と明示されている点だろう。金融庁原則ではパブリックコメントに対する金融庁の考え方において，「金融機関が定めるモデルの定義が本原則の（略）定義と一致することを求めるものではありません」と記載されているとおり，モデル定義に関してはある程度柔軟性を持っているといえる。一方，英国の原則では，基本的には原則で示しているモデル定義を使用すべきとされており，この定義を使用する場合は，モデルのアウトプットに定性的なアウトプットを含むことになると考えられる。このことから，英国の当局は，金融機関は定性的なアウトプットを算出するモデルもしっかり管理すべきという考え方を持っているのかもしれない。

②　ルールベースの定量的手法

> モデルとしては定義されないが，ルールベースの決定的な定量的手法（アルゴリズム等）については，金融機関の意思決定等に重要な役割を果たしている場合や複雑な場合には，モデル・リスク管理の考え方（関連する部分）を適用する余地があるかを検討すべきである。

（出典）BOE／PRA「Model risk management principles for banks」より筆者作成

　この点も，英国の原則で特徴的な箇所である。金融庁原則ではパブリックコメントに対する金融庁の考え方において，モデルかモデルでないかは金融機関自身が判断すべきとしながらも，手法に推定や予測の要素を含んでいるか否かがモデルの特定の判断基準の1つになるとの考え方を示している。これらを踏まえると，誰が計算しても基本的には同じアウトプットになる，いわばルールベースの手法は，モデルとして特定・管理しなくてもよい（＝モデル・リスク管理は不要）という解釈が可能である。
　一方，英国の原則ではルールベースの決定的な定量的手法に対して，その重

要度などに応じて「モデル・リスク管理の考え方（関連する部分）を適用する余地があるか検討すべき」としている。こうした要請は，金融機関にとっては，これまで明らかにモデルではないと整理してきた計算プロセスについて，モデル・リスク管理上の対応を検討しなければならないという点で，かなりの負担になると思われる。英国のパブリックコメントでも，追加的な管理負担の重さについて金融機関からコメントがなされていた。しかし，米国G-SIBsをはじめとする海外のグローバル金融機関では，明らかにモデルとはいえない計算プロセスに対しても，モデル・リスク管理の枠組みを適用する動きがある点は，日本の金融機関も意識しておいたほうがよいと思われる。

③　リスク格付で考慮すべき視点

（モデルの重要性の基準）
➢ 定量的な基準
　✓　エクスポージャーの大きさ
　✓　簿価・時価の大きさ
　✓　顧客数
➢ 定性的な基準
　✓　モデルの目的
　✓　意思決定への重要度
　✓　ソルベンシーや財務等への影響の大きさ
（モデルの複雑性の基準）
➢ インプットデータの性質
➢ 仮定や手法
➢ 実装
➢ モデルの活用度合い
➢ オルタナティブデータや非定型データの使用
➢ モデルの解釈可能性，説明可能性，透明性，各種バイアス

（出典）BOE／PRA「Model risk management principles for banks」より筆者作成

　次は，モデルのリスク格付で考慮すべき視点について取り上げる。英国の原則でも金融庁原則と同様に，リスク格付（英国の原則ではRisk Tiering＜リスクの階層化＞と呼んでいる）は，モデルの重要性や複雑性を考慮すべきとされている。英国の原則で興味深い点としては，モデルの複雑性に「オルタナティブデータや非定型データの使用」といった要素や「モデルの解釈可能性，説明可能性，透明性，潜在的な各種バイアス」が挙げられていることである。これらは，AIやMLといった手法を用いたモデルを意識しているものと思われる。英国の原則を踏まえると，AIやMLの手法を用いたモデルは，リスクが高くなると考えるべきなのかもしれない。

（4）金融庁原則3（モデル開発）関連

①　データの評価

（主な評価の視点）

➤ モデルの目的に対して適切か

➤ 選択した理論や手法と整合的か

➤ データがポートフォリオや商品，アセット，顧客等の特徴を適切に表現しているか

➤ （データがポートフォリオ等をうまく表現できていない場合）影響を評価し，モデル・リスクをリスク格付等に反映しているか

➤ 不適切なバイアスがないか，プライバシーや他の関連規制を遵守しているか

➤ データの調整やプロキシーデータの使用時には文書化を行い，モデル検証の対象としているか

➤ データに仮定を設ける場合や調整を加える場合には，独立した立場から検証を受けることに加え，モニタリングや報告，分析，モデル・インベントリーにおける記録の対象とし，文書化の対象としているか

➤ 相互に連関したデータやオルタナティブデータ，非定型のデータを用いる場合はモデル・インベントリー上に明記し，これらのデータを用いる

> リスクをリスク格付等に反映させているか

（出典）BOE／PRA「Model risk management principles for banks」より筆者作成

　データの評価はモデル開発において重要であり，米国の原則と同様に英国の原則でも，データの評価の視点はかなり詳細に記載されている。金融庁原則ではデータの評価についてほとんど言及されていないため，モデル開発だけではなくモデル検証においても，ここで取り上げたデータの評価の視点が参考になる。特に，「オルタナティブデータ，非定型のデータを用いる場合」には留意が必要とされているほか，「不適切なバイアスがないか，プライバシーや他の関連規制を遵守しているか」といった記載については，モデル・リスクだけではなく，コンプライアンスの観点からも重要な視点といえる。

②　モデル・テストの概要

> （テストの主な視点）
> モデル・テストには，次のようなバックワードルッキングなテストとフォワードルッキングなテストがある。
> ➤バックワードルッキングなテスト：様々な経済や市場の観測値を用いて実施する（典型的にはバックテスティング）
> ➤フォワードルッキングなテスト：ポートフォリオや金融商品，アセット，顧客の変化を踏まえ，シナリオを用いてモデルのパフォーマンスをチェックする（許容可能なモデルのパフォーマンスの範囲を特定する）
>
> リスクの程度に応じて，チャレンジャー・モデル（ベンチマーク・モデル）とのアウトプットの比較を実施することも大切である。

（出典）BOE／PRA「Model risk management principles for banks」より筆者作成

　次に，モデル・テストである。英国の原則でもモデル・テストについてはしっかりと記載されているが，モデル・テストをバックワードルッキング的な

テストとフォワードルッキング的なテストとして取り上げられている点は興味深い。また，モデルのリスクに応じて，チャンピオン・モデル（現在使用しているモデル）に対するチャレンジャー・モデル（ベンチマーク・モデル）との比較を行うべきとしている点も参考になる。米国G-SIBs等のグローバル金融機関では，リスクの高いいくつかの重要なモデルについてはチャレンジャー・モデルを保有し，チャンピオン・モデルとのパフォーマンス比較を行っているといわれる。モデル管理の負担やリソース面から，多くのモデルに対してチャレンジャー・モデルを追加的に保有することは容易ではない。しかし，最も重要なモデルには，チャレンジャー・モデルを保有してモデル・テストを実施したり，チャンピオン・モデルのパフォーマンスが悪化した際の代替モデルとして準備することは一案である。

③　モデルを実装するシステムのテスト

> モデルはシステムなどに実装することが多く，システムのテスト（システム変更時の管理を含む）は，厳格に行われるべきである。システムや実装に係るテスト結果は，文書化の必要がある。モデルの目的に応じたシステムの適合性について，定期的に再評価すべきであり，必要な場合は適切な是正措置をとるべきである。

（出典）BOE／PRA「Model risk management principles for banks」より筆者作成

　モデルとシステムは切り離せない関係にあるため，英国の原則で記載されているようなシステム・テストといった発想は，モデル・リスク管理で重要になっている。こうしたことを踏まえて，モデル・テストをモデルのパフォーマンスの評価だけではなく，データやシステム等に係るテストも実施することの重要性は，第2章で示したとおりである。

④　モデルの構成要素に対する調整

> モデル開発の際には，モデルの限界に対応するため，モデルを構成する要

素（インプットデータや仮定，手法，アウトプットなど）に対する調整の
実施要否を，次のような視点から検討する必要がある。

（調整が必要になった場合の視点）

➤ 調整の合理性や意思決定プロセス（承認など）をモデル・インベント
   リーに記録する

➤ 調整の根拠などを文書化する

➤ モデルの（再）検証の実施を含め，管理態勢を確保する

（出典）BOE／PRA「Model risk management principles for banks」より筆者作成

　金融庁原則3関連の最後に，モデルを構成する要素に対する調整について取
り上げる。これは，金融庁原則1関連で取り上げた「モデルのアウトプットに
対する調整」に関連する論点である。調整を実施する際には，調整の合理性や
調整方法などをモデル・インベントリーに記録し，適切に（再）検証を受ける
ことが求められている。モデルのアウトプットであれモデルの構成要素であれ，
必要に応じて調整を行うことは，実務的には妨げられることではないが，その
合理性等については文書化を行い，独立したモデル検証者がその評価を実施す
ることが重要である。なお，英国の原則では，調整の記録をモデル・インベン
トリーに記載することを求めている。モデル数が増加する中では，モデル・イ
ンベントリーを起点にした管理が重視されていくと思われる。

（5）金融庁原則5（継続モニタリング）関連

①　継続モニタリングでの視点

モデルの使用開始後は，モデル開発時に設定したモデル・テストの基準な
どを踏まえて，次のような視点からモデルのパフォーマンスをモニタリン
グする。継続モニタリングの頻度は，モデルのリスクが高ければ四半期で
実施し，リスクが低くければ年次で実施するといったように，リスク格付
を踏まえて変更すべきである。

（継続モニタリングの主な視点）

➢ パラメーター推計やモデルの設計が適切かつ妥当か

➢ モデルが想定する仮定が有効か

➢ 商品やエクスポージャー，事業活動，顧客，市場環境に対して，モデルの調整や再計算，再開発，変更などを行う必要はないか

➢ 適切な範囲を越えてモデルが使用されていないか

（テストの主な方法）

➢ ベンチマーキング：他のモデルのアウトプットと比較を行う

➢ 感応度分析：モデルの頑健性や安定性を把握する

➢ モデル調整の評価：調整を行った場合は，その効果を分析・評価する

➢ パラレル・アウトカムアナリシス：モデルに新たなデータを投入し，追加的にデータを投入すべきかを評価する

（出典）BOE／PRA「Model risk management principles for banks」より筆者作成

　ここでは，金融庁原則5関連の継続モニタリングについて，具体的な視点や方法について取り上げている。第2章でも継続モニタリングの方法を解説したが，第1線のモデル使用者やモデル・オーナー等は，ここで取り上げたような視点で継続モニタリングを実施していくことが求められる。継続モニタリングの頻度は，リスク格付を踏まえて実施すべきとされている点も参考になる。なお，米国・英国の原則では，継続モニタリングの実施主体はあまり明らかではないが，金融庁原則では，第1線が実施すべきと明示されている。海外のグローバル金融機関のプラクティスをみる限りにおいても，継続モニタリングは第1線が実施することが多いようである。

（6）金融庁原則6（モデル検証）関連

①　モデル検証の視点

全てのモデルは，次のような視点に基づいて独立検証を受けるべきである。
その粒度等は，リスク格付を踏まえて検討することが重要になる。
（主な視点）
- ➤モデルのインプットデータや計算プロセス，報告プロセスを含めた，全てのモデルの構成要素を検証対象とする
- ➤モデルの理論などに係るコンセプトの健全性やモデルの使用目的に照らしたモデルの適切性を評価する
- ➤モデルの開発エビデンス（モデル記述書）に対する批評的な分析を実施する（ポートフォリオや商品，アセット，顧客に係るデータのモデルとの関連性や完全性を含む）
- ➤定性的な情報や各種調整の評価を行う
- ➤潜在的なモデルの限界や弱点を特定するための，追加的なモデル・テストを実施する

全てのモデルの要素が効果的に作動し，実装されているかを確認するために，モデルのプロセスやシステムの実装について，次のような視点に基づいて適切に検証すべきである。
（主な視点）
- ➤データ：クオリティ・コントロールや信頼性に係る基準を遵守しているか
- ➤計算：システム実装（コード），統合プロセスや構築したユーザーアプリケーションが正確で，コントロール可能かつ監査可能か
- ➤報告：モデルのアウトプットの報告プロセスが正確かつ有用であり，モデルの使用目的に照らして適切か

（出典）BOE／PRA「Model risk management principles for banks」より筆者作成

　次は，金融庁原則6のモデル検証に関連する箇所を取り上げる。この記載は
モデル検証における視点を示した有用な箇所である。まず，「全ての」モデル
は（再）検証を受けるべきとされているとおり，リスク格付の高低にかかわら
ず，リスクの低いモデルであっても，モデル検証を受けなければならないと解
釈できる。金融庁原則では，「リスクの低いモデルについて（中略）定期的な
再検証を実施しないことも許容される」とされている点は，違いの1つだろう。
さらに，モデルの検証対象としては，モデルの手法だけでなく，データ，モデ
ル・テスト，システム，ガバナンスといった，第2章で解説した5項目につい
て検証を行うことが求められている。特に，モデルのプロセスやシステムに関
する確認の視点については，示唆に富むと思われる。

②　リスク格付の検証

> モデルのリスク格付に係る枠組みは，定期的な検証または客観的なレ
> ビューの対象である。また，リスク格付を決定する情報の（再）評価やモ
> デル・インベントリーにおけるリスク格付の正確性などの確認を実施すべ
> きである。
> ➢ 個別モデルのリスク格付については，モデルの重要性や複雑性の視点を
> 　含め，第2線がモデル（再）検証の過程で評価する

（出典）BOE／PRA「Model risk management principles for banks」より筆者作成

　英国の原則は，モデルのリスク格付に関する枠組みやリスク格付に関する情
報（モデルの重要性や複雑性）の再評価を求めている。金融庁原則では，リス
ク格付の枠組みなどに対する再評価を明示していないが，リスク格付は第1章
や第2章で述べたとおり，モデル・リスク管理の土台であることから，継続モ
ニタリングやモデルの再検証では，リスク格付を変更する必要がないかといっ
た観点から評価することが重要である。例えば，第2章で例示した継続モニタ
リングのフローにおいて，第1線がモデルのパフォーマンス低下に気付き，第
2線が急遽のモデル検証を実施する場合，最新の情報を踏まえてリスク格付の
妥当性を評価し，必要に応じてリスク格付を変更するといった対応が求められ

る。

③　モデル再検証の粒度

モデルの再検証は，リスク格付を踏まえた頻度で実施すべきである。通常，モデルの再検証では，モデルの使用開始前の検証程の詳細な検証は求められない。

（再検証の主な視点）

➤ モデルが意図したとおりに機能しているか

➤ 前回の検証結果は不変か（アップデートすべきか）

➤ 同じ検証手法でよいか（追加的な分析を実施すべきか）

（出典）BOE／PRA「Model risk management principles for banks」より筆者作成

　この英国の原則の記載は，管理強度を落とした記載になっていると思われる。すなわち，モデルの再検証時は通常，モデルの使用開始前の検証と同レベルの検証を行うべきと考えられるが，英国の原則では，「モデルの再検証では，モデルの使用開始前の検証程の詳細な検証は求められない」とされている。英国の原則では既述のとおり，「全ての」モデルが検証対象とされているが，その分，モデルの再検証ではリスクが高いモデルも含めて深度を落として（もしくは検証のスコープを絞って）検証を実施することが許容されていると解釈できるかもしれない。なお，検証の頻度については，リスク格付を踏まえた頻度で実施すべきとされている点は，金融庁原則と同様である。

（7）　金融庁原則8（内部監査）関連

①　内部監査の視点

内部監査部門は，第1線や第2線から独立して次のような視点から監査を実施すべきである。

（主な視点）

> ➢ モデル・リスク管理に関する方針・規程等が包括的であり，それらを通じてモデル・リスクが特定され，適切に管理されているか
> ➢ モデルの管理や検証が，モデルのリスクを踏まえて行われているか（十分か）
> ➢ モデル検証者は，適切な組織態勢のもとで必要な経験や専門性を備え，モデルの適切性や健全性について客観的かつバイアスなく，批評的な評価を行っているか。モデルの限界や弱点などを報告するインセンティブを有しているか
> ➢ モデル・オーナーやモデル・リスク管理部門は，モデル・リスク管理に関する方針・規程等を遵守し，「Model risk management principles for banks」の要請を踏まえて実施されているか

（出典）BOE／PRA「Model risk management principles for banks」より筆者作成

　金融庁原則8の内部監査については，英国の原則でも米国の原則と同様の内容が記載されている。興味深い点としては，モデルの検証者について，米国の原則と同様に，その経験や専門性があるか，問題点などを報告できる態勢やインセンティブが整備されているかについて言及している点は，強調しておきたい。

第 4 節　その他の原則

　本章の最後に，その他の原則等についても簡単に触れておきたい。

（1）内部モデルに係るECBのガイドライン

　金融機関では，信用リスクや市場リスク，カウンターパーティ信用リスクのリスクアセット等を計算する際に，内部モデルを使用する場合がある。ECB（欧州中央銀行）は，2016年から2021年にかけて域内の65の金融機関に対して，内部モデルの手法等に係る水平レビュー（Targeted Review of Internal

Models: TRIM）を実施した。その際に，内部モデルの評価・監督に際しての視点についてまとめたガイドライン（ECB guide to internal models）が公表されている。本ガイドは，金融庁原則や米国・英国の原則と異なり，規制に用いる内部モデルに特化しているものの，内部モデルの開発・検証を実施する際の目線として参考になると思われる。

（2）米国の監督上のハンドブック

　米国のOCCは2021年に，Comptroller's Handbook（金融機関の監督に際して，検査官が参照するハンドブック）としてモデル・リスク管理のハンドブックを公表した。米国の原則は，2011年にFRB／OCCから公表された点は述べてきたが，このハンドブックは米国の原則を参照しながら金融機関の監督を行う際の，いわば補助ガイドのような位置付けである。具体的には，検査官がどのような視点を持ってモデル・リスク管理の監督を行うべきかが示されている。分量は大部であるが，内容は相当充実しているため，例えば，モデル・リスク管理のある項目について詳しく理解したい場合や当局の目線を把握したい場合に活用することが一案だろう。

　なお，このハンドブックでは，モデルの定義に合致しないが，何らかのルールやアルゴリズムによってアウトプットを算出する定量的なツール等についても，モデル・リスク管理の対象とすべきかどうかが論点として示されている。ハンドブックの記載では，「こうしたツールをモデルとするかどうかは金融機関次第」とされているが，一方で「リスク管理は，用いられるツールの程度と複雑さに比例すべき」とも言及されている（図表3−5）。こうした点を踏まえると，少なくとも複雑でありリスクが大きいツールについては，モデル・リスク管理の枠組みで管理するほうが望ましいとの解釈が可能かもしれない。

図表3－5　モデルとして定義されないツールに対する考え方

こうしたツールがモデルかどうかは金融機関が決めることであり，ツールの分類は，関連する全ての情報に基づいてなされるべきである。リスク管理は，用いられるツールの程度と複雑さに比例すべきである。なお，米国の原則で提示したモデルの定義を満たさない数量的なツールのリスク管理は，モデルに対するリスク管理より，頑健さが大幅に見劣りすることが考えられる。

（出典）OCC「Comptroller's Handbook Safety and Soundness Model Risk Management Version 1.0, August 2021」（3頁）より筆者仮訳

　英国の原則でも同じような論点が示されている点は，第3節で述べたとおりである。グローバルには，モデルの定義を広く取ることがトレンドになってきているため，自社のモデル定義およびそれに基づいたモデルの特定を行う際には，こうしたグローバル・トレンドを意識しておく必要があるだろう。

（3）カナダの原則

　カナダは，米国に次ぐ2017年に，「Enterprise-Wide Model Risk Management for Deposit-Taking Institutions」として，原則を公表した。原則の構成は，モデルやモデル・リスクの定義，モデル・リスクに係るマテリアリティ（重要性）やモデル・ライフサイクルに応じた管理（モデル開発・検証・承認やモニタリング），ベンダー・モデル等の管理，内部監査，モデル・インベントリーに関して記載されており，内容は米国の原則と整合的である。分量はそれほど多くないが，内容は充実しているため一読を勧めたい。

　なお，2023年に，上記の原則を改訂するコンサルテーションが行われた（2024年9月末時点では未公表）。改訂版では，適用対象先が保険会社等にも拡張されたことに加えて，モデル定義の記載「The application of theoretical, empirical, judgmental assumptions and/or statistical techniques, including AI/ML methods, which processes input data to generate results」にも注目

したい。すなわち，モデル定義の中にAIやMLの手法が例示されている点やモデルのアウトプットがシンプルに「results」になっている点が特徴である。このモデル定義では，定量的なアウトプットか定性的なアウトプットかに関係なく，結果を出力する（「generate results」）手法であればモデルに該当すると解釈できるのなら，管理対象がますます広がる可能性がある点に留意が必要である（**図表３－６**）。

図表３－６　カナダの原則のモデル定義の比較

2017年の原則のモデル定義	改訂版のモデル定義
モデルは，インプットデータを数量的な推計値に変換するための理論やエキスパート・ジャッジメントといった仮定，統計的な技術を適用する手法，システムやアプローチを指す。	理論的，実証的，エキスパート・ジャッジメントといった仮定や統計的な技術（AI／MLの手法を含む）を適用し，インプットデータから何らかの結果を出力する場合をモデルと定義する。
モデルには次の３つの要素がある。	モデルには次の３つの要素がある。
➢関連する仮定を含むデータ	➢関連する仮定を含むデータ
➢インプットを推計値に変換するプロセス	➢インプット間の関係を特定するプロセス
➢これらの推計値をビジネスや管理部門に有用かつ意味のある形式にする要素	➢アウトプットをビジネスや管理部門に有用かつ意味のある形式にする要素

（出典）OSFI「Enterprise-Wide Model Risk Management for Deposit-Taking Institutions - Guideline (2017)」（３頁）および「Draft Guideline E-23－Model Risk Management」（３頁）より筆者仮訳

（4）アジアの動向

　最後に，アジアの動向について簡単に触れる。

　アジアでは，金融庁原則や米国・英国の原則のような，モデル・リスク管理に関する包括的なガイダンスは，ほとんど公表されていないと思われる。明確な理由は不明であるが，各国の当局は，すでにグローバル・スタンダードとなっている米国の原則を参照すれば十分と考えているのかもしれない。現に，アジアの金融機関でモデル・リスク管理の重要性を認識している先は，米国の原則等を活用しながら，自主的にモデル・リスク管理態勢を整備・高度化させ

ている模様である。

　モデルの重要性が高まり，新たなモデルやAIやMLといった先進的な手法が日々現れる中では，モデル・リスク管理に対する目線は，アジアでも今後，高まっていくものと予想される。日本の金融機関には，アジア各国（当局）の動向に留意することが求められると同時に，アジアの他の金融機関に金融庁原則を紹介したり，モデル・リスク管理の整備・高度化の経験を還元することも期待される。そうすることによって，アジア全体のモデル・リスク管理のレベルが向上することを期待したい。

（執筆）田中　康浩，曽我部　淳

II

個別モデル編

第4章

予想信用損失モデル

第 1 節　モデルの概要と特定

（1）モデルの概要

①　個別モデル編で取り上げるモデル

　「Ⅱ. 個別モデル編」では，重要かつ比較的新しいモデル（本章の予想信用損失モデル）やモデル開発・検証に際しての論点がまだ十分に確立されていないモデル（第5章の気候変動リスクモデルや第6章のAMLモデル）を取り上げ，金融庁原則等に沿ったモデルの開発および検証のポイントを解説する。信用リスクや市場リスク，時価評価といったモデルにも取り上げるべき重要かつ複雑なモデルは存在するが，これらのモデルについては，これまでの業界での議論ならびに金融機関における実務の経験を通じて相当に知見が蓄積されているという点を踏まえ，本書では取り上げていない。

　本章では，予想信用損失モデル（Expected Credit Loss Model，以下「ECLモデル」という）を例に挙げて，個別モデルの開発および検証の視点を中心に解説する。その前に，まず予想信用損失に関連する概念に触れておく。

②　予想信用損失の考え方

　金融機関は，企業や個人への与信の実行に伴い，将来発生し得る損失への備えとして貸倒引当金を計上するが，2000年代後半の世界的な金融危機を受けて「貸倒引当金が少なく，認識のタイミングが遅い（かつ，見積方法が過去の情報に依存している）」という反省がなされた。それを踏まえて，将来見通し（＝予想）等も含めた，より広範囲な情報に基づいて貸倒引当金（＝予想信用損失）を見積もるための手法として検討・開発されたのがECLモデルである。このモデルは，過去に発生した損失の情報を踏まえて認識する必要があった以前の考え方とは対照的といえるだろう。

　予想信用損失型の会計基準として，米国ではCECL（Current Expected Credit Loss）が，欧州等ではIFRS第9号（以下「IFRS 9」という）が導入されている（CECLとIFRS 9の主な相違点は，図表4－1参照）。また，シンガ

ポールや香港等のアジア諸国・地域でも予想信用損失型の引当実務が導入されている。

図表4－1　CECLとIFRS9の主な相違点

	CECL	IFRS9
施行日	➢2019年（主に米国証券取引委員会に財務諸表登録が義務付けられている企業） ➢2020年（上記以外）	➢2018年（主に欧州の上場企業・金融機関等）
測定方法	➢測定方法は1通りのみ ✓残存期間の予想信用損失	➢測定方法は，当初認識時からの信用リスクの変化に応じて以下の2通りに分類 ✓12か月予想信用損失（当初認識時から信用リスクの著しい増大がない場合） ✓残存期間の予想信用損失（上記以外）
集合的評価	➢類似のリスク特性を有する資産を集合的に評価する	➢認められるが要求はされない
将来の経済シナリオ	➢複数シナリオが認められるが要求はされない	➢複数シナリオ（ベースシナリオに加え，アップサイド・ダウンサイドのシナリオも検討）での確率加重が必要
モデルとの関係	➢ECLモデルでは，将来の経済シナリオに基づくマクロ経済指標の予測値をモデルに投入し，将来のPDを算出しており，モデルの運用においてシナリオの作成が必須	➢同左
予想期間	➢合理的かつ裏付け可能な予想を超過する将来期間については長期平均に回帰する	➢合理的かつ裏付け可能な予想を超過する将来期間については補外する

日本では金融庁から，ディスカッション・ペーパー「検査マニュアル廃止後の融資に関する検査・監督の考え方と進め方」が2019年12月に公表された。そ

こでは，貸倒引当金の計算方法の１つとして，将来情報を反映させる方法が提示されている。**図表４－２**が示すとおり，基本的な考え方は米国や欧州等の予想信用損失型の会計基準やECLモデルの概念と類似しており，国内でもフォワードルッキングな引当の考え方が浸透してきている。

図表４－２　将来情報反映のイメージ

〔信用リスクに関する情報の例〕

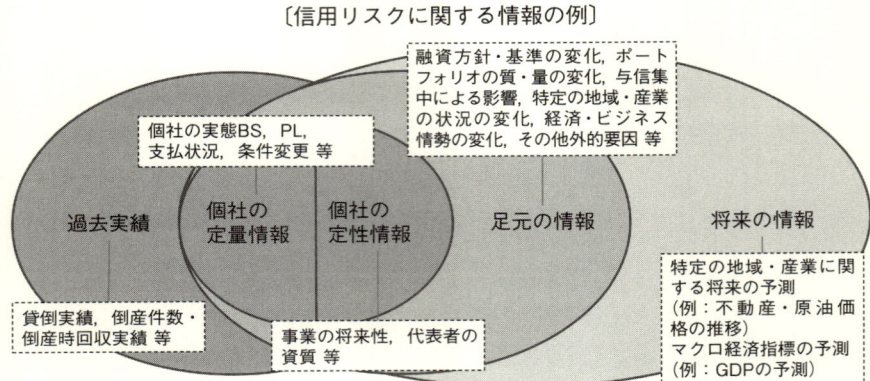

融資方針・基準の変化，ポートフォリオの質・量の変化，与信集中による影響，特定の地域・産業の状況の変化，経済・ビジネス情勢の変化，その他外的要因 等

個社の実態BS，PL，支払状況，条件変更 等

過去実績　個社の定量情報　個社の定性情報　足元の情報　将来の情報

貸倒実績，倒産件数・倒産時回収実績 等

事業の将来性，代表者の資質 等

特定の地域・産業に関する将来の予測（例：不動産・原油価格の推移）マクロ経済指標の予測（例：GDPの予測）

（出典）金融庁「検査マニュアル廃止後の融資に関する検査・監督の考え方と進め方」より抜粋

　日本における予想信用損失型の会計基準の導入については，企業会計基準委員会（ASBJ）が，2021年８月より金融資産の減損に関する基準の開発に着手している。これを踏まえて，2020年代後半を目途にIFRS９をベースとした会計基準が適用される見込みであり，ECLモデル導入の流れが加速する可能性がある。そのため，日本の金融機関において，ECLモデルを適切に開発および運用する業務の重要性が高まることが予想される。

　現在は，米国会計基準やIFRS®会計基準を適用した財務諸表を開示している日本の大手金融機関を中心にECLモデルの考え方に基づく引当実務が行われている状況にあるが，将来的にはあらゆる金融機関で，予想信用損失型の会計制度の導入とECLモデルの開発・運用が行われる可能性がある点に留意すべきだろう。

③　ECLモデル

　金融機関における貸出金等の貸倒引当金の計算では，対象となる貸出金等の
ポートフォリオから平均的に発生し得る損失（＝期待損失）という概念的な整
理のもとで，「ECL＝PD×LGD×EAD」という考え方に基づいて計算する方
法が広く認識されている（PD：デフォルト率，LGD：デフォルト時損失率，
EAD：デフォルト時貸出残高）。その構成要素であるPD，LGDやEADに将来
情報を加味することが基本的なECLモデルの考え方である。例えば，従来用い
ていたPDは，デフォルト実績等の過去情報のみに基づいて推計することが多
くみられたが，ECLモデルでは，将来情報も反映したPDを推計することにな
る。具体的には，PDとマクロ経済指標（GDP，失業率，株価等）との関係性
に着目し，リスク特性に応じたグルーピング（以下「セグメント」という）ご
とに将来のPDを見積もった上で貸倒引当金等を計算するモデルなどが存在す
る。図表4－3に，従来のPDの推計とECLモデルのPDの推計の違いをまとめ
た。

図表4－3　従来のPD推計とECLモデルのPD推計の違い

	従来のPD推計	ECLモデルのPD推計
PD 推計方法	➢過去の長期平均実績PDを算出し，必要に応じて調整を実施した上で，PD推計値とする	➢過去の実績PDの時系列推移をマクロ経済指標の推移に関連付けたモデルを開発 ➢マクロ経済指標の将来予測値をモデルに投入し，出力された値をPD推計値とする
主に必要となる情報	➢与信先の現在の財務状況 ➢過去の実績PDの時系列推移	➢与信先の過去および現在の財務状況 ➢過去の実績PDの時系列推移 ➢過去のマクロ経済指標の時系列推移 ➢将来のマクロ経済指標の予測値
見積対象期間	➢正常先債権およびその他要注意先債権：今後1年間 ➢要管理債権：今後3年間	➢CECL：ライフタイム ➢IFRS9：今後1年間またはライフタイム

シナリオ	➤ 今後のPDは過去実績の長期平均に従うという考え方	➤ 今後のPDはモデルを通じてマクロ経済指標の将来予測値に従うという考え方

　ECLモデルには，上記以外にも，LGDとマクロ経済指標の関係を捉えたモデルなど様々な種類のモデルが存在するが，本章ではマクロ経済指標とPDの関連付けに回帰分析を用いるPD推計モデルを取り上げ，モデルの所管部門や開発および検証の視点等について，モデルのライフサイクルに沿って解説する。本章で取り上げるモデルは構造がシンプルであり，金融機関の実務で用いられることが多いため，例示として有用であると考える。

（2）モデルの特定

①　モデルと非モデルの境界

　最初に，ECLモデルにおけるモデルと非モデルの考え方を整理したい。「モデル」として特定した場合は，モデル・リスク管理の対象として第2章で示した管理を行う必要があることから，何が「モデル」に該当するのかを整理することは重要である。なお，モデルと非モデルの具体的な基準は金融庁原則では明確に規定されていないことから，金融機関の判断に委ねられている（第5章の気候変動リスクモデルや第6章のAMLモデルも同様である）。すなわち，ある金融機関では「モデル」ではないと特定したが，別の金融機関では幅広く「モデル」として特定する考え方に基づいて，「モデル」と特定し管理することもあり得る。したがって，本章では一般的な考え方を紹介している点には留意していただきたい。

②　モデルの例

　本章で取り上げるPD推計モデルを対象に，その開発プロセス（**図表4－4**）を整理した上でモデルと非モデルを整理する。

図表4－4　PD推計モデルの概要

```
＜モデル構造＞
　　モデル式：PD（t）＝a×マクロ経済指標（t）＋b
　　PD（t）：時点tにおけるPD推計値
　　マクロ経済指標（t）：時点tにおけるマクロ経済指標の値
　　　※金融機関の実務では，複数のマクロ経済指標を用いる対応がみられるが，
　　　　ここでは説明の便宜上，1指標（例示では「GDP成長率」）としている。
　　a：回帰係数
　　b：切片

＜モデル式を作成するために使用するデータ＞
　　被説明変数：対象ポートフォリオの実績デフォルト率の時系列データ
　　説明変数：マクロ経済指標の時系列データ

＜モデル式の決定＞
　　手法：回帰分析を実施
　　検討要素：統計的な当てはまり，マクロ経済指標とデフォルトの関係性のわか
　　りやすさ・納得感，マクロ経済指標の予測値の入手可否等

＜モデル式（例）＞
　　PD（t）＝0.5×GDP成長率（t）＋0.1
　　　※PDは当期のGDP成長率の0.5倍に定数0.1を加えた直線上に近似されること
　　　　を意味している。
```

　図表4－4で取り上げたモデルは，回帰分析という手法を用いて，インプット（GDP成長率）から推計値や予測値のアウトプット（PD）を得る定量的な手法であり，「モデル」として特定・管理することが適切だろう。

③　非モデルの例

　一方で，次のような計算プロセスは「モデル」と整理すべきだろうか。
　● 貸倒引当金の計算に用いるPDやLGDに，過去実績値の平均値を採用している場合

- EADに期限前返済率を考慮する際，約定ベースでの将来残高の金額に，期限前返済率の過去実績値の平均値を単純に勘案する場合

　このような場合，たとえアウトプットに将来の予測といった要素があったとしても，実際の計算方法は過去実績値の平均値を算出しているだけであり，金融庁原則で示されている「理論や仮定に基づきインプットデータを処理し，アウトプット（推定値，予測値，スコア，分類等）を出力するもの」には該当せず，「非モデル」と判断することが合理的と考えられる。

（3）モデルのリスク格付

①　リスク評価の視点

　リスク格付を付与する際の一般的な枠組みは第1章や第2章で紹介したとおりであり，ECLモデルに対しても，同様の枠組みを適用してリスク格付を付与する対応が一般的である。まずは，(a) 使用目的，(b) 影響度，(c) 複雑性の3点に沿って，ECLモデルにリスク格付を付与する場合の考え方を解説する。

②　視点に沿った評価

　図表4－4で示したPD推計モデルを以下 (a) ～ (c) の視点に沿って評価すると，次の流れになる。

(a) 使用目的

　ECLモデルは会計に使用されるモデルであり，使用目的からはリスク評価がHigh（リスク高，以下「H」という）やMedium（リスク中，以下「M」という）になることが想定される。

(b) 影響度

　PD推計モデルを適用するポートフォリオの規模次第ではあるが，銀行であれば相応に重要度の高いポートフォリオに適用することが想定される。この観点から，リスク評価はHまたはMになることが想定される。

(c) 複雑性

　本章で取り上げるPD推計モデルの開発手法は回帰分析であり，複雑性は低いと考えられるため，リスク評価はLow（リスク低，以下「L」という）にな

ることが想定される。

　以上，基本的なリスク評価の考え方を整理したが，前述のPD推計モデルを対象に，第2章で紹介した「2軸マトリックス型」（重要性と複雑性という2つの視点を用いて評価する方法）を用いてリスク格付を付与すると，M格相当が妥当になるだろう。場合によってはL格に分類されることもあるかもしれない（リスク格付の表記については第2章を参照）。

③　実務上の対応

　PD推計モデルはECLモデルの一部を構成するものであり，アウトプットが会計に使用されることを踏まえ，「使用目的」という観点を考慮した総合的な評価では，リスク格付をH格とするほうが適切ではないかとの意見も聞かれる。実際に，海外のグローバル金融機関の事例においても，ECLモデルはリスク格付を高めに付与する傾向がある。すなわち，リスク格付を付与するプロセスとしては，「2軸マトリックス型」による評価を前提としつつ，必要に応じて調整する対応も想定される。

　一方で，リスク格付の調整は必要最小限にとどめるほうが望ましいだろう。一部のモデルに対して調整する運用は金融機関の実務でもみられるが，多くのモデルに対して調整する場合には，リスク格付を付与する枠組みが適切に機能していない可能性がある。例えば，「2軸マトリックス型」による評価結果に対して「使用目的」という観点から多くのモデルに対して調整を加える必要がある場合には，リスク格付を付与する評価項目に「使用目的」を含めておくことが望ましいかもしれない。

第 2 節　モデル開発：第1線

（1）所管部門

①　モデル開発者

　第2節では，ECLモデルに関係のある主体のうち，第1線（モデル開発者，

モデル使用者，モデル・オーナー）を誰が（どの部門が）担うべきか，モデル記述書にはどのようなことを記載すべきか，という観点から解説する。まずは，モデル開発者である。

　本章で取り上げているPD推計モデルの開発部門は，与信ポートフォリオのデフォルト実績データを扱うことができ，かつ，モデル開発に必要な知見を有する者が担うことが多い。結果としてリスク管理部門が所管するケースがあると思われる。PD推計モデル以外でも，ECL算定に用いるモデルの開発部門は，同様の理由からリスク管理部門が所管するケースが多いと思われる。

②　モデル使用者

　モデル使用者は「予想信用損失の計測を担う者」になり，従来の貸倒引当金の算定実務を担う部門になると思われる。すなわち，信用リスクを管理する部門が計測を行い，その結果が財務・主計部門に連携される実務が多いと考えられる。

　この結果として，モデル開発者とモデル使用者が同一部門になることもあるが，このこと自体はモデル・リスク管理の枠組みにおいて大きな問題ではない。ただし，第1線のうち主にモデル使用者が担うことが望ましいとされている期中管理としての継続モニタリングにおいて，モデル開発者が継続モニタリングを行う場合には，モデルの劣化等に対して客観的な目線で気付きにくい可能性がある点には留意が必要だろう。

③　モデル・オーナー

　日本では，ECLモデルのモデル・オーナーは，モデル開発者またはモデル使用者と同一になることが多いと思われる。第2章で述べたとおり，モデル・オーナーは第1線におけるモデルの責任者であり，モデルの使用やパフォーマンスの確認，第2線との連携等において責任を持つ重要な役割がある。

④　実務上の対応

　金融庁原則を含む各国当局によるガイダンスでは，モデル・オーナー，モデル開発者，およびモデル使用者に係る独立性や分離について明確には言及され

ていない。しかし，全てを同一者が担う態勢は，第1線としての適切な運営の観点からは避けるほうがよいだろう。海外のグローバル金融機関（特に米国G-SIBs）では，全てを同一者が担う態勢はほとんどみられない。

⑤　目指すべき態勢

　日本の金融機関ではモデル・オーナーという概念が希薄である点は課題ではあるが，将来的には第1線の責任者であるモデル・オーナーを明確にすることが重要である。モデル・オーナーはモデルに不備等が生じた場合に第2線とコミュニケーションを行う重要な役割を担っているため，モデル開発者や使用者の状況を適切に把握する必要があるという意味では，その部門の責任者や管理職がモデル・オーナーを担当することが合理的と考えられる。

（2）モデル記述書

　第1線のモデル開発者が担う重要な役割に，「モデル記述書の作成」がある。モデル記述書は，第2章で記載したとおり，第2線のモデル検証者等がモデルの概要や目的，特性，限界等を理解するための極めて重要な文書であり，主に①データ，②手法，③モデル・テスト，④実装，⑤ガバナンスの5点を重要な項目として記載することが多い（当該5項目を含むモデル記述書の構成については第2章を参照）。本節では，前述のPD推計モデルを例にとり，重要な5項目においてどのような内容を記載することが望ましいか解説する。

①　データ

　モデル開発においてデータは極めて重要であるが，データの処理・加工の工程は属人的な作業に陥りがちで再現性確保の妨げとなりやすい。そのため，やや煩雑であったとしても，詳細にプロセスを記載することが重要である。具体的な視点は，以下のとおりである。

項目：セグメント（リスク特性に応じたグルーピング）

ポイント：セグメントごとにPD推計モデルを開発する場合には，セグメントの設定に係る検討経緯を記載する。

＜具体的な視点＞

➤ セグメントの設定の候補となり得る情報として，地域，業種，法人形態（一般事業法人／個人等），商品（事業資金，住宅ローン，カードローン等），格付区分や債務者区分等が挙げられる。

➤ セグメントの設定要否の検討に際しては，ポートフォリオの特性や商品性，ビジネス戦略等を考慮することになるが，モデル開発における観点ではセグメントごとのPDの水準や時系列の変動状況が重要になる。すなわち，モデルをセグメント単位で開発する必要があるかを検討することとなる。

➤ 共通のリスク特性を持つセグメントに区分することで，モデルのパフォーマンスは向上することが期待できる。なお，1つのセグメント内のサンプル数が十分確保できない場合には，サンプル数が少ないことによるPDの時系列推移における変動が大きくなることが想定されるため，結果としてパフォーマンスのよいモデル開発が難しくなる可能性もある。したがって，セグメントの妥当性を評価する際には，定量面および定性面の双方を勘案する必要がある。

➤ 以上を踏まえ，モデル記述書には，セグメントの設定経緯を詳細に記載することが望ましい。

　上記の視点は，セグメントに応じて適切なモデル構造を検討するケースがあることから，実務的には後述するモデルの手法選択と並行して検討が行われることもある。

> 項目：説明変数とモデル開発用データの選択

ポイント：モデル開発を行う際に説明変数の候補とするマクロ経済指標と変数作成時のデータの定義，および，候補の中からモデルの採用指標として選択するに至るまでの検討プロセスを記載する。

＜具体的な視点＞

➤ポートフォリオの特性を踏まえた説明力のあるモデルを選定するために，開発時には幅広く説明変数の候補指標を準備することが望ましい。

➤説明変数の候補を検討する際には，変数をマーケット指標（株価，金利等），景気指標（GDP成長率，景気動向指数等），金融関連指標（貸出金利や残高，マネタリーベース等），労働関連指標（完全失業率，有効求人倍率等），その他個人消費関連，不動産関連，海外関連の指標等，カテゴリー分けをしつつ，時系列データの収集を行う。

➤前述のセグメント化の検討結果に対応するかたちで，セグメントごとにポートフォリオの特性と説明変数のカテゴリーを関連付けて，デフォルト実績の時系列推移の変動を説明するにあたって，納得感のあるマクロ経済指標が候補の中に複数含まれていることが望ましい。

➤例えば，海外ポートフォリオのセグメントを作成したのであれば海外関連指標，不動産関連融資のポートフォリオには不動産関連指標，個人向けカードローンのポートフォリオには個人消費関連等，セグメントとカテゴリーの関係を意識し，説明変数の選択プロセスを記載することがポイントとなる。

➤また，モデルの運用時には，モデル式に説明変数（GDP成長率等）の将来予測値（シナリオ）をインプットすることになるため，この将来予測値を準備できるか（外部公表値を用いるか，自社で作成できるか等）も考慮の上で，モデルを選定することが想定される。

➤モデル記述書には，以上の検討経緯を詳細に記載することが望ましい。

項目：データソース

ポイント：モデルの被説明変数となるPDを算出するデータと説明変数となるマクロ経済指標のデータについて，データの取得方法および取得結果を記載する。

＜具体的な視点＞

【被説明変数】

➢PDは，内部データを使用することが一般的と思われる。使用するデータとしては，PDの分母となる債務者の母集団，デフォルト件数，左記に係る時点の情報（結果として観測期間が確認可能），セグメント化の検討に用いる地域，業種，格付，債務者区分などの様々な情報を用いることから，これらの取得方法および取得結果をモデル記述書に記載する。また，各々についてデータが保存されているシステム名，システム内の対象テーブル名や出力条件（ファイル形式，対象期間，必要項目等）についても記載する。

【説明変数】

➢マクロ経済指標については，主に公的機関等で公表されているデータを使用することが一般的である。使用するデータを明確にするため，各変数について公開先の名称，ウェブサイトのURL，データの頻度（日次，月次，年次等），ファイル名および採用系列（季節調整値か否か等）などの細かい情報を記載する。取得する際に複数の部門が関係する場合には，部門名やファイル名等も記載しておくことが望ましい。

➢なお，変数によっては定義が定期的に見直され，過去に遡って統計値が修正されることがあるため，開発に使用したデータに係る加工前のファイルについては，手を加えずに保存しておくことが検証の観点からは望ましい。

項目：モデル開発データセットの作成

ポイント：モデル開発に使用するデータセットの作成過程については，モデル検証者等による再現が可能となる粒度でプロセスを記載する。

＜具体的な視点＞

【被説明変数】

➢PDの算出については，その手順が文書化されていることが多く，それを参照することでも支障はない。一方で文書が整備されていない場合には，PD推計母集団やデフォルトの定義，観測期間の設定方法や異常値処理の方法等について記載する。

➢ただし，モデルの開発のために新たなセグメントを設定する場合は，その設定方法やセグメントごとの件数等の時系列推移を記載することが望ましい。

【説明変数】

➢マクロ経済指標は，データ頻度が日次から年次（またはそれ以上）と様々である。一方で，被説明変数であるPDは年次で算出することが多いことから，データの頻度が年次以外の説明変数については，年次の情報に加工（年次化）する必要がある（例えば，月次のデータであれば，4月から翌年3月までの12か月分のデータの単純平均値とする方法等）。また，前月対比で公表されている指標であれば，幾何平均を採用することが相応しい場合もあるため，元の変数の定義を踏まえて適切な加工方法を採用し，その検討過程および結果を記載することが望ましい。

➢なお，年次のマクロ経済指標であっても，暦年（1月から12月）と年度（4月から翌年3月）のように観測期間が異なる際には，PDの算出期間に合わせるように加工が必要となる場合がある。

➢また，年次化を行った後に，前にも述べたように1種類の変数に対して，変化率，変化幅，対数変換，タイムラグ等の変数加工を行ったデータについても説明変数に追加することが一般的であることから，この変数加工方法についても詳細に記載することが望ましい。

項目：データの問題点・限界等
ポイント：長期の時系列データおよび外部の公開データを扱う観点から，データの問題点や限界，利用にあたっての留意点や前提等について記載する。

＜具体的な視点＞

【被説明変数】

➢ 金融機関によっては，合併や格付制度の変更等によりデータの定義が変更されており，連続的なデータとして扱うことが難しい場合があるが，変更の前後でPDへの影響が軽微であること等を分析・疎明できるのであれば，連続データとして扱うことは可能と考えられる。こうした検討経緯については，モデル記述書に記載することが望ましい。

➢ また，データの蓄積が不十分な場合や新規商品に該当するポートフォリオであるがゆえにデータ蓄積期間が短いなどモデル化が困難な場合には，セグメント化の段階で類似の性質を有するポートフォリオに統合するといった対応が考えられ，その分析・検討過程についてモデル記述書に記載する。

➢ 一般的には1年単位でPDを算出し，マクロ経済指標との関係性を確認することになるが，例えばデータが10年分蓄積されていても，得られるデータは10時点しかないなど，十分なデータ数（観測期間）の確保は常に懸念される課題である。理想的には景気循環や経済ショックの時期をカバーしていることが望ましいが，それが難しい場合には開発したモデル案に対して経済ショック時の説明変数の値を投入し，出力されるPDが経済ショック時のPDとして期待する水準であるかを確認することが望ましい対応といえる。詳細は，⑤「ガバナンス」において述べる。

➢ コロナ禍に対する政府支援の影響により，2020年〜2021年前後は企業・個人のデフォルト状況とマクロ経済指標の相関に異常性が観測される時期もあり，当該期間をモデル開発期間に含めるか否かについては論点となることが多い。特に，開発データから特定の期間を除外する場合には，その根拠についてモデル記述書に記載することが望ましい。

【説明変数】

➢ 基本的には公的機関等が公表しているデータを使用することが多い。なおこの場合，モデルの使用期間中にデータ定義が変更される，あるいは公表が中止される等の外的リスクが存在する。特にモデルの開発時と運用時における定義の変更に係るリスクについては，可能な範囲でモデル記述書に記載することが望ましい。

② 手　　法

　ここでは，開発するモデルのコンセプトとそれを表現するモデル構造等について記載する項目であり，第2線のモデル検証者等がモデルを理解する上で最も大切な部分といえる。各国の会計基準には，モデルの手法を含めた予想信用損失の具体的な算定方法についての詳細な規定がないことから，モデルの開発には様々な手法が許容され得る。そのため，各金融機関がモデル開発の手法に関するコンセプトやアプローチについて，選定に至った検討の経緯を明確にするとともに，モデル開発時の前提条件や制約，モデルの利用目的を定義することが重要になる。

　モデルの手法に関して，モデル記述書に記載すべき主な項目は以下のとおりである。

項目：前提条件

ポイント：モデルの手法を選択する上で考慮すべき前提条件を記載する。

＜具体的な視点＞

➢ 個社およびマクロ経済状況に関する，利用可能かつ合理的で裏付け可能な情報を考慮する。例えば，実績デフォルト率の時系列推移やマクロ経済指標との相関関係，個社のステージ判定（IFRS9の場合）といった点である。

➢ 情報は過去の事象や現在の状況のみでなく，将来の予想に関する情報も用いる。具体的には，モデルの説明変数に用いるマクロ経済指標の将来

シナリオであり，これらをモデル記述書に記載する。

項目：モデルの構造

ポイント：PDを予測するためのモデルの構造について記載する。

<具体的な視点>

➤マクロ経済指標とPDの時系列推移を関連付けるにあたり，ストレステスト等に用いるモデルと同様に，将来の景気悪化が予想されるときに引当不足に陥ることがないよう，マクロ経済指標の悪化に対する感応度が高くなるようなモデルの構造を選択する対応が考えられる。

➤一方で，マクロ経済指標の変化に伴い，引当金が年度ごとに大きく変動することを避けるために，感応度は高くないが，将来にわたって安定した結果が得られるモデルの構造を選択するという考え方もあり得る。

➤モデルにおける説明変数の数について，1～3程度としている事例が複数見られるが，説明変数が1つでは将来予想を特定のマクロ経済指標に依存することになり，ポートフォリオのPDの変化を適切に説明するには情報が不足している可能性がある。一方で，説明変数の数が多くなると説明変数間に相関の問題（多重共線性）が生じたり，オーバーフィッティング（過去の説明力は高くなるが実態を表しているとはいえない）になる可能性が高まる。したがって，モデルのパフォーマンスとのバランスを考慮の上で説明変数の数を決めることが想定され，その検討プロセスをモデル記述書に記載することが望ましい。

　図表4-4で示したPD推計モデルにおいて，説明変数を複数とする場合であっても回帰分析という手法自体に変わりはなく，比較的シンプルなモデル構造であるといえる。そのため，手法の複雑性の観点では単純なモデルに分類されることが大半であり，そのためにリスク格付が低くなり得る点は解説したとおりである。

項目：モデル選定
ポイント：複数のモデル候補の中から，1つのモデルを選定するプロセスを記載する。

<具体的な視点>

➤説明変数が1つの回帰分析において，マクロ経済指標の候補を10個用意した場合には，単純に10本のモデルが候補として作成される。

➤実務的には1つのマクロ経済指標について，変化率，変化幅，対数変換，タイムラグ等の変数加工を行った上で複数のモデル候補の中からモデルを選定することになるため，選定に際しての判断材料と選定結果を記載する。主な判断材料としては，次のような点が挙げられる。

✓統計的な当てはまり：決定係数0.7以上，回帰係数のp値0.05未満等，回帰分析の結果をどの程度信用できるかを示す統計値に求める水準を設定し，水準をクリアしたモデルに絞り込む（なお，0.7や0.05は一例である）。

✓説明変数の解釈性：セグメントごとのPDの時系列推移を説明する上で解釈しやすい，納得感の高い指標が採用されているモデルに絞り込む。例えば，事業法人向け貸出金であればGDP関連指標が，個人向けローンであれば完全失業率等の指標等に対する解釈性が高いと思われる。また，回帰係数の符号にも注意が必要であり，例えば完全失業率が上がるとデフォルト率が下がるという関係になっている場合は，解釈性の観点からは選択が難しい。

✓コンセプトとの当てはまり：実績PDと予測PDの時系列推移を比較および確認し，経済ショック時等の動きが期待した動きになっているかを確認する。

③　モデル・テスト

　モデル・テストは，「開発したモデルが期待したとおりに機能するか，機能が低下する場合はどのような状況なのか，モデルの弱点や限界は何か」といっ

た観点から，モデルのパフォーマンスを確認する重要な工程である。ここでは，モデル開発において選択した手法・モデル構造や使用したデータを前提に，モデルに対するテストの方法とその結果に対する評価について解説しながら，モデル記述書において何を記載すべきか示したい。

項目：コンセプトの健全性に係るテスト
ポイント：モデル開発時に検討するコンセプトは，モデルの構造やセグメントによって表現することから，モデル・テストでは，モデルの出力結果に対してコンセプトとの整合性の観点から確認し，その結果を記載する。

＜具体的な視点＞
➤ マクロ経済指標の変動に対するデフォルト率の感応度が高いモデルを選択したい場合，そのモデルの構造は格付遷移行列全体の変動を表現するモデルよりも，PDを直接的に推計するモデルのほうがパフォーマンスがよい場合がある。これは，将来シナリオを変化させた場合にモデルから出力されるPDがどの程度変化するか，過去の経済ショック時のマクロ経済状況におけるモデル出力値が実績PDをどの程度捉えることができているか，といった観点から確認することができる。
➤ 上記の確認においては必ずしも統計的手法（決定係数等の統計値を参照する等）に限定する必要はなく，実績PDとモデル出力値のPD推移をグラフ化し，実績PDの細かな変動やスパイク時の動きを捉えることができているかを視覚的に確認する方法も有効であろう。例えば決定係数が高いモデルの場合，過去の実績PDの動きを全体的に説明できている可能性は高いものの，グラフ化してみると景気悪化時のスパイク的な変動を捉えることができていないということは，往々にしてみられるものである。期待する水準のPDが得られない場合には，モデルの再選定やモデル構造の再検討も選択肢となる。
➤ 以上を踏まえ，モデル記述書には統計量だけではなく，視覚的に確認した結果やその評価についても詳細に記載することが望ましい。

項目：セグメント化に係るテスト

ポイント：PDの時系列推移に係る相関や水準が異なるポートフォリオを分割してセグメント化することで，各セグメント内のサンプル数が減少し，PDの時系列推移が不安定になっている等の悪影響が生じていないかを確認の上で記載する。

＜具体的な視点＞

➢ デフォルトサンプル数が各時点において十分に確保できているか，イレギュラーなデフォルトがサンプルに多数含まれていないか等，PDの推移がマクロ経済の動きとは連動していないと考えられる要因の有無を確認し，必要に応じてセグメントの統合を検討することが想定される。

➢ また，開発した複数のモデル候補から選定を行う際，統計的な当てはまりが悪い，または説明変数の解釈性に納得感が得られるモデルが存在しないといった場合においても，セグメント化の適切性の観点で統合や細分化を検討することが想定される。

➢ モデル開発時には，上記のような試行錯誤を繰り返すことが想定されることから，その検討プロセスの詳細をモデル記述書に記載することが重要になる。

項目：PDのバックテスティング

ポイント：モデルのパフォーマンスを評価する上で最も重要なテストであることから，その方法，結果および評価等を記載する。

＜具体的な視点＞

➢ 予想信用損失会計におけるバックテスティングでは，実績値があらかじめ推計した範囲内に収まっているかを確認する手続が行われる。これをモデルのパフォーマンス検証に適用すると以下のようになる。

　✓ モデル開発時におけるアウトオブサンプル（一般的にはモデル開発に使用しなかった時点のデータであり，アウトオブタイムのデータとなる）の実績PDと，同時点のマクロ経済指標の実績値をモデルに投入

して得られた予測PDを比較する。

✓比較方法としては，予測PDと実績PDの乖離幅が一定の信頼区間の中に収まっているかを確認する方法や，インサンプル期間における予測と実績の乖離幅から標準偏差等を算出し，予測PDから一定の範囲内に実績PDが収まっているかを確認する方法等がある。

➤PD推計モデルの開発においては，データの観測期間を十分に確保することが難しく，アウトオブタイムによる検証が難しい場合がある。その場合の実務上の対応として，まずは取得可能な全期間のデータを用いてモデルを開発する。その上でバックテスティングのために直近年度をアウトオブタイムとして除外し，モデルの再推計を行う。その再推計したモデルを用いて，直近年度においてバックテスティングを実施し，モデルを評価する対応等が考えられる。この方法を用いる際には，直近年度のデータ有無によりモデルパラメーター，統計量に大きな影響が生じないことが前提となるため，両モデルの推計結果の比較を行うことも必要である。

（例）

✓2010年から2023年のインサンプルデータ（利用可能な全期間のデータ）によりモデルを開発

✓2010年から2022年のデータを用いて，モデルの係数を再推計（説明変数は上記で決定したものから変更しない）

✓再推計したモデルについて，2023年をアウトオブタイムとしてバックテスティングを実施

✓再推計したモデルと運用するモデルの比較（回帰係数等のパラメーターや統計量に大幅な乖離がないことの確認）をし，バックテスティングの結果を踏まえてモデルの適切性を総合的に評価

項目：その他のモデル固有のテスト（予想信用損失の試算）

ポイント：予想信用損失の算出プロセスは，モデルから出力されるPDの
みならず，将来シナリオの設定や将来数十年分のPDの推計過程において
様々な前提条件を置くことから，これらの前提条件を含めてプロセス全体
に問題がないことを確認の上で，その結果を記載する。

＜具体的な視点＞
➤試算の結果，想定した結果が得られない場合は，要因を特定した上でモ
デルの再開発（説明変数の再選定等）や前提条件の見直し等が必要とな
るが，これらの見直しを経ても結果が改善しない場合には，モデルの構
造やセグメントの見直しといった根本的な対応が必要となることがある。
その場合の具体的な対応については，モデル記述書に記載することにな
る。
➤また，試算の結果，モデルの再開発や前提条件の見直し等を行わない場
合であっても，試算の過程でモデルの限界・弱点が明らかになることも
あるため，その点もモデル記述書へ記載することが望ましい。

---

④　実　装

　PD推計モデルはアウトプットが財務・開示に影響を与えるモデルであるた
め，内部統制の観点から非常に厳格な対応が求められることが想定される。す
なわち，ミスや不正を防止できるような態勢を構築することが重要になるが，
この点はどちらかといえば，オペレーショナル・リスクやシステム・リスクと
親和性のある話であり，モデル・リスク管理では主に，以下の視点でモデル記
述書に記載することになる。

項目：実装の種類

ポイント：PD推計モデルがどのように実装されているのかを記載する。

＜具体的な視点＞
➤モデルを実装したIT基盤の種類を記載する。具体的には，エクセル等

> の表計算ソフトやデータベースソフトなどのエンドユーザーコンピューティング（EUC），あるいは，外部ベンダー等が提供するITシステムなどの実装方法を記載することが想定される。
>
> ➤ システムに実装されている場合はその概要を記載する。具体的には，システムに実装されている機能とマニュアル作業が必要な部分を整理して記載するなどの対応が想定される。
>
> ➤ また，どのようなバックアッププランがあるのかについても記載することが望ましい。具体的には，外部ベンダーがシステムの提供を中止した場合等が想定される。

　PD推計モデルにおけるモデル構造は前述のとおり，あまり複雑な手法を採用していないケースがみられ，モデルの実装においてはシステムを導入するケースに加えて，エクセルを用いてモデルを実装する事例もみられる。モデル・リスク管理の観点からはやや外れるが，財務・開示に与える影響の大きさを考えると，たとえエクセルによる実装であっても，誤入力防止措置としての値の入力制限機能や，改変防止のための保護機能の追加，マニュアルの整備といったシステム統制の仕組みを構築することは大切である。

　PD推計モデルは会計に利用されるため，内部統制の観点から，対応すべき事項は相応にあることは既述のとおりであり，比較的モデルの複雑性は高くないケースが多いものの，UAT（User Acceptance Test）については会計監査人等と十分にテストケースを検討し，丁寧に実施することが必要になるだろう。

⑤　ガバナンス

　ガバナンスについては，主にモデルの弱点や限界およびそれらの低減策，継続モニタリング方針やオーバーレイ時のプロセス等について記載する。

項目：限界や弱点およびそれらの低減策

ポイント：PD推計モデルのデータや手法における制約や前提条件等に起因する弱点や限界を挙げ，それらに対する低減策や検証事項等を記載する。

＜具体的な視点＞

➢PDはデータの頻度が年単位であることが多く，時系列データとして取得できる期間が10年〜20年程度であるとすると，回帰分析等の統計手法を用いる際にサンプル数を十分確保することが難しい。また，経済環境や景気が比較的安定している期間のみのデータからモデルを開発すると，将来シナリオに景気の変動（良化・悪化）を考慮しても，モデルのアウトプットが想定どおりにならない可能性がある。こうした懸念がある場合には，将来シナリオ（＝モデルのインプット）の変化に伴うモデルのアウトプットの変動を確認する感応度分析を実施してモデルの限界を確認するとともに，文書化することが望ましい。

➢ECL計測に用いるPD推計モデルにおける説明変数の数は数個としている事例が複数みられており，1つの説明変数がアウトプットに及ぼす影響が相対的に大きくなる。こうしたモデル構造上の前提条件への対応として，説明変数ごとにPDとの相関が一定水準以上であるか（モデル開発時から著しい劣化がみられないか）についての検証を定期的に実施する旨を文書化することが望ましい。

➢コロナ禍における政府支援等の影響により，経済変数の悪化に比べてPDの上昇が抑制されるなど，PDの変動が経済環境と相関しないことがある。この場合の対応として，モデル開発に用いるデータの観測期間からコロナ禍の期間を除外するなどが考えられるが，こうした対応を行う場合には，除外した理由やモデルの使用制限などについて文書化することが望ましい。

項目：継続モニタリング方針

ポイント：継続モニタリングで実施する項目だけではなく，結果を評価する際の基準や対応策について記載する。また，モデルのパフォーマンスのみに着目するだけではなく，モデルの運用面の観点から留意すべき事項があれば記載する。

＜具体的な視点＞

➢ モデル・テストで実施した内容のうち，重要と判断した項目（ポートフォリオの変化の有無，セグメントの適切性の確認やPDのバックテスティング等）を継続モニタリングでも実施することとし，その方針を文書化することが望ましい。

➢ 継続モニタリングの結果に対する評価基準を設定する際には，客観性を確保する観点から可能な限り数値で示し，それを文書化することが望ましい。

➢ また，評価基準に抵触してモデルの見直しを検討する場合，その対応方法として説明変数の係数を再推計する，説明変数を入れ替える，セグメントを見直す，モデル構造を見直すなど，複数の選択肢が考えられる。したがって，評価基準に加えて抵触時に取るべき対応の範囲や深度についても，併せて文書化することが望ましい。

➢ 運用面では，モデルのアウトプットに対して頻繁にオーバーレイが必要となる事象が発生していないかを継続モニタリング項目に含めることも一案である。頻繁にオーバーレイを行っている場合，その要因がモデルのパフォーマンスの劣化によるものか，あるいは，経済環境の変化とは関係しないと思われる事象によるPDの変化なのか（モデルでは捉えきれない事象なのか）を確認することが重要であり，こうした分析を実施することを文書化することが望ましい。

> 項目：オーバーレイ時のプロセス
>
> ポイント：オーバーレイが必要となる事象，オーバーレイを行う対象や承認プロセスについて記載する。

<具体的な視点>

➤ ECL計測では，PD推計モデルなどによってアウトプットされる結果に対して必要に応じてオーバーレイを実施することが想定される。オーバーレイの対象としては，モデルにインプットする将来シナリオ，モデルからアウトプットされるPDや最終的に計測されるECL等が挙げられる。

➤ いずれにおいても，何らかのエキスパート・ジャッジが入る可能性があることを踏まえ，想定される事象，対象範囲や承認プロセスについて文書化することが望ましい。

第 3 節　導入時モデル検証：第2線

（1）所管部門

①　モデル・リスク管理部門とモデル検証者

日本の金融機関では，モデル開発部門から厳格に独立したモデル・リスク管理部門を設置することは困難であることが多い。ECLモデルについていえば，モデルを所管する部門（第1線）とモデルを検証する部門（第2線）が同一部門（リスク統括部等）となることが想定される。こうした場合では，同一部門であっても，担当者やチームを分けるなどの対応を検討することが望ましい。

②　実務上の対応

第2線の独立性を厳格に確保するという観点を踏まえると，モデル検証者はモデル開発には関与しないことが望ましい。一方で，日本の金融機関では，モ

デル開発者とモデル検証者が双方の知見を共有しながら，協業してモデルを開発および検証する実務も多いと思われる。したがって，この実務自体は否定されるものではないが，モデル検証者がモデル開発者の意見に過度に影響されることがあってはならないという点は強調しておきたい。

③　目指すべき態勢

　金融庁原則では，形式的な態勢よりも実態を踏まえたモデル・リスク管理を行うことの重要性が強調されていることを踏まえると，上記のような第１線と第２線のある程度の協業態勢は尊重されるべきだろう。ただし，モデル検証者がモデル開発者の意見に過度に引きずられることがあってはならない点は上記のとおりである。例えば，

- セグメント化の決定において十分検討されているか
- モデル構造の決定において十分検討されているか
- データの制約による影響や対応策について十分検討されているか

といった点について，モデル検証者は独立した視点で精査することが望ましい。形式よりも実態を重視した第２線の独立性の確保を模索すべきだろう。

（2）検証報告書

　第２線が作成する検証報告書は，第１章や第２章で解説したとおり，モデル・リスク管理における極めて重要な文書である。金融庁原則を踏まえた望ましい態勢としては，第２線は，モデル開発者等の第１線から独立した立場かつ客観的な目線で「モデルのデータや手法が適切か，第１線が考えるモデルの弱点や制約は適切に評価されているか，モデルに懸念点がある場合はリスク低減措置が考えられているか」といった観点でモデルの検証および評価を行うことになる。このように考えると，第２線のモデル検証者と第１線のモデル開発者における検証上の視点に大きな違いはないといえる。すなわち，モデル検証者も主に，①データ，②手法，③モデル・テスト，④実装，⑤ガバナンスの５点についてモデルの評価を行う。

　第２節では，既述の５項目についてモデル開発者の目線を想定して，「モデ

ル記述書に，これら5項目を書き記すならどのような内容を記載すべきか」を中心に解説したが，本節では，「同じ5項目を中心に，モデル検証者はどのような視点でモデルの評価を行うのか」といった点にフォーカスして解説する。特に，モデル検証に際しての一般的な観点ではなく，ECLモデルに特有の論点を中心に述べていくこととする。

① データの評価

モデル検証者は，次のような視点でデータの評価を行うことが考えられる。

- 被説明変数（PD）の定義に変更はないか，定義に変更があった場合，適切な検証を行った上で変更前後を連続データとして扱っているか
- セグメント化の検討において，ポートフォリオの特性やサンプル数の制約を踏まえた検討が十分に行われているか
- マクロ経済指標の適切性に問題ないか（定義に変更はないか，出所は正確か，GDP1つとっても公表主体にIMFやOECD等があり，株価についても様々な指数がある。モデルの説明変数という使用目的に対して適切か）
- 変数を加工する方法（対数変換，前年差，前年比等）は適切か
- プロキシーがある場合にその方法は適切か
- 被説明変数（PD）とマクロ経済指標の観測期間の対応関係は適切か

② 手法の評価

手法の評価は最も重要な部分であり，特に以下の点に留意することが望ましい。

- モデルで表現したいこととモデル開発上のコンセプトおよび採用する手法は整合的か
- 回帰分析を選択した理由および説明変数の数は適切か
- 他の金融機関等のプラクティスを把握した上で，自社の手法との比較検討を行っているか
- 説明変数の選択（モデルの選定）の根拠は妥当か

③　モデル・テストの評価

モデル・テストについては，以下のような視点が有用と考えられる。

- 第1線が実施したテストは必要十分か
- 第1線が実施したモデル・テスト結果の評価は問題ないか（数値基準が明確であるモデル・テストの項目と比べて，数値基準が示しにくい感応度分析等については，評価を慎重に行うことが望ましい）
- 第2線が追加的に実施すべきモデル・テストはないか

④　実装の評価

実装については，以下のような視点が有用と考えられる。

- エクセル等のEUCに実装されている場合には，UATの計画および結果が適切か
- 誤操作や誤改変を防止する機能は十分か

⑤　ガバナンスの評価

最後にガバナンスであるが，次のような視点に基づいて評価を行うことが考えられる。

- ECLモデルの弱点・限界が正しく評価・記載されているか
- リスク低減措置がある場合，第1線が考える措置が適切にモデル記述書に記載されており，その措置は妥当か
- 第1線が考える継続モニタリング計画は妥当か（頻度，粒度，モニタリングの視点等）
- モデルが機能しない状況を整理した上で検証が行われているか（例として次のような論点がある）
  - ➢ 経済構造の変化：説明変数に金利指標を採用している場合，日本銀行のYCC（イールドカーブ・コントロール）撤廃が起きた場合の対応はどうするか
  - ➢ 第二のコロナ禍の発生：コロナ禍の時期をモデル開発データに含めなかった場合，そのモデルは使用できるのか，使用した上でモデル出力値にオーバーレイを実施するのか

- オーバーレイが二重実施されていないか（同じ要因に基づく定性調整を将来シナリオとモデル出力値のいずれに対しても実施するようなことはないか等）

第 4 節　期中管理

（1）継続モニタリング：第1線

①　実施部門

継続モニタリングは，金融庁原則でも示されているとおり，基本的にはモデル使用者等の第1線が実施すべきである。ECLモデルの場合，リスク管理部門または財務・主計部門等が担うことが想定される。

具体的な継続モニタリングのフローは第2章で示したとおりであるが，実施主体である第1線がモデルのパフォーマンス等をモデル・オーナーに連携し，モデル・オーナーが第2線のモデル・リスク管理部門に報告することが想定される。ここで説明した継続モニタリングの流れは，市場リスク管理や信用リスク管理で用いるモデルや規制対応等で用いるモデル，および第5章と第6章で取り上げる気候変動リスクモデルやAMLモデルも基本的には同様である。

②　継続モニタリングの視点

ECLモデルの継続モニタリングは，どのような視点に沿って実施するべきだろうか。ECLモデルに特徴的な点は，第2節のモデル記述書の継続モニタリング方針で記載したとおりであるが，あらためてポイントを記載すると次の点が特に重要である。

- PDのバックテスティング等，モデルの性能に問題はないか（あるいは，パフォーマンスの劣化はなくとも，データ蓄積が進んだことによるモデルの見直しは必要ないか等も挙げられる）
- 運用面で問題は生じていないか（頻繁なオーバーレイが実施されている場合には，モデル自体の見直しを検討する必要があるか等）

- モデルの前提条件に変化はないか（ポートフォリオの変化や経済環境の変化等の観点を考慮）

③　結果報告と第2線のレビュー

　第1線が実施する継続モニタリングの結果は，モデル・オーナーを通じて第2線に報告することが想定される。第1線は主に，モデルのパフォーマンスに変化がないか，モデルの前提条件に変化はないかといった点を中心に，リスク格付に定められた頻度に沿ってモニタリングを行い，結果を第2線に報告する。

　第2線は，特にモデルのパフォーマンスに変化がないか（第1線の評価は適切か），運用面において問題は生じていないか，または問題があっても適切な対応策が示されているかなどを確認し，問題がなければモデルの継続使用許可をモデル・オーナーに伝達し，モデル・オーナーがモデル開発者や使用者に共有する。第2線が何か問題を把握した場合には，モデルの一時使用停止やモデル検証を実施の上で追加的な制約を付したり，モデルの再開発を第1線に指示するなどの対応が想定される。

　リスク管理部門（信用リスク管理部門）がECLモデルを開発してモデル・オーナーとしての役割を担う場合には，同部門の中で第1線と第2線の担当者を分離させることが，継続モニタリングの結果をレビューする第2線のけん制機能を確保する上での実務上の対応になると思われる。

　なお，日本の金融機関は，モデル・リスク管理を担う第1線および第2線に十分なリソースを確保することが難しい場合が多い。金融庁原則の適用対象金融機関でさえリソース不足を課題として認識していることを踏まえると，規模が大きくない金融機関ではなおさらだろう。したがって，全てのモデルに深度ある継続モニタリングを実施することが困難な場合が想定されることから，重要な項目に絞ることが現実的な対応と考えられる。例えば，PD推計モデルであればバックテスティング等を実施し，その結果が確認できるエクセル等を用いて第1線と第2線がモデルの継続利用に係る議論を行うといった運用態勢を整備することで，継続モニタリングの枠組みとすることが一案と考えられる。

（2）期中のモデル検証：第2線

①　定期的再検証

　期中において第2線は，リスク格付に定められた頻度でモデル使用前に実施した検証と同レベルの包括的な定期的再検証を実施することになる（継続モニタリングと定期的再検証の違いや再検証の頻度などの考え方は，第2章を参照）。

　ECLモデルは，比較的リスクが高いモデルである点はすでに述べたとおりであり，3年に1度程度の頻度で再検証を実施することが目線になる。ECLモデルに用いる手法は数年単位で頻繁に変わることは多くないが，ポートフォリオの変化やデータの蓄積状況，会計制度の変更に伴うモデルのリスクプロファイルの変化には特に留意して，期中のモデル検証を実施する必要がある。

　①データ，②手法，③モデル・テスト，④実装，⑤ガバナンスの観点から，ECLモデルにおける主な再検証の視点を示すと，以下のとおりである。

- データ：3〜5年のインサンプル期間が増加することで，マクロ経済指標との相関関係が大きく変化する可能性があり，説明変数の入れ替えの必要性の検討は必要だろう。また，ポートフォリオの構成の変化（将来見通しを含む）を確認し，セグメントの分割方法の見直しの必要性も検討することが望ましい
- 手法：手法自体はある程度確立されており，頻繁に見直す必要性は低いものの，検証結果を踏まえて見直しの必要性を検討していくことが望ましい
- モデル・テスト：PD等のリスクパラメーターに加えて，ECLへの影響も考慮の上でパフォーマンス評価を行うことが望ましい
- 実装：エクセルで実装されている場合は改変状況を確認し，外部ベンダー等のシステム上で実装されている場合はバックアッププランの状況を確認することが望ましい
- ガバナンス：オーバーレイの頻度や内容の確認，それを踏まえた改善事項の検討，その他運用上の問題点の検討を行うことが望ましい

②　モデル変更時の検証

　モデルの定期的再検証は，リスク格付に応じて決められた頻度に沿って実施することになるが，その決められた頻度を待たずしてモデル検証が必要になる場合も考えられる。例えば，会計制度の変更に伴いモデルが適切に機能しなくなるケースや，第1線の継続モニタリングでモデルパフォーマンスの劣化が認められるケース等が考えられ，必要に応じてモデルを変更することが想定される。

　モデル変更時には，変更内容が適切であるかについて検証を実施することになるが，モデル変更の程度によって包括的な検証を行うか，限定的な（モデルの変更を行った箇所に絞って）検証を行うかが論点になる。ECLモデルに特有の論点としては，**図表4−5**で示した基準が参考になるものと思われる。

図表4−5　モデルの変更内容と求められる検証の基準の例

	包括的な検証が必要な場合	限定的な検証で許容される場合
モデルの変更内容	➤一部の統廃合ではなく，主要なポートフォリオに対してモデルのセグメントを見直す場合 ➤説明変数の数を変更する，PDを直接的に推計するモデルとは異なるモデルの種類に変更するといったようにモデルの構造を見直す場合	➤説明変数の係数を再推計する場合 ➤説明変数を類似の変数に入れ替える場合

　いずれにしても，モデルのパフォーマンス劣化や会計制度の変更等の外部環境の変化には，第1線のモデル使用者がいち早く検知できると思われるため，第1線内（特にモデル・オーナーへ）の周知徹底や第2線に報告を迅速に行うことのできる仕組みを整備することが重要になる。

第 5 節　その他の論点

（1）ガバナンス

　ECLモデルのアウトプットは会計に用いられることを踏まえると，モデルに対するガバナンスは極めて重要である。予想信用損失を所管する部門が，モデルの適切性を継続的に把握する態勢を整備することが望ましい。具体的には，第2線が「自ら実施する検証結果」および「第1線が実施する継続モニタリングの結果と第2線によるレビュー結果」を予想信用損失を所管する部門へ報告する運用態勢を整備することが望ましい。

　ECLモデルに特有のガバナンス上の論点として，以下が挙げられる。

- 将来シナリオの妥当性：将来シナリオの作成は難易度が高く，かつ，その妥当性の検証も容易ではないことから，決定するまでの承認プロセスが重要になる
- オーバーレイの妥当性：ECLモデルのアウトプットに重大な影響を及ぼす可能性があるシナリオや事象がある場合，モデルのアウトプットに対してオーバーレイ（上書き調整等）を行うことが想定される。その要否や妥当性については，強固なガバナンスとコントロールが必要になる

（2）ベンダー・モデル

　ECLモデルは，用途や複雑性の観点から金融機関が内製化している事例が複数みられる一方で，内部のリソース不足やデータの蓄積が十分ではないといった事情から，ベンダーからモデル等を購入することもある。ECLモデルに限ったことではないが，ベンダーからモデル（外部のデータを用いてベンダーが開発したモデル）を購入する場合には，第2章で解説したベンダー・モデルの管理の原則（原則7）を認識しつつ，ECLモデルに特有の論点についても留意することが望ましい。PD推計モデルを例にすると以下のとおり。

- モデル開発時に用いた外部データにおける被説明変数（PD）の推移は，

　　自社のデータに基づくPDの推移と類似しているか（相関はみられるか）

- 上記において，PDに相関があっても水準が異なる場合に適切な調整が行われているか，またその調整方法は適切か
- ベンダー・モデルで用いているセグメントは自社のポートフォリオのリスク特性を適切に表すことができるか

　また，モデルそのものではなく，モデル開発に必要なデータを外部から購入するケースも見受けられる。その場合は，内部の蓄積データの不足を補うことが目的になると考えられるが，利用にあたってはモデルと同様に，自社のポートフォリオとの同質性（デフォルト率の水準や変動，与信先の地域・規模・属性等）を確認することが重要である。

（3）内部監査の役割

　内部監査については，ECLモデル特有の論点は多くないと考えられる。まずは第2章で解説した視点に沿ってECLモデルに係るモデル開発や検証，承認プロセス等に関して，全体としての枠組みが有効に機能しているかなどの確認を行うことが必要になってくると考えられる。追加的な特有の論点があるとすれば，既述のガバナンスで述べたシナリオやオーバーレイの妥当性は，チェックすべきポイントといえる。

第 6 節　今後の注目点

　本章の最後に，ECLモデルに係る注目点をいくつか取り上げたい。

　まずは，会計監査におけるモデル検証について，会計上の見積りに関する内部統制の観点からモデルが適切に機能しているかを確認することは重要であり，その対応において金融庁原則は参考になる。

　また，グローバルの動向も重要になる。例えば，米国や英国，欧州やカナダといった国・地域だけではなく，モデル・リスク管理という概念がまだ十分に浸透していないアジアでも予想信用損失型の会計制度の導入が進んでおり，現

地当局のECLモデルに対する管理・統制水準の目線は高まっていると思われる。こうした点を踏まえると，特に海外に拠点を構える日本の金融機関は，グローバルでのモデル・リスク管理の枠組みを整備することが重要になる。

　また，ECLモデルとモデル・リスク管理の関係について，当局の資料を次のとおり紹介する。

- 金融庁　銀行の引当開示の充実に向けた勉強会「銀行の引当開示の充実に向けて」（2022年2月21日）では，「昨年11月に金融庁より公表されている「モデル・リスク管理に関する原則」等を踏まえ，将来予測情報を活用した引当方法において適用しているモデルに関して，どのようなモデル・リスク管理態勢を構築しているのかについて記載することが，より望ましい」と言及

- 日本銀行の金融高度化センター　ワークショップ／セミナー「貸倒引当金の現状と課題」（2022年7月26日開催）では，「昨年11月に金融庁から「モデルリスク管理に関する原則」が公表されており，個人的に注目している。地域金融機関に，ストレートに適用を求めるものではないと理解しているが，考え方として大変参考になる。当該資料では，「モデルリスク管理に関する原則」を包括的に整理しており，引当金の計測モデルに限定している訳ではない」と指摘（EY新日本有限責任監査法人・喜多和人氏発言）

　今後，金融機関の大小を問わず予想信用損失型の引当の導入に伴い，ECLモデルが開発されると，モデル・リスク管理の考え方がますます重要になる。金融庁の動向をフォローしつつ，ECLモデルを活用（を予定）する金融機関では，自発的にモデル・リスク管理態勢の整備を検討することが望ましい。

（執筆）野上　孝也，田中　康浩，曽我部　淳，藤本　典子

第5章

気候変動リスクモデル

第 1 節　モデルの概要と特定

（1）モデルの概要

①　気候変動リスクの動向

　近年，気候変動リスクへの関心が急速に高まる中，金融機関は，気候変動リスクによる投融資先およびポートフォリオへの影響を把握するため，評価手法の構築や高度化の取組みを進めている。また，各国・地域の当局においても，金融機関の健全性や金融システムの安定性への影響の把握等を目的として，気候変動リスクの要素を追加したストレステストやパイロット・エクササイズ（試行的取組み）が実施されている。

　このように，気候変動リスク管理の取組みや議論が活発化する一方で，気候変動リスクを適切に評価する際に，気候変動に関する過去のデータの不足や将来の気候変動の予測に関する不確実性の高さなどの課題が存在する。気候変動リスクを計測・評価するためのモデル開発手法は発展段階にあり，様々な種類のモデルが試行・検討されている。

　こうした状況を踏まえ，現時点の実務においては，将来起こり得る気候変動リスクの増大，政府の移行政策や経済・社会の変化等に関する複数のシナリオを仮定して，各シナリオ下での潜在的な影響を企業レベルやポートフォリオレベルで定量的に評価する「シナリオ分析」が，気候変動リスクの評価に際して一般的に用いられている。本章では，気候変動のシナリオ分析を取り上げて，そこで活用されるモデル（以下「気候変動リスクモデル」という）を例にして，気候変動リスクモデルの開発・検証の視点を中心に解説する。

②　気候変動リスクの概要

　気候変動リスクは，**図表５−１**のとおり，移行リスクと物理的リスクに大別される。移行リスクと物理的リスクの定義は，次のとおりである。
- 移行リスク：脱炭素社会へのシフトに伴うリスク。炭素税の導入といった政策や規制の導入，技術の進歩によるエネルギー効率化やビジネス変化，

消費者の嗜好の変化等による影響を指す。リスクの種類としては，政策・法規制リスク，技術リスク，市場リスクおよび評判リスクが存在する
- 物理的リスク：気候変動に起因する大規模災害等のリスク。洪水，干ばつ等の深刻化・増加といった急性リスクと，平均気温の上昇や降水量の変化，海面上昇といった慢性リスクを指す

図表5－1　移行リスクと物理的リスクの概要

大分類	定義	中分類	リスクドライバー例
移行リスク	低炭素経済への「移行」に伴うリスク	政策・法規制リスク	温室効果ガス排出量規制の強化等
		技術リスク	低炭素技術への入れ替え
		市場リスク	原材料コストの上昇等
		評判リスク	消費嗜好の変化等
物理的リスク	気候変動による「物理的」に変化するリスク	急性リスク	異常気象の増加（台風・洪水等）
		慢性リスク	気象パターンの長期的な変化，平均気温の上昇，海面上昇等

(出典)　TCFD「Recommendations of the Task Force on Climate-related Financial Disclosures」より筆者作成

図表5－1の中分類で挙げたリスクドライバーが様々な経済的波及経路を通じて，経済と金融システムに影響を及ぼし，金融機関が抱える様々なリスク（信用リスクや市場リスク等）に影響を与える可能性がある。例えば，将来，排出量を削減する対策として国が炭素税を導入した場合，温室効果ガス排出量の多い企業の収益力は悪化し，信用リスクの増加につながる可能性がある。そのため，金融機関は気候変動リスクを定量的に把握し，評価・管理することが重要になる（図表5－2）。

③　気候変動リスクモデルの概要
気候変動リスクを定量的に評価する手法として用いられているシナリオ分析のプロセスは，図表5－3のとおりである。

図表5-2 気候変動リスクの経済的波及経路と金融関連リスク

気候変動リスク

移行リスク
・政策や規制の変化
・技術の進歩
・消費者の嗜好の変化

物理的リスク
・急性リスク（洪水、干ばつ、熱波、森林火災）
・慢性リスク（気温上昇、降水量や農業生産性の変化、海面上昇）

経済的波及経路

ミクロ：企業や家計への影響

企業
・気候変動による物件損害と事業中断
・移行に伴う座礁資産と新規設備投資
・需要とコストの変化
・法的責任

家計
・気候変動や健康への影響、労働市場の摩擦による収入の損失
・気候変動による物件損害、低炭素政策によるコスト増加と評価への影響

マクロ：マクロ経済への総合的な影響
・資本の減価償却と投資の増加
・構造変化や供給ショックを受けた価格の変動
・生産性の変化
・移行リスクと物理的リスクによる労働市場の摩擦
・消費パターンの変化による社会経済的な変化
・国際貿易、政府歳入、財政余地、生産、金利、為替レートへのその他の影響

金融関連リスク

信用リスク
・企業や家計のデフォルト
・担保毀損

市場リスク
・株式、債券、コモディティ等の価格変動

引受リスク
・保険損失の拡大
・保険ギャップの拡大

オペレーショナル・リスク
・サプライチェーンの分断
・強制的な施設閉鎖

流動性リスク
・流動性需要の増加
・リファイナンスリスク

(出典) NGFS「NGFS Climate Scenarios for central banks and supervisors - Phase IV」およびバーゼル銀行監督委員会「Climate-related risk drivers and their transmission channels」より筆者作成

図表5－3　シナリオ分析のプロセス

①シナリオおよび仮定の設定	● シナリオ分析の前提となるシナリオと仮定を設定
	  ➢ 移行リスク：気候変動リスク等に係る金融当局ネットワーク（NGFS）や国際エネルギー機関（IEA）等のシナリオ等を使用
	  ➢ 物理的リスク：物件所在地と災害ハザードマップ等を使用

②財務インパクトの評価	● リスクおよび機会の波及経路を把握した上で，リスクドライバーを用いて定性／定量評価を実施
	  ➢ 高／中／低といった定性評価
	  ➢ 財務モデルを用いた定量評価

③リスクパラメーターの推計	● 気候関連リスクによる財務インパクトを既存のリスクモデルに組み込むことにより，リスクパラメーターを推計 ➢ 信用格付モデル／マートンモデル等を用いて，気候関連リスクを考慮した信用格付／デフォルト確率（PD）を推計

　気候変動シナリオ分析の大きな流れとしては，分析の前提条件となる「シナリオを設定」して，「そのシナリオが投融資先企業の財務や格付にどう影響するかを分析」し，「結果として金融機関のポートフォリオにどう影響するかを分析」することである。

　最初にシナリオの設定が必要となるが，公表されている主要なシナリオとしては，NGFS（気候変動リスク等に係る金融当局ネットワーク）シナリオやIEA（国際エネルギー機関）シナリオが存在する。現時点において，金融セクターではNGFSシナリオを用いてシナリオ分析を実施することが多いが，独自シナリオの設計やNGFSシナリオに存在しない変数について，外部機関等の情報を活用して生産量等のパラメーターを推計するケースもあり，その場合には，モデルが必要となる（図表5－3の①）。

　次に，財務インパクトの評価では，投融資先企業のリスクおよび機会の波及経路を把握した上で，炭素税等のリスクドライバーを用いて定性評価，または，財務諸表上の主要な勘定科目を推計する財務モデルを使用して定量評価を行う

（**図表５－３の②**）。移行リスクを例にすると，炭素税をリスクドライバーとする場合，将来の炭素税（炭素コスト）を企業の費用に反映させ，将来の財務諸表を推計することで企業の財務影響を評価する。また，物理的リスクで河川洪水を対象ハザードとする場合は，河川洪水ハザードマップを用いて，企業が保有する不動産や担保物件の所在地とハザード情報や被害率を紐付けることで，被害の影響を推計する。

　最後に，リスクパラメーターの推計では，財務インパクトの評価で推計した財務諸表を用いて，リスクパラメーターに変換を行う（**図表５－３の③**）。例えば，推計した財務指標を信用格付モデルやマートンモデルにインプットし，デフォルト率等の推計を行う。

（2）モデルの特定

①　モデルと非モデルの境界

　ここでは，移行リスクのシナリオ分析を取り上げてモデル／非モデルを分類し，管理すべきモデルにはどのようなものがあるかを解説する。なお，信用格付モデルや企業のデフォルト率を推計するために使用されるマートンモデルは，モデルであることが明らかであることから説明は省略する。

②　モデルの例

　シナリオ分析には複数の「モデル」が利用される（**図表５－３**）。まず，シナリオに関しては，NGFS等の外部公表シナリオを使用することが多いが，公表シナリオのデータだけでは足りない部分を他のシナリオで補足する場合や，公表シナリオのデータをインプットデータにして統計的な手法（回帰式等）で新たなシナリオを推計（補完や拡張）する場合，これらの計算プロセスは「モデル」と整理すべきであろう。NGFSシナリオでは，セクターによってはシナリオ分析を実施するためのシナリオ変数が十分でないことがある。例えば，鉄鋼セクターでは，主要国の鉄鋼生産量の見通しは示されているが，水素還元製鉄等の生産方式別の鉄鋼生産量といった，分析に重要な影響を与え得る変数についての見通しは示されていない。このため，金融機関は，NGFSシナリオに

　加えて，分析に必要となるシナリオ変数に関する政府・国際機関・業界団体等の予測・見通しを追加して推計を実施するケースが多い。こうした推計プロセスに必要な計算プロセスも，モデルとして特定すべきと考えられる。

　NGFSは，シナリオを公表した2020年以降，定期的にシナリオの更新・拡充を行っているが，気候関連シナリオのデータの不十分性について指摘しており，特定の地域やセクターに係るデータアベイラビリティの課題は今後も残るだろう。そのため，金融機関で独自にシナリオの補完や拡張を行う場合のモデルについては，継続的な管理が重要になる。

　次に，財務モデルに関するモデルの開発イメージは，**図表5－4**に記載のとおりである。財務モデリング（前提条件を仮定して，将来の財務諸表をシミュレーションする手法）の計算プロセス自体は四則演算が中心であるが，仮定や専門的判断に基づき，インプットデータ（過去の企業の収益，費用，キャッシュフロー，資産，負債などの財務情報とシナリオ情報）を処理し，アウトプット（将来の財務諸表）を出力する定量的な手法であるため，「モデル」として特定・管理することが適切だろう。

　なお，金融庁・日本銀行が2022年8月に公表した「気候関連リスクに係る共通シナリオに基づくシナリオ分析の試行的取組について」において，「参加行毎の移行リスク信用コスト推計額をセクター毎に比較すると，それぞれの結果には相応のバラツキがみられた。これには，参加各行のモデルやモデルで使用する変数の選択の相違に加え，特に将来見通しに関する情報・データの不足を背景に，分析対象セクターの事業や利用技術の変化，顧客企業の事業構造転換の有無や新規投資に係る資金調達の見通し，炭素価格の上昇の販売価格への転嫁等に関して，各行の想定・仮定にバラツキがみられたことが影響していると考えられる」と指摘されている。この指摘のとおり，気候変動シナリオ分析の財務モデルでは，何らかの想定や仮定を置いて分析を行っており，仮定の置き方次第で推計結果に大きな相違が生じるため，モデルとして特定・管理することが適切であると考えられる。

　続くモデル開発や検証等の各節では，**図表5－4**で示している財務モデルを例に挙げ，モデルの開発・検証等の目線について解説する。

図表 5 － 4　財務モデルの開発イメージ

＜モデル構造（例）＞
- 売上高（ t ）　＝　売上高（ t － 1 ）×（ 1 ＋生産量変化率（ t ））
- 炭素コスト（ t ）＝温室効果ガス排出量（ t ）×炭素価格（ t ）
- 売上原価・販管費（ t ）＝売上原価・販管費（ t － 1 ）×（ 1 ＋生産量変化率
 （ t ））＋炭素コスト（ t ）
- 営業利益（ t ）＝売上高（ t ）－売上原価・販管費（ t ）

（ t ：ある年度のデータ）

＜使用するデータ＞
- 財務諸表：損益計算書，貸借対照表，キャッシュ・フロー計算書
- セグメント情報：地域別／セグメント別売上高構成比等
- 非財務情報：温室効果ガス排出量，エネルギー消費量等
- 移行リスクシナリオデータ：炭素価格，電力価格，生産量等

＜モデル式の決定＞
- 手法：財務モデリング（仮定に基づいた財務諸表のシミュレーション）
- 検討要素：使用データのアベイラビリティ，財務データと移行リスクドライバー
 の関係性の適切性，セクター／専門家の知見等

---

③　非モデルの例

　上記で，気候変動リスクに係るシナリオ分析で用いられるモデルの例を取り
上げたが，「非モデル」と整理されるのはどのような場合だろうか。

　まずは，シナリオのデータに関して，当局や国際機関が推計したシナリオの
データをそのまま使用してシナリオ分析を実施する場合，これらのシナリオの
データは「非モデル」と判断することが自然だろう。すなわち，これらのシナ
リオのデータを算出するためにモデルが使用されていると思われるが，その
データの妥当性を確認したり，その背後にあるモデルを金融機関が管理するこ
とは現実的ではない。NGFSシナリオは，気候変動リスクが経済と金融システ
ムに与える影響を分析するための共通の出発点を提供するために作成されてい
る。バーゼル銀行監督委員会が2022年6月に公表した「気候関連金融リスクの
実効的な管理と監督のための諸原則」でも，気候変動およびその対応がグロー

バルな課題であることに鑑みて，国際的な協力を推進するために「当局は，適切な場合は共通のシナリオに基づいてシナリオ分析を実施すること」が推奨されている。

なお，NGFSが2023年11月に公表した "NGFS Scenarios for central banks and supervisors" で指摘しているように，「NGFSシナリオは予測ではない」点に留意が必要である。シナリオは，「金融リスクを評価し，金融システムに起こり得るショックに備えるために，起こり得る将来の範囲（最も起こり得るものでも，最も望ましいものでもない）を探ることを目的としている」ことを指摘している。また，気候関連のマクロ経済・金融リスクのモデル化に固有の不確実性を反映させるため，NGFSシナリオでは，異なるモデルを使用し，地域やセクターに跨る広範なシナリオを設定している（NGFS suite-of-modelアプローチ）。このため，どのモデルのシナリオを使用するかによって結果にそれなりの差異が生じることから，モデルの前提条件や制約等をよく理解することが重要である点は強調しておきたい。NGFS自身も「気候・経済モデリングの不確実性と限界を十分に認識しなければならない」と指摘している。

また，シナリオ分析を実施する際には企業の財務／非財務データを用いて分析を行うが，一部の企業（特に中小企業や非上場企業）では，開示情報が限定的な場合がある。そのような企業の財務／非財務データを推計する際に，当該企業が属するセクター企業の指標の平均値等が用いられることがある。この場合の推計は，そのセクター企業の指標を単純に集計し平均値を算出しているだけであるため，「非モデル」と判断することが合理的と考えられる。

このように気候変動シナリオ分析で非モデルと整理できる部分は，分析に使用する外部公表シナリオのデータや財務・非財務データ等の一部分に限定されていると考えられる。その他の財務モデル等については，モデルとして特定・管理することが適切だろう。

（3）モデルのリスク格付

①　リスク評価の視点
第1章や第2章で記載したリスク格付を付与する際の重要な視点である，

（a）使用目的，（b）影響度，（c）複雑性の3点に沿って，気候変動リスクモデルにリスク格付を付与する場合の考え方を解説する。

②　視点に沿った評価

　図表5－4で示した気候変動シナリオ分析に用いる財務モデルを以下，（a）～（c）の視点に沿って評価すると，次の流れになる。

（a）使用目的

　気候変動シナリオ分析に用いる財務モデルは様々な目的で使用されるため，主な使用目的に応じて評価を行うことが重要である。例えば，モデルを当局の気候変動パイロット・エクササイズに使用する場合やシナリオ分析の結果を対外的に開示する場合は重要性が高いと評価され，リスクはHigh（リスク高，以下「H」という）やMedium（リスク中，以下「M」という）になることが想定される。

　一方で，一部の金融機関では対外的な開示は行わず，内部で試験的にシナリオ分析を実施しているだけの場合があるかもしれない。その場合には，リスクはLow（リスク低，以下「L」という）になることが想定される。

（b）影響度

　気候変動シナリオ分析に用いる財務モデルの対象ポートフォリオのカバレッジによって，重要性は異なると考えられる。大手金融機関では，分析対象とする業種を順次拡大し，気候変動の影響の大きい重要性の高いポートフォリオを分析対象としていることが多いと考えられ，リスクはHになることが想定される。

　ただし，現時点において，気候変動シナリオ分析は発展途上の段階であるため，一部の金融機関では分析対象外となるアセットクラスやセクターが一定程度存在する可能性があり，対象としているポートフォリオが限定的である場合もある。その場合には，リスク評価はMまたはLになることが想定される。

（c）複雑性

　気候変動シナリオ分析に用いる財務モデルの計算プロセスは主に四則演算であるため，計算手法としてはシンプルであることが多く，リスクをLとすることが想定される。ただし，インプットデータの処理方法等によりやや複雑にな

ることがあり，この場合にはリスク評価をMとすることが想定される。

　一方で，データギャップ（財務／非財務データやシナリオデータの不足）に対処するため異なるモデルの結果を利用する等，モデルの連関性を通じて複雑性が増す場合には，リスクはMや場合によってはHになることが想定される。

　上記を踏まえた上で，第2章で紹介したマトリックスで気候変動シナリオ分析に用いる財務モデルのリスク格付を付与すると，最終的なリスク格付はM格またはH格として分類されることが想定される。

③　実務上の対応

　海外のグローバル金融機関の事例をみると，以下のような点からリスク格付をH格とする場合がある。
- 昨今注目度が高まっている気候変動リスクの評価を行っており，その結果に対するステークホルダーの注目度が高い
- 開示の仕方次第では，金融機関のレピュテーションに影響を及ぼし得る
- 気候変動シナリオ分析は超長期（2050年まで等）を対象としており，アウトプットの不確実性が高い
- モデリングについて，現時点において確立されたプラクティスは存在しないため，継続的な試行検討が求められる

　リスク格付がH格となる場合，モデルの再検証の頻度は2～3年に1回と高頻度かつ粒度の細かい検証が求められるため，モデル検証の負担は重くなる点に留意が必要である。なお，この点は他の個別モデルでも同様である。

第 2 節　モデル開発：第1線

（1）所管部門

①　モデル開発者

　気候変動リスクは，リスク領域（信用リスクや市場リスク等）のリスクパラメーターに反映させた上で定量的な影響を把握する目的から，それぞれのリス

ク領域を所管するリスク管理部門などがモデル開発者になることが多い。気候変動リスクモデルの開発段階では，排出量や燃料消費量データ等の非財務データが使用されるため，非財務データに詳しいサステナビリティ企画部門が関与したり，特定のセクターにおける特有の事象や動向を反映するため，該当セクターの専門知識を有する調査部門等が関与したりすることも想定される。ケースとしてはまれであるが，気候変動リスク管理についてサステナビリティ企画部門が主導している場合は，モデル開発者になり得る。

②　モデル使用者

リスク管理部門で開発された気候変動リスクモデルは，リスク管理の目的から，同じリスク管理部門の別のチームや審査部門等で使用することが想定される。また，リスク管理目的以外にも，顧客へのエンゲージメントや脱炭素化への移行戦略等にも活用されることが想定され，フロント部門や経営企画部門もモデル使用者になり得る。

③　モデル・オーナー

モデル・オーナーは，モデル開発者であるリスク領域（信用リスクや市場リスク等）を所管するリスク管理部門の責任者や管理職が担うことが想定される。

④　実務上の対応

以上，第1線で想定されるモデル開発者，モデル使用者，モデル・オーナーについてみてきたが，日本の金融機関であれば，ECLモデルと同様，明確にモデル開発者，モデル使用者，モデル・オーナーが割り当てられていないのが実情であると思われる。例えば，ある部門（リスク管理部門）内で，モデル開発者とモデル・オーナーが同一である場合や，モデル開発者や使用者は存在するが，モデル・オーナーが存在しないといったことも想定される。こうした実務上の対応は，モデル・リスク管理態勢を整備している段階では許容されると考えられるが，後述の第2線との関係やモデル・リスク管理を適切に行うためには，時間をかけて第1線内の役割・責任を明確に割り当てるべきだろう。

⑤　目指すべき態勢

　目指すべき態勢としては，第4章でも述べたとおり，まずは第1線の責任者であるモデル・オーナーを明確にすることが重要である。モデル・オーナーはモデルに不備等が生じた場合に第2線とコミュニケーションを行う重要な役割を担っているため，モデル開発者や使用者の状況を適切に把握する必要があるという意味では，その部門の責任者や管理職がモデル・オーナーを担当することが合理的と考えられる。

　さらに一歩踏み込んで，モデル開発者，モデル使用者，モデル・オーナーを割り当てることで，第1線内での役割と責任を明確にすることが可能になる。例えば，モデル開発者がモデル・オーナーを兼任すると，第1線におけるモデルの責任の所在があいまいになることも想定される。後述する第2線との関係も考慮すると，中長期的に目指すべき態勢としては，やはりモデル開発者，モデル使用者，モデル・オーナーを明確に振り分けることが望まれる。

（2）モデル記述書

　シナリオ分析に使用する財務モデルを開発する際に，モデル開発者はモデル記述書にどのような項目を記載すべきか，**図表5－4**の移行リスクの財務モデルを例にとって解説する。ここでも第4章と同様に，主に，①データ，②手法，③モデル・テスト，④実装，⑤ガバナンスの5点に焦点を当てて解説する。

① データ

　モデル開発には，企業レベルの財務・非財務データ，シナリオデータ，業種固有のデータなどが必要となる。

　モデル開発において，データソースの選定はしばしば課題となる。新規に生成された等の理由によりデータの捕捉期間が短い場合や，異なるデータソース間でデータの取得，調整および表示方法において一貫性が欠ける場合，データ品質においてばらつきが見られたり，データが断片的であったりする場合等が挙げられる。したがって，モデリングの過程ではデータに関する評価および管理の見直しを行うという対応が必要になることがある。

　また，シナリオ分析で使用する主なシナリオについて記載することも重要である。シナリオについては，金融業界ではNGFSシナリオを使用することが多いが，NGFSシナリオ第4版は，排出削減政策の違いとそれに伴う移行リスクおよび物理的リスクの大小を反映して，**図表5-5**のとおり次の4つのカテゴリーに分かれている。

- 秩序だった移行（Orderly）
- 無秩序な移行（Disorderly）
- 温暖化進行（Hot house world）
- 対応が少なすぎ，手遅れ（Too little, too late）

図表5-5　NGFSシナリオ第4版の枠組み

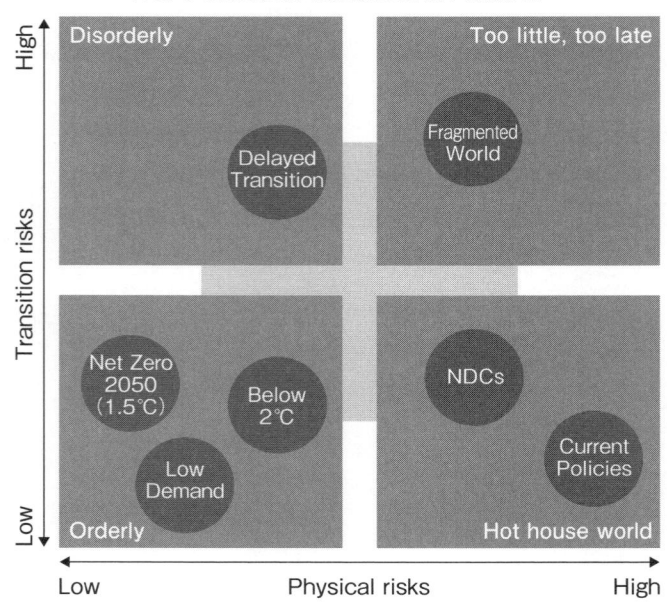

NGFS scenarios framework in Phase IV

（出典）NGFS「Climate Scenarios for central banks and supervisors - Phase IV」より抜粋

　この枠組みの中で，次の7つのシナリオが示されており，使用するシナリオ

の前提条件と内在するリスクを記載するほうがよいだろう。

- Net Zero 2050（2050年ネットゼロ）
- Below 2℃（2℃未満に抑制）
- Low Demand（化石燃料需要の低下）
- Delayed Transition（移行遅延）
- Nationally Determined Contributions（NDCs）（国が決定する貢献）
- Current Policies（現行政策継続）
- Fragmented World（分断された世界）

シナリオ分析で使用するシナリオデータは，その性質上，一定の限界や制約のもとで推計されており，**図表5－5**の例であれば，NGFSによって継続的に更新される。以下では，シナリオのデータに関するポイントと具体的な視点を解説する。

項目：シナリオのデータ
ポイント：シナリオの特徴（推計の前提となるシナリオの考え方）やシナリオのデータの問題点・限界，シナリオを補正した場合は，その内容・前提条件等について記載する。

＜具体的な視点＞

➢電力セクターを例に挙げれば，「電源構成がどのように変化していくと想定されているか，日本国内の移行ロードマップ等と合致しているか」等，セクター別のシナリオの特徴について記載することが望ましい。NGFSシナリオでは，国によってデータの質やアベイラビリティにばらつきがあるため，モデルの結果が地域の状況や動向を十分に捕捉できていない可能性がある。そうした場合は，地域の特性を反映できるように，シナリオのカスタマイズが必要になるかもしれない。例えば，電力価格シナリオ等では，地域の電力価格の動きから乖離しているケース等もみられることから，データの限界について記載するとともに，シナリオを補正した場合は，その根拠や前提条件等についても記載する。

➢NGFSシナリオのパラメーターは，エネルギーや電力セクターについて

は細かな設定が与えられている一方，それ以外のセクターは必ずしも十分な設定が与えられていないことがある。そのため，代替として，政府・国際機関・業界団体等の予測・見通しを追加して推計を実施することが多い。独自にシナリオを補正・推計した場合は，当該シナリオ変数と推計のための前提条件，データソース等を記載する。

また，**図表5－4**で示したとおり，財務モデルにおいて企業の売上高や営業利益等のデータが必要になるが，それらに関しても，地域やセグメント，生産手法別の売上・生産量や温室効果ガス排出量等の開示にはばらつきがある。詳細なデータが取得できない場合は，以下の「企業データ」の項目でまとめた視点のように，補正方法等についての記載が求められる。今後，非財務情報に関する開示が進むことで，より精緻なデータが入手可能になることが期待される。

項目：企業データ
ポイント：企業から分析に必要なデータが開示されていない場合の推計手法や，一過性の損益影響を補正する場合は，その補正方法等について記載する。

＜具体的な視点＞
> 企業によって，移行リスクへの取組みや非財務情報の開示レベルも大きく異なることから，開示データが限定的な企業の分析を実施する際には，業界を代表する企業や業界団体のデータを使用して分析を実施することが多い。そのような場合には，当該変数の推計手法やデータソース等について記載する。
> 気候変動リスクは長期的な財務見通しを予測することから，一過性の損益影響は上方・下方ともに排除し，基礎となる経常的な収益力をもとに分析を行うことが重要となる。一過性による影響の補正方法については，特別損益の補正や，過去平均をベースにした変動要因の平準化，エキスパート・ジャッジ等が挙げられ，これらの補正理由と補正方法について

記載する。

② 手　　法

　移行リスクのシナリオ分析モデルは，**図表5－4**で示したとおり，比較的シンプルなモデル構造を用いることが多い。

　ただし，分析のアプローチやモデルの利用目的，バランスシートやシナリオの前提条件等によって分析結果が大きく異なってくるため，開発するシナリオ分析モデルのコンセプトやアプローチについて，選定に至った検討の経緯等を明確にするとともに，モデル開発時の前提条件や制約，モデルの利用目的を明確に定義することが重要になる。シナリオ分析のアウトプットを，どのようにリスク領域のリスクパラメーターに反映しているか等についての記載も含めるべきだろう。

　気候変動リスクは，他に想定されるリスクに比べて不確実性が非常に高いことから，将来の異なる複数のシナリオを用いて多角的に分析を行うことが重要である。企業の移行リスクの影響を評価するモデルにおける主なコンセプトや分析アプローチについて，以下に記載する。まずは，分析アプローチ（ボトムアップ／トップダウン／両方のハイブリッドアプローチ等）である（**図表5－6**）。

図表 5 − 6　ボトムアップアプローチとトップダウンアプローチ

	概要	特徴
ボトムアップ アプローチ	➢ 企業ごとに気候変動の財務イ ンパクトを算出し，通常使用 している信用格付モデルに反 映させることで，金融機関自 身への財務インパクト（与信 費用の増加額等）を算出する	➢ 企業ごとに分析を行うため， より詳細な分析が可能 ➢ 与信判断やエンゲージメント に活用しやすい
トップダウン アプローチ	➢ 国やセクターといったカテゴ リー単位で気候変動に対する 感応度を算出し，その感応度 を貸付ポートフォリオ全体に 適用することで財務インパク トを算出する	➢ カテゴリーごとに分析を行う ため，より広範囲な分析が可 能

　次に，モデルの利用目的（ストレステスト等のリスク管理目的か，機会も含めたビジネス推進目的か等）である。

項目：モデルの利用目的

ポイント：シナリオ分析の目的が，自己資本充実度評価等のリスク管理目的か，機会も含めたビジネス目的かにより，分析手法や前提条件が異なるため，モデルの利用目的について記載する。

＜具体的な視点＞
➢ シナリオ分析の目的に応じて分析アプローチが異なってくるため，分析の目的を明確にすることが重要となる。NGFSは，2024年1月に公表した "NGFS scenarios: Purpose, use cases and guidance on where institutional adaptations are required" において，「シナリオ使用者は，自分たちの分析が何を達成するために設計されているのか，また，シナリオの適応により，どのようにこれらの目的を達成するのかについて，ナラティブにまたは定性的な説明を行うべきである」と指摘している。
➢ 例えば，通常のリスク管理目的の場合，保守性等の観点から企業の移行

計画を反映させないケースがある。これは，自己資本充実度評価に用いていることや企業の移行計画の客観的な評価が必要になるといった背景による。一方，与信判断時に，機会も含めたメインケースを想定したリスク分析を実施するといったビジネス推進目的の場合，移行計画を反映しないことは非現実的で，かつ過度に保守的な結果となることから，セクターの標準的な排出経路に基づいて移行が進展するなどの仮定に基づいて分析を実施することが考えられる。このようにモデルの利用目的と，目的に応じた分析手法，前提条件について記載することは重要である。

　また，バランスシートの前提でも，静態的か動態的かの選択が必要になる。動態的なバランスシートを前提にすると，分析が難しくなることが一般的である。

項目：バランスシートの前提
ポイント：静態的なバランスシートか動態的なバランスシートかを記載する。
<具体的な視点> ➤シナリオ分析を実施する場合，現状の金融機関のバランスシートを固定（静態的なバランスシート）して分析を実施するケースが多い。これは動態的なバランスシートを組み込むと，バランスシートの仮定の置き方次第で分析結果が大きく変化し，複雑性をもたらすからである。 ➤NGFSは，2023年10月に公表した "Conceptual note on short-term climate scenarios" で，「静態的なバランスシートの仮定を緩和し，動態的なバランスシートを組み込むことは，純粋な気候関連リスクの特定を妨げる複雑さをもたらす。これには短期的な分析が必要であり，そのためには短期的なシナリオが必要になる」と指摘し，短期シナリオの開発にも着手している。

　最後に，モデル構造について，**図表5－4**のような企業の移行リスクの影響を評価するためのモデルの主要なロジックと計算式等について解説する。

項目：モデルの主要なロジックと計算式

ポイント：将来の財務影響（売上高や燃料・原材料コスト，炭素コストや設備投資額等）を推計するためのロジックや前提条件について記載する。

<具体的な視点>

➢ 売上高については，前提となる生産量・販売量，販売価格等の計算に使用したシナリオ変数のデータソース，計算式，前提条件等を記載する。例えば，対象企業の現状の販売シェアを不変として将来の売上高を推計することもあるが，売上高の推計に大きな影響を与える仮定であり，こうした前提条件を記載する。

➢ 原材料・燃料コスト，炭素コストについては，炭素税導入等によるコスト増加の影響をどのように計算しているかについて記載する。特に，原材料コストや炭素コストの増加分を顧客にどれだけ転嫁できるか，転嫁率の設定によって損益の影響が大きく異なるため，転嫁率の設定根拠や前提条件等を記載する。

➢ 設備投資額について，NGFSシナリオデータを利用できない場合は，IEAや業界団体のデータ等を使用して推計することも多いが，仮定の置き方によって推計結果が相応に異なるため，計算方法や前提条件，データソースについて記載する。

---

③ モデル・テスト

　モデル・テストは，第4章で示したとおり，「開発したモデルが期待したとおりに機能するか，機能が低下する場合はどのような状況なのか，モデルの弱点や限界は何か」といった観点から，モデルのパフォーマンスを確認する重要な工程である。

　気候変動シナリオ分析については，現状は「パイロット・エクササイズ（試行的取組み）」と位置付けられている国・地域も多く，標準的なモデリング手法は確立していない。モデルのパフォーマンスを評価する場合，伝統的なリスク管理領域ではバックテスティングにより検証を実施することが一般的である

が，気候変動リスクは，過去に観測されたパターンとは大きく異なるかたちで
現れることが想定される。このため，過去データが利用できず，市場リスクモ
デルといった伝統的なモデルやECLモデルのように，バックテスティングによ
るモデル・テストや検証は困難である。

　このように，気候変動リスクモデルについては，標準的なモデリング手法が
確立していないこと，過去データを利用したバックテスティングが困難である
ことから，ベンチマーク分析や感応度分析等，様々なアプローチによりモデ
ル・テストを行う必要がある。以下では，ベンチマーク分析や感応度分析を実
施する際に，モデル記述書に記載すべき視点を取り上げる。

項目：ベンチマーク分析

ポイント：セクター単位での平均格付・デフォルト率の変化等の結果を，
当局の気候変動ストレステストの結果や，大手金融機関が開示しているシ
ナリオ分析の結果，外部機関のチャレンジャーモデルやトップダウンモデ
ルの分析結果等と比較することにより，結果の妥当性を確認する。

＜具体的な視点＞
➢当局による気候変動ストレステストの結果や大手金融機関のシナリオ分
　析の結果が公表・開示されるケースが増加しており，公表されたセク
　ター単位での平均格付・デフォルト率変化や損失率等の結果と，自社モ
　デルによる分析結果を比較分析する。セクター単位での平均格付・デ
　フォルト率変化や損失率の水準感に加え，セクター間の序列等を検証す
　ることにより，開発したモデルの妥当性や課題を把握することが可能に
　なる。
➢外部機関のモデルを「チャレンジャーモデル」として使用し，自社モデ
　ルの結果と比較することでモデル・テストや検証を行う事例も見受けら
　れる（信用リスクのストレステストで使用しているトップダウンアプ
　ローチの結果とボトムアップアプローチの結果を比較することも含む）。
➢ただし，分析の前提条件等によって結果が大きく異なってくるため，ベ
　ンチマーク分析を実施する際は，複数のベンチマークを使用したり，可

能な限り分析の前提条件も把握したりした上で，分析を行うことが望ましい。

項目：感応度分析

ポイント：分析対象セクターの事業や利用技術の変化，顧客企業の事業構造転換の有無や新規投資に係る資金調達の見通し，炭素価格上昇の販売価格への転嫁等に関する想定・仮定によって推計結果が大きく異なる。こうした前提条件を変化させた場合の影響を分析することで，モデルのアウトプットの変化を確認する。

＜具体的な視点＞

➢ シナリオ変数や前提条件のうち，特に炭素価格の水準や炭素コストの転嫁率が分析結果に大きな影響を与えることから，炭素価格や転嫁率を変化させた場合の感応度分析を行うことで，モデルの特性を評価することが可能になる。

➢ 例えば，ECB（欧州中央銀行）は，ワーキング・ペーパー "Euro Area banks' sensitivity to changes in carbon price" で，炭素価格の水準や炭素コストの転嫁率，企業の将来の温室効果ガス排出量の削減率を変化させた場合の感応度分析を行い，欧州の金融システムに及ぼす影響を分析している。

---

④ 実 装

気候変動シナリオ分析は，現時点では既述のとおり「パイロット・エクササイズ（試行的取組み）」と位置付けられている国・地域も多く，以下の理由から現場レベルで機動的な対応が可能なエクセルを用いて実装しているケースが多い。このため，現時点ではシステム等にモデルを実装することは一般的ではないと思われる。

• 標準的なモデリング手法が確立しておらず，発展途上にあるため，モデルに修正を加えやすいほうが望ましい

- 時間の経過とともに取得できなかったデータが取得可能となるケースがあり，開発したモデルのアップデートや高度化を随時図りたい
- 使用しているシナリオ（NGFSシナリオやIEAシナリオ等）が毎年アップデートされるため，機動的な対応を可能としたい

⑤　ガバナンス

ガバナンスについては，主にモデルの弱点や限界およびそれらの低減策，継続モニタリング方針やオーバーレイ時のプロセス等について記載する。

シナリオ分析の結果は，金融機関が定めるガバナンスプロセスに従って報告される。その際には，分析結果とともに，戦略やリスク管理上の対応策についても報告することが重要である。また，分析のベースとなった主要なパラメーターや仮定，採用した気候変動リスクモデル等についても十分に文書化することが望ましい。

項目：限界や弱点およびそれらの低減策
ポイント：シナリオ分析モデルのデータや手法における制約，前提条件等に起因する弱点や限界を挙げ，それらに対する低減策や検証事項等を記載する。

＜具体的な視点＞

➢ シナリオの前提条件・妥当性：NGFSシナリオで使用された統合評価モデル（IAM：Integrated Assessment Model）は様々な要素が考慮された複雑なモデルであり，モデルの全容・詳細を把握することは難しい。シナリオの背景・仕様を正確に把握できない場合，企業分析において不適切に適用してしまうリスクが存在する。IAMはモデルである以上，現実世界を必ずしも完璧に描写できるものではなく，様々なバイアスや不確実性が存在する。実際，NGFSでは，挙動の異なる３つのIAMの結果を併記して公表している。NGFSシナリオは，増大する気候変動およびその影響に関する知識，それらをモデリングする計算能力，および利用者のニーズの取り込みにおいて大きな進展を遂げてきたが，気候変動

の潜在的な影響の全てを説明しているわけではない。シナリオの利用者は，自社の目的・ニーズに合うように分析手法を調整し，どのような追加分析ツールやシナリオの調整が必要か決定していくことになる。

➤例えば，電力価格についてみると，NGFSシナリオでは，化石燃料と同様に地域内・地域間の需要・供給のバランスを踏まえて電力価格が決定されるが，IAM間でも価格決定のメカニズムが異なっている。IAMの1つであるREMINDモデルでは，再生可能エネルギーに係る設備投資や資本コストの変動等の影響を受ける結果，再生可能エネルギーの設備投資が集中する2020年〜2030年にかけて価格が急激に上昇する挙動を示すが，日本の実態に即していないとの意見もある。

➤こうしたモデルのデータや手法における制約，前提条件等に起因する弱点や限界，それらに対する低減策や検証事項等は適切に文書化することが重要である。

項目：継続モニタリング方針

ポイント：継続的なモニタリング・分析によりモデルのパフォーマンスが劣化していないか確認することに加え，気候変動リスクモデルは，データや手法等が発展途上にあることを踏まえて，モデルの高度化等の必要性についても検討する。

＜主な視点＞

➤シナリオや前提となるデータは，頻繁にアップデートや改定がなされるため，これらのモニタリングを行い，モデルの再検証・再開発の必要性がないかについても継続的に確認することが望ましい。

➤今後は，シナリオの精緻化（セクター別のシナリオデータの細分化等）や企業の非財務情報に係る開示の充実，金融機関や事業法人によるシナリオ分析結果の開示等が進んでくると想定される。分析結果を継続的にモニタリングし，モデルのパフォーマンスの確認に加えて，モデルの高度化を進めていくことが重要である。

第 3 節　導入時モデル検証：第2線

（1）所管部門

①　モデル・リスク管理部門とモデル検証者

　日本の金融機関では，モデル開発部門から厳格に独立したモデル・リスク管理部門を設置することはリソースの制約等から困難であることが多く，リスク管理部門がモデル・リスク管理を行うことが想定される。そのため，気候変動リスクモデルについても，モデル・リスクを管理する部門はリスク統括部等のリスク管理部門になり，モデル検証者もリスク管理部門内の担当者になることが想定される。

②　実務上の対応

　気候変動リスクモデルの開発者や使用者，モデル・オーナーとモデル・リスク管理部門やモデル検証者が同じリスク管理部門になり得る点は，第2節の（1）で述べてきたとおりである。その場合，第1線と第2線のレポーティングラインが同一になるため，コンフリクトが存在することには留意が必要である。しかし，日本の金融機関では，第1線と第2線が（なれ合いにならない程度に）協働しながらモデル開発・検証を行うことが実務的によくみられる対応と思われる。この実務自体は否定されるものではないが，モデル検証者がモデル開発者の意見に過度に影響されることがあってはならないという点は，他の個別モデルと同様である。

③　目指すべき態勢

　気候変動リスクは，グローバルにみても注目度の高いリスク領域であるため，そのリスク管理に使用するモデルに対しては，独立性のあるモデル・リスク管理やモデル検証がなされるべきであろう。
　しかし，本章で繰り返し述べているとおり，日本の金融機関の場合は，リスク管理部門以外で気候変動リスクモデルの第1線の役割を担うことのできる部

門が少ない点が実情であると思われる。このような事情から，こうした明確な分担が難しい場合には，リスク管理部門のあるチームが第1線を担い，別のチームがモデル検証を行うといった分離が，独立性の確保という点から望ましい対応になるだろう。

　ただし，やはり中長期的には，海外のグローバル金融機関でみられるような，独立したモデル・リスク管理部門（モデル検証者）で一括して全てのモデルの管理を担うことが効果的・効率的な態勢である点は付言しておきたい。特にG-SIBsやD-SIBsレベルの金融機関であれば，そうした態勢の構築に向けて少しずつ検討を進めるべきだろう。

（2）検証報告書

　モデル・リスク管理の本来のあり方としては，第2線はモデル開発者等である第1線から独立した立場かつ客観的な目線で「モデルのデータや手法が適切か，第1線が考えるモデルの弱点や制約とその評価は適切であるか，モデルに弱点等がある場合にはリスク低減措置がとられているか」といった観点でモデルの検証および評価を行うことになる。

　以下では，第2線が実施するモデルの検証および評価について，第1線のモデル開発者と同様に，①データ，②手法，③モデル・テスト，④実装，⑤ガバナンスの5項目を対象に，その視点を示したい。

①　データの評価
　モデル検証者は，次のような視点でデータの評価を行うことが考えられる。
- シナリオ分析で使用するシナリオが，その地域のセクター別の技術ロードマップ等を踏まえた内容になっているか
- セクター別のシナリオ分析において，NGFSシナリオだけでは十分な設定が与えられていない場合，シナリオの補正方法や前提条件は妥当か
- 変数を加工する場合の方法は適切か，加工方法に不足はないか

②　手法の評価

手法の評価は最も重要な部分であり，特に以下の点に留意することが望ましい。

- 前提となるシナリオに適した手法が用いられているか
- モデルの利用目的に応じた適切な分析アプローチが適用されているか（分析のコンセプトと整合的か，より適切なモデル構造はないか）
- バランスシートの仮定等，モデル開発の前提条件は適切か
- 他の金融機関等のプラクティスを把握した上で，自社の手法との比較検討を行っているか
- 気候変動リスク管理は，毎年新たな論点が現れ，今なお急速に発展しているリスク領域である。この点を意識して，第2線として自社のニーズに合った分析が行われているか，シナリオの調整が必要かといった目線での評価を行っているか

NGFSシナリオは，2020年の公表以来，毎年シナリオの精緻化が進められてきたが，気候変動の潜在的な影響の全てを説明しているわけではない。今後の強化領域としては，南極の氷床の崩壊等の不可逆的な気候変動の転換点（ティッピング・ポイント）への到達等，現時点では捉えられていない物理的リスクの影響，気候変動の影響を受けた移民等の社会的影響，移行リスクと物理的リスクの複合的リスク，CCS（Carbon dioxide Capture and Storage：二酸化炭素回収・貯留）等の技術的仮定，政府の政策変更，金融セクターのダイナミクス（信用収縮）等が挙げられている。

③　モデル・テストの評価

モデル・テストに関しては，以下のような視点が有用と考えられる。

- 第1線が実施したモデル・テストは必要十分か
- 第2線が追加的に実施すべきモデル・テストはないか
- 第1線が実施したモデル・テスト結果の評価に問題ないか。特にベンチマーク分析でモデルのアウトプットが非保守的となっている場合には，分析の前提条件を含め，可能な範囲で掘り下げた要因分析を行っているか

④　実装の評価

実装については既述のとおり，エクセルを用いたシンプルな実装であることが多く，あまりここにリソースを割いて評価を行っている事例は少ないと思われるが，次のような視点で評価を行うことが重要だろう。

- エクセルで実装されている場合には，最新のシナリオへの更新がマニュアル対応となることを踏まえ，適時適切になされているか
- 外部からシナリオや財務指標等のデータを取得することが多くなるが，エクセル間の連関性（データの参照）等の設計に誤りはないか
- 誤操作や誤改変を防止する機能は十分か

⑤　ガバナンスの評価

最後にガバナンスであるが，次のような視点に基づいて評価を行うことが考えられる。

- 気候変動リスクモデルの弱点・限界が正しく記載・評価されているか
- リスク低減措置がある場合，第1線が考える措置が適切にモデル記述書に記載されており，その措置は妥当か
- 第1線が考える継続モニタリング計画は妥当か（頻度，粒度，モニタリングの視点等）

第 4 節　期中管理

（1）継続モニタリング：第1線

①　実施部門

継続モニタリングは，基本的にはモデル使用者等の第1線が実施すべきである。したがって，気候変動リスクモデルの場合，継続モニタリングの実施主体は，リスク管理部門や審査部門，フロント部門，経営企画部門等が担うことが想定される。具体的な継続モニタリングのフローは，実施主体がモデルのパフォーマンス等をモデル・オーナーに連携し，モデル・オーナーが第2線のモ

デル・リスク管理部門に報告することが想定される点は，ECLモデルの流れと同様である。

②　継続モニタリングの視点

　気候変動リスクモデルの継続モニタリングの視点としては，以下の点が特に重要である。

- 今後のシナリオの精緻化（セクター別シナリオの細分化）や企業の非財務情報の開示の充実，金融機関や事業法人によるシナリオ分析結果の開示の進展等に伴い，ベンチマーク分析の精度向上が期待されるが，これらの結果，モデルのパフォーマンスに問題は生じていないか
- パフォーマンスに劣化はなくとも，データ蓄積によるモデルの見直しは必要ないか
- シナリオ分析手法やモデルの前提条件に変化はないか
- モデルに直接的に関連しなくても，気候変動リスクに係る世の中のトレンド（例えばシナリオの嗜好や当局の関心）に変化はないか

③　結果報告と第2線のレビュー

　第1線が実施する継続モニタリングの結果は，モデル・オーナーを通じて第2線に報告することが想定される。第1線は主に，モデルのパフォーマンスに変化がないか，シナリオ分析手法やモデルの前提条件に変化はないかといった点を中心に，リスク格付で定められた頻度に沿ってモニタリングを行い，結果を第2線に報告する。

　第2線は，特にモデルのパフォーマンスに変化がないか（第1線の評価は適切か），運用面において問題は生じていないか，または問題があっても適切な対応策が示されているかなどを確認し，問題がなければモデルの継続使用許可をモデル・オーナーに伝達し，モデル・オーナーがモデル開発者や使用者に共有する。第2線が何か問題を把握した場合には，モデルの一時使用停止やモデル検証を実施の上で追加的な制約を付したり，モデルの再開発を第1線に指示するなどの対応が想定される。リスク管理部門が気候変動リスクモデルを開発してモデル・オーナーとしての役割を担う場合には，リスク管理部門の中で，

第1線と第2線の担当者を分離させることが，継続モニタリングの結果をレビューする第2線のけん制機能を確保する上での実務上の対応になると思われる。

　また，ECLモデルでも触れたが，日本の金融機関は，リソース不足の問題から全てのモデルに深度ある継続モニタリングを実施することが困難な場合が多いと思われ，その場合はモニタリング項目を絞ることが現実的な対応と考えられる。例えば，新しい気候変動シナリオや分析手法が公表されていないかといった視点に基づき，公表されている場合には，売上（生産量）や温室効果ガス排出量・炭素コストといった影響の大きい項目を中心にレビューをし，第1線と第2線でモデルに与える影響等を議論することにより，継続モニタリングの枠組みとすることが一案と考えられる。

（2）期中のモデル検証：第2線

①　定期的再検証

　期中において第2線は，リスク格付に定められた頻度で，モデル使用前に実施した検証と同レベルの包括的な定期的再検証を実施する。気候変動リスクモデルは比較的リスクが高いモデルである点はすでに述べたとおりであり，3年に1度程度の頻度で再検証を実施することが目線になる。

　本章で強調しているが，気候変動リスクモデルは発展途上の段階にある。そのため，非財務情報の開示の義務化，シナリオの精緻化，モデルの高度化等に伴うモデルのリスクプロファイルの変化等には特に留意して，期中のモデル検証を実施することが必要になろう。

　①データ，②手法，③モデル・テスト，④実装，⑤ガバナンスの観点から，気候変動リスクモデルにおける再検証の主な視点を簡潔に示すと，以下のとおりである。

- データ：気候変動リスク関連のデータは，非財務情報の開示の義務化やシナリオの精緻化等により，毎年アップデートされていくため，特に留意して再検証を実施することが望ましい
- 手法：分析手法についても未だ発展途上の段階にあることから，より高度

かつ合理的な分析手法が開発されていないかを確認の上，分析手法の見直しの必要性を検討していくことが重要である

- モデル・テスト：金融機関や当局によるシナリオ分析結果も随時公表・アップデートされているため，これらとの対比でベンチマーク分析や感応度分析によるモデルのパフォーマンス評価を行うことが望ましい
- 実装：エクセルで実装されている場合は，改変状況やエクセル間の連関性の確認を行う
- ガバナンス：モデルの弱点・限界を踏まえた改善事項の検討やその他運用上の問題点がないかの確認を行う

②　モデル変更時の検証

　モデルの定期的再検証は，リスク格付に応じて決められた頻度に沿って実施することになるが，その決められた頻度を待たずしてモデル検証が必要になる場合も考えられる。例えば，NGFS等からよりストレスのかかったシナリオやセクター別の詳細なシナリオが公表された場合にモデルを変更する必要が生じるケースや，第1線の継続モニタリングでモデルパフォーマンスの劣化が認められ，モデルを変更する必要が生じたケース等が考えられる。

　新しいシナリオの公表やモデルのパフォーマンス劣化，会計制度の変更等の外部環境の変化には，第1線のモデル使用者がいち早く検知できると思われるため，第1線内（特にモデル・オーナーへ）の周知徹底や第2線に報告を迅速に行うことのできる仕組みを整備することが重要になる。

第 5 節　その他の論点

（1）海外のグローバル金融機関の管理の事例

　2024年5月にFRB（連邦準備制度理事会）が，気候変動シナリオ分析の結果（"Pilot Climate Scenario Analysis Exercise - Summary of Participants' Risk-Management Practices and Estimates"）を公表した。対象は米国の大手

金融機関6先であるが，その中で気候変動リスクモデルの管理について，以下の課題を指摘している。

- データが限定的
- バックテスティングに係るケイパビリティが不足
- 非線形リスクの存在
- シナリオのホライズン
- エキスパート・ジャッジメントへの依存
- アウトプットの不確実性

　調査結果では，「こうした課題はあるが，モデル開発手法の健全性の確認やオーバーレイに対するコントロールを重視して，モデルの管理を行っている」点や「モデルを直接的な意思決定等に活用しない場合は，完全なモデル検証を実施せずモデルの使用を認めるなど，モデル・リスク管理の枠組みを柔軟に活用している」点にも触れている。今後はこうした管理の視点も意識しながら，気候変動リスクモデルのモデル・リスク管理の高度化に取り組んでいくことが期待される。

（2）信用リスク管理（格付等への組入れ）

　バーゼル銀行監督委員会が2022年6月に公表した「気候関連金融リスクの実効的な管理と監督のための諸原則」では，「銀行は，気候関連のリスクドライバーが信用リスクプロファイルに及ぼす影響を理解し，信用リスク管理システムとプロセスが重要な気候関連の金融リスクを考慮することを確保すべきである」と指摘している。2022年12月に公表された「気候関連金融リスクに関するFAQ」では以下の点に触れ，気候変動リスクの信用格付への組入れについて言及している。

- 「銀行は，債務者および案件に格付を付与する際，気候関連金融リスクが債務者の財務状況および案件特性に与える影響に関する重要かつ関連する情報を考慮すべきである」
- 「銀行は，気候関連金融リスクが債務者の履行能力に影響を与えるかを評価し，この情報を格付付与に組み入れるべきである」

　足もとでは，信用格付への反映に向けて検討を行う金融機関が増加しているため，今後，気候変動リスクモデルやその管理の重要性がさらに高まることが想定される。

　なお，ECBが2023年5月に公表したTHE SUPERVISION BLOG "Overlays and in-model adjustments: identifying best practices for capturing novel risks" によると，欧州の金融機関51先のうち約20％がオーバーレイまたはモデル調整により，気候変動リスクを第4章で取り上げたECLに反映させている点についても付言しておきたい。

（3）内部監査の役割

　バーゼル銀行監督委員会が2022年6月に公表した「気候関連金融リスクの実効的な管理と監督のための諸原則」において，「銀行は，気候関連の重大な金融リスクの健全，包括的かつ効果的な特定，測定および緩和を確保するために，3つの防衛ラインを横断して，気候変動リスクを内部統制の枠組みに組み入れるべきである」としている。

　2022年11月にECBが公表したレポート "Walking the talk" によると，レポート公表時点では，「欧州の金融機関で（気候変動リスクに関する）内部監査機能のタスクと責任を定義できている先は限定的」であったが，社会的な関心の高さもあって，今後は内部監査部門が気候変動リスクモデルに係るモデル開発や検証，承認プロセス等に関して，全体としての枠組みが有効に機能しているかなどの確認を行うことが必要になってくると考えられる。

第 6 節　今後の注目点

（1）気候関連情報の開示動向

　国際サステナビリティ基準審議会（ISSB）が，2023年6月に IFRS S1号（サステナビリティ関連財務情報の開示に関する全般的要求事項）および IFRS S2

号（気候関連開示基準）を公表した。

　国内でも，サステナビリティ基準委員会（SSBJ）が，2024年３月に「日本版S1基準および日本版S2基準の公開草案」を公表した。強制適用時期および適用対象企業等については，金融審議会「サステナビリティ情報の開示と保証のあり方に関するワーキング・グループ」において議論されているが，確定基準公表日以後終了する年次報告期間から適用可能とされている。確定基準公表の目標時期は2025年３月末とされていることから，その場合は，2025年３月期から早期適用が可能となる予定である。

　気候変動シナリオ分析や財務影響等の開示も要求されており，気候変動リスクモデルの管理の重要性が高まることが想定される。

（2）NGFSの動向

　NGFSは今後に向けて，シナリオの更新や短期シナリオの開発，物理的リスク・アプローチの拡張・精緻化，セクター別のさらなる細分化等に取り組んでいる。中でも短期シナリオは，長期シナリオによる分析の限界を克服できるものとして注目されている。NGFSが公表した「短期気候シナリオの概念ノート（Conceptual note on short-term climate scenarios）」は，次の点を指摘している。

- 長期シナリオは，移行コストや物理的リスクの低減から生じる長期の利点を理解し，移行戦略を考案するための重要な鍵となっている。一方で，頻度の低い長期ダイナミクスに重点を置いているため，短期的に起こり得る移行リスクや急性物理的リスク，より高頻度の発生，景気循環ショックとの相互作用等について，限定的な全体像しか提供しない
- 現行の一連の長期シナリオは，たとえ無秩序な移行（Disorderly）（図表５−５の左上第１象限のシナリオ）にあるものであっても，ストレステストに対しては十分に負荷が強くない

　短期シナリオは今後，自己資本充実度評価のためのストレステストに活用することが想定されており，重要性が高まることが予想されるため，その動向をフォローしておく必要があるだろう。

　　　　　　　　　　　（執筆）深水　翔太，寺門　聡，山本　卓司

第6章

AMLモデル

第　1　節　モデルの概要と特定

（1）モデルの概要

①　AML業務におけるモデル

　本章では，マネー・ローンダリング・テロ資金供与・拡散金融対策（以下「AML」という）の業務におけるモデル（以下「AMLモデル」という）について解説する。あらかじめ補足すると，AML業務におけるモデル・リスク管理の考え方および枠組みは，業界において確立されていないため，ここでは日本の金融機関の実務において考え得るアプローチという位置付けで解説する。

　AMLは国際的な取組みであり，金融庁の監督上の方針等においても，日本の金融機関における重要なテーマの1つとされている。金融機関の脆弱なAMLの態勢または事務の不備によって，例えば，制裁対象とする国・組織・個人に資金が渡ったり，犯罪者に犯罪収益の移転や隠匿を可能にしたりすることになれば，さらなる犯罪行為やテロ行為に利用されることになる。そのため，金融機関は日々顧客とその取引について，AML上のリスクのモニタリングを行っている。このモニタリングのプロセスにおいてAMLモデルが活用されている。具体的にモデルが活用されている分野としては，eKYC（electronic Know Your Customer）における本人確認（本人確認書類の真贋チェックや特定事項の読込み等），フィルタリング，取引モニタリング，顧客リスク格付等が挙げられる。以下では，フィルタリング，取引モニタリングおよび顧客リスク格付の順に取り上げる。

②　フィルタリング

　金融庁が公表している「マネー・ローンダリング及びテロ資金供与対策に関するガイドライン」および「マネロン・テロ資金供与対策ガイドラインに関するよくあるご質問（FAQ)」（以下「マネロンガイドライン」という）では，フィルタリングを，「取引前やリストが更新された場合等に，反社会的勢力や制裁対象者等のリストとの照合等を通じて，反社会的勢力や制裁対象者等によ

る取引を未然に防止することで，リスクを低減させる手法を意味しており，い
わゆるネームスクリーニングという業務も含む概念として用いている」としてい
いる。さらに，ネームスクリーニングを「新規顧客や既存顧客の名義が照合対
象となる制裁リストに該当しないか確認する」ことと定義している。本章では，
これらを総称して「フィルタリング」とする。

　金融機関は多種多様な金融商品・サービスを法人・個人にかかわらず提供し
ており，これら膨大な数の顧客に対して，AMLに係る法規制において取引を
制限・禁止されている先かどうかを適時に確認する必要がある。また，海外へ
の送金サービスのような商品の場合は，自身の顧客の確認以外に，送金先につ
いても確認する必要があったり，法人顧客との取引の場合は，その顧客の実質
的支配者についても確認が必要な場合がある。金融機関においては，このよう
な確認手続を，フィルタリングのシステムを導入することにより対応している。
フィルタリングのプロセスのイメージは，**図表6－1**のとおりである。

図表6－1　フィルタリングのプロセスのイメージ

[1] フィルタリング対象の特定	[2] 名前等の情報をリストから検索	[3] 検索／分析結果の出力	[4] ヒットしたケースのレビュー	[5] 取引許可状況確認，資産凍結措置，取引謝絶等

　フィルタリングでは，誰に対して，いつ，どのリストで，どのようなロジッ
クでフィルタリングを実施するかを特定し，そのルールに従ってリストを使用
して顧客名等を検索する。リストは，閣議了解をもって措置の対象を指定して，
告示で公告される経済制裁措置および対象者リスト，また金融機関自身が作成
した反社会的勢力等をファイリングしたものである。金融機関は取引開始時の
みならず，氏名変更や支配者変更等で顧客属性が変わった場合や，さらにはリ
スト更新時および定期的にフィルタリングを実行して確認を行う。

　検索方法には，完全一致による方法と，あいまい検索による方法がある。完
全一致による方法では，その名前のとおり，リスト情報と一字一句一致した場
合にヒット（該当ありと判定）することになる。一方で，あいまい検索による

方法では，リスト情報と完全一致ではないものの，ある程度の一致が確認されればヒットすることになる。顧客が名前を誤って申込書等に記載したり，過去の犯罪歴の照合をおそれて名前の一部だけ変えたり，外国人ではミドルネームの有無であったり，名前の順番が異なっていたり，様々な理由により完全一致だけでは照合できないケースがあるため，あいまい検索が必要となる。あいまい検索には図表6－2のように，一定の基準で語句の違いや表記ゆれの乖離を許容する（本人の可能性があると判定する）ものもあれば，リストの氏名の文字列との一致度合をスコア化し，スコアの値によって判定するようなロジック等もある。

図表6－2　氏名の照合のイメージ

リスト情報	顧客名	説明
TOM WILLIAM SMITH	Tom William Smith	大文字小文字の違い
	TOM SMITH	ミドルネームの有無
	WILLIAM SMITH	ファーストネームの有無

　なお，フィルタリングは，完全一致ならびにあいまい検索のいずれの方法においても，作成しているリストと照合することをもって，リスクが高い顧客を検知する仕組みであることから，リストの適時適切な更新がキーコントロールとなっている。

③　取引モニタリング

　金融機関では，顧客の属性や取引の目的等から外れる取引の検知が必要であり，そのために自ら特定したリスクに見合ったシナリオや閾値等を設定し，取引モニタリングを実施している。マネロンガイドラインでは，取引モニタリングを「過去の取引パターン等と比較して異常取引の検知，調査，判断等を通じて疑わしい取引の届出を行いつつ，当該顧客のリスク評価に反映させることを通じてリスクを低減させる手法」としている。この取引モニタリングにおいても，通常，専用のシステムを導入している。

　取引モニタリングのプロセスのイメージは，図表6－3のとおりである。

図表6－3　取引モニタリングのプロセスのイメージ

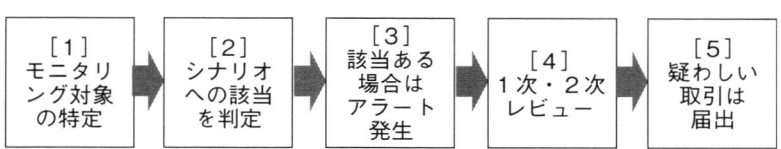

シナリオには様々なタイプがあるが，主なタイプとして**図表6－4**の2つがある。

図表6－4　取引モニタリングのシナリオのタイプ

シナリオのタイプ	概要
ルールベース	シナリオに合致する取引（顧客または口座）を抽出する
プロファイルベース	ピアグループや顧客自身の過去の取引履歴の統計情報から推定される傾向に基づき，乖離が大きな取引（顧客または口座）を抽出する

ルールベースのシナリオとしては，例えば，以下のようなものがある。なお，シナリオは通常，金融庁「疑わしい取引の参考事例」（以下「ウタトリ参考事例」という）や国家公安委員会「犯罪収益移転危険度調査書」（以下「NRA」という）を参考に作成されている。

- 個人の口座で，現金による入金が○日間で合計××円以上となるケース
- ○歳以上の高齢者の口座で，1日にATMから××円以上の出金があるケース
- NPO法人の口座で，○日間以上取引がなかったが，××円以上の入金があるケース

これらは，過去の不正事例等を参考として作成されてきたものであることから，モニタリングに必要なシナリオであるが，不正の手法が変化し続けていることを踏まえると，必ずしも十分とはいえないだろう。そのため，プロファイルベースのシナリオも活用すると，ルールベースのシナリオには該当しないような取引も検知が可能となる。

プロファイルベースのシナリオとしては，例えば，「個人の口座で，現金に

よる月間の入金額が，過去の月間入金額の平均から n 標準偏差以上乖離する
ケース」といったものがある。プロファイルベースのシナリオでは，ピアグ
ループという単位で設定されることが多くある。ピアグループとは，取引に類
似性があることが想定される顧客をグループ化したものであり，例えば，口座
の残高といった定量的なものから，職業等の定性的なもの，これらの組み合わ
せなど，様々なものがある。

　なお，ルールベースのシナリオ例における○○や××，プロファイルベース
のシナリオ例における n は，閾値として設定されるものである。取引モニタリ
ングの精度は，設定するシナリオの内容と閾値の水準次第で検知の結果が変わ
り，モニタリングの精度に大きく影響することになる。

④　顧客リスク格付

　マネロンガイドラインでは，金融機関自らが直面しているリスクを適時・適
切に特定・評価し，リスクに見合った低減措置を講ずること（いわゆる「リス
クベース・アプローチ」）が不可欠とされており，顧客のリスク評価の活用も
求めている。多くの金融機関において，顧客リスク評価として，顧客リスク格
付を導入している。

　金融機関の融資業務では，取引先の財務情報等を用いて格付を付与し，格付
に応じて信用リスク管理を行っているが，AML においても顧客の AML に係る
リスクの格付に応じた管理を行っている。格付としては，VH（Very High），
H（High），M（Medium），L（Low）のような 4 段階程度のシンプルな区分
としているケースが多い。

　AML の格付の付与にあたっては，マネロンガイドラインに顧客リスク評価
を，「商品・サービス，取引形態，国・地域，顧客属性等に対する自らのマネ
ロン・テロ資金供与リスクの評価結果を踏まえて実施する」とあることから，
図表 6 − 5のような顧客リスクに影響を与える要素を考慮する。なお，この要
素および評価項目は，マネロンガイドラインや NRA を参考に設定されている
ケースが多い。

図表6－5　顧客リスク格付の要素

要素	評価項目
顧客属性	職業・業種，等
国・地域	国籍，居住国・所在国，取引相手国，等
商品・サービス	保有口座種類，外国送金取引，等
取引形態	非対面による口座開設，ネットバンキング，等

　各要素では，上表のとおり評価項目を設定しており，評価項目の内容のリスクに応じた配点を付与する。例えば，業種が○○業ならリスクHで30点，○○業はリスクMで20点というように評価項目別に配点し，その評価項目別の配点を合計し，各要素の点数の合計が決まる。

　各要素の配点を合計して，顧客の全体スコアを計算することになるが，各要素にはウェイトが設定されており，ウェイトを加味したスコアとなる。ウェイトは各要素の顧客リスクへの寄与度を表すものであり，各要素の中で顧客属性のウェイトを最大としていることが多い。

　顧客の全体スコアが求まれば，そのスコアに応じて格付を付与する。これによって顧客リスク格付が決まるが，リスクに影響を与える特定の条件に該当する場合は格付を調整するような対応もある。例えば，**図表6－5**で取り上げた要素にかかわらず，以下のような高リスクとなることが適当であるような事項がある。

- 反社会的勢力，制裁対象者，凍結口座名義人はVH
- 疑わしい取引の届出先，外国PEPs（Politically Exposed Persons：重要な公的地位を有する者）はH

　顧客リスク格付は，取引モニタリングにおける閾値の設定や，**図表6－6**のように顧客管理措置のレベルの決定に活用される。

図表6－6　格付別の顧客管理のイメージ

格付	管理方針
VH	謝絶・取引を解消する
H	EDD（Enhanced Due Diligence）を適用する
M	通常の顧客管理の手続を適用する
L	通常の顧客管理の手続を適用する 一部，SDD（Simplified Due Diligence）を適用する

　EDDは通常の顧客管理より厳格に管理することであり，例えば，顧客情報をより詳細に確認したり，顧客情報の更新頻度を高くする対応をとる。その逆に，SDDはリスクが低い顧客が対象となり，通常の顧客管理よりも簡便的な手続で済ませる対応をとることができる。

（2）　モデルの特定

①　モデルと非モデルの境界

　第1章で記載したとおり，AMLモデルは，モデル・リスク管理上，いわゆる伝統的なモデルと異なる非伝統的なモデルとなるため，モデルの対象範囲を新たに検討する必要がある。

　この点に関していえば，市場リスクモデルのような推計値を計算するモデルと違い，例えば，取引モニタリングのモデルは特定のシナリオに合致する取引を抽出するものであり，これは第1章や第2章で解説したモデルの定義に合致するかは議論の余地があるだろう。

　さらに，本章で取り上げるAMLモデルは，日々の業務プロセスの中にシステムとして組み込まれている。マネロンガイドラインでは，ITシステムの有効性の検証ポイントとして，「例えば，取引モニタリングシステムにおけるシナリオ・敷居値等が，各金融機関等の業務やリスクの特性を的確に捉えているか，当該システムで検知された事項が的確に営業部門や管理部門等におけるモニタリングのプロセスに組み込まれているか」とあるように，システムとしての統制に加えて，システムを含むプロセス全体の統制を含め，リスク低減措置の構成要素として機能していることを求めている点に留意が必要である。

　具体的には，取引モニタリングに関する統制については，システムとしては，上流システムとのデータインターフェースから，システムによるアラート検出後の人によるアラート処理，そして疑わしい取引の報告までの一連のデータフローが，システム機能要件を含め，適切に設計・運用されることが担保されていることなどが必要になる。また，業務プロセス全体としては，リスク評価を踏まえたシナリオの見直しや，システムによるアラート検出後の人によるアラート処理から疑わしい取引の報告，さらに，疑わしい取引の報告結果を踏まえたシナリオや閾値の見直しを含む一連のプロセスが，適切に設計・運用されることが担保されることなどが必要になる。

　このように，通常のモデル・リスク管理の統制の整備だけでは，AMLモデルを使用した業務プロセスの統制の強化に結び付かない。そのため，非伝統的なモデルであるAMLモデルにおいては，モデル・非モデルの境界を明確にすることが重要になると考えられる。

　②　モデルの例

　前述の3つのAMLモデル（フィルタリング，取引モニタリングおよび顧客リスク格付）を対象とし，モデル定義の3つの要素（インプットデータ，定量的な手法，アウトプット）に，目的，モデルの重要な要素，手法を加えて整理すると図表6-7のようになる。参考までに，伝統的な市場リスクモデルとしてバリュー・アット・リスクも記載している。

図表6-7 AMLモデルにおけるモデルの要素

モデルの要素	AMLモデル			市場リスクモデル
	フィルタリング	取引モニタリング	顧客リスク格付	バリュー・アット・リスク
目的	リスクの高い顧客を検知する	主に過去の取引パターン等と比較して疑わしい取引を検知する	顧客のリスク評価を実施する	市場変動によりポートフォリオの価値が棄損するリスクを計測する
インプットデータ	➤氏名 ➤生年月日 ➤住所　等	➤顧客属性情報 ➤口座情報 ➤取引情報等	➤顧客属性情報 ➤口座情報 ➤取引情報等	➤市場データ ➤ポジション情報　等
モデルの重要な要素	制裁者等リスト	シナリオ	評価項目	リスクファクター
理論や仮定に基づき，インプットデータを処理する定量的な手法	制裁者等リストに対する検索による照合	シナリオに合致する取引（顧客，口座）の抽出	設定した評価項目による顧客のスコアリング	確率統計に基づくリスク量の評価
手法の種類	➤完全一致 ➤あいまい検索	➤ルールベース ➤プロファイルベース	➤定量評価 ➤定性評価（オーバライド）	➤ヒストリカルシミュレーション法 ➤分散共分散法
アウトプット	照合結果（一致の有無，部分一致の内容，一致度合を示すスコア）	アラート（シナリオに合致する取引）	スコア，格付	信頼区間○％における最大損失金額

③　非モデルの例

　図表6－7に照らして，例えば，以下の点については，モデル・非モデルの判断をする際に議論が分かれることが想定される。

- フィルタリングにおける制裁者等のリストの更新：あらかじめ特定された情報に基づき，リストを更新する作業であるため，更新作業自体は何かをモデル化したものではない。一方で，フィルタリングの精度を決定付ける重要な要素であり，完全に非モデルとすることにも違和感がある

- フィルタリングにおける完全一致による検索方法（検索方法を完全一致とあいまい検索に分けて考える場合）：あいまい検索による手法とは異なり，単純にリストと突合した結果を出力する手法であるため，この検索方法自体が何かをモデル化しているものではない。一方で，フィルタリングの機能において，リスクの高い顧客を検知する上では，重要な機能ではある

- 取引モニタリングにおけるシナリオ生成：前述のとおり，ウタトリ参考事例やNRAを参考に作成されるものではあるが，疑わしい取引に該当する取引パターンや行動を単純化，または仮定を置いてシナリオや閾値として設定し，検知する仕組みであるためのモデルといえなくはない

- 取引モニタリングにおけるシナリオによる検索手法：シナリオの条件に合致した取引を抽出するだけの手法であるため，この検索手法自体が何かをモデル化しているものとはいい難い

- 取引モニタリングにおける抽出結果のレビュー：取引モニタリングにおける抽出結果には，後述のとおり高い割合で誤検知が含まれており，多くのケースで，人手によるレビューを通じて絞り込みを行っている。このレビュー結果まで含めて取引モニタリングによるリスク低減措置と位置付けている。このように抽出結果のレビューは，AMLにおける取引モニタリングの重要なプロセスではあるが，マニュアルによる作業である

- 顧客リスク格付結果の調整：前述のとおり，疑わしい取引の届出を行ったなどの事由がある場合には，定量評価にかかわらず，当該顧客のリスク評価に反映させる仕組みが組み込まれている。これは，エキスパート・ジャッジメント的な要素と捉えることも，格付モデルの一環とすることも考えられる。いずれにせよ，顧客リスク評価としては，重要な仕組みであ

る

　既述のとおり，AMLにおけるフィルタリングや取引モニタリングは，後続あるいは関連するプロセスを含めて，リスク低減措置として機能している。しかし，モデル・リスク管理上のモデルは，そういった一連のプロセス全体を対象とするものでなく定義され得る点に，留意が必要となる。モデル・リスク管理上のモデルの定義に沿ったかたちで，モデルと非モデルの１つの整理の例としては，以下のようなパターンが想定される。これについては，必ずしも正解があるものではないため，様々な整理があってもよいと考えられる（**図表6－8**で示しているモデル／非モデルは，あくまで一例である）。ただし，モデルと非モデルの整理がどのように定義されることになっても，AMLの観点からは，モデルおよび非モデルの両方を包含するかたちで，AMLシステムの有効性を検証することが必要になる点については，強調しておきたい。

図表6－8　AMLモデルにおけるモデルと非モデルの例

	モデルの例	非モデルの例
フィルタリング	顧客の名前等と制裁者リスト情報の照合（あいまい検索による方法）	制裁者等リストの更新 完全一致による検索方法
取引モニタリング	疑わしい取引を検知するためのシナリオの特定 シナリオに合う取引の抽出	抽出された取引に対するレビュー
顧客リスク格付	顧客の属性情報等に基づくスコアリング	定性評価

　なお，取引モニタリングについては，シナリオの種類にかかわらず取引（顧客，口座）を検知するシナリオ群を１つのモデルとみなすことや，ルールベースのシナリオの検知とプロファイルベースのシナリオ検知に分けて，それぞれをモデルとみなすことも，さらにルールおよびプロファイルの各シナリオ１つひとつをモデルとみなすこともできるだろう。ただし，モデルを細分化して定める場合，モデルの数が増加することによって，モデル・インベントリーの管理やモデルのリスク格付の管理，モデル検証等も増えるため，留意を要する。

（3）モデルのリスク格付

①　リスク評価の視点

モデルのリスク格付を付与する際の視点として，主に，（a）使用目的，（b）影響度，（c）複雑性の3点が挙げられる。以下では，AMLモデルについてこれらの観点から考えてみたい。

なお，AMLモデルは前述のとおり，伝統的なモデルと異なり，モデルが単独で存在するものではなく，日々の業務プロセスの中にシステムとして組み込まれている。したがって，AMLモデルは，システムを含む業務プロセス全体におけるリスク低減措置の構成要素の1つとして機能している。そのため，モデルのリスク評価において，特に，（a）使用目的と（b）影響度については，モデルの機能だけを抜き出して評価することは難しく，モデルが組み込まれているプロセスやリスク低減機能として評価することになると考えられる。

②　視点に沿った評価

AMLモデルを，以下の（a）～（c）の視点に沿って評価すると，次の流れになる。

（a）使用目的

AMLモデルの使用目的を，AML業務として広く捉えると，AMLは法規制上の要件であるため，重要度は高い。また，AMLは国際的な取組みであり，FATF（金融活動作業部会）の審査結果にもあるように，日本の進捗状況は必ずしも十分ではない状況にあることから，日本の当局は金融機関にAML態勢の整備・強化を要請している。このような状況も考慮すると，「使用目的」の観点からのリスク評価はHigh（リスク高，以下「H」という）と考えられる。フィルタリング，取引モニタリング，顧客リスク格付のそれぞれのモデルは，AMLにおけるリスク低減措置を構成する重要な要素であることから，AML業務全体の評価と同等とすることに一定の合理性はあると考えられる。

一方で，本章で取り上げた個々のモデルは，それぞれがAML管理態勢の構成要素の1つに過ぎないことから，個別に検討することも必要になると考えられる。

(b) 影響度

　AMLモデルの場合は，財務やリスク管理のモデルのようにエクスポージャーまたはリスク量を定量化するものではないため，財務上の影響を直接見積もることは難しい。しかし，不適切なAML対応のために，制裁対象者への送金を行ってしまったり，不正な口座使用を看過してしまったりするような事象が発生した場合，金融機関は重い処罰を課される可能性がある。実際に，過去に数々の金融機関が処分を受け，中には数千億円もの課徴金を課された金融機関も存在する。このことから，「影響度」の観点においてもリスク評価はHになることが考えられる。なお，多額の課徴金の発生を影響度の見積根拠とする場合には，そうした課徴金を科すのは海外当局であるという現状に照らせば，該当する海外で業務を行っていない金融機関の影響度を異なる評価とすることや，モデルを有する拠点により評価が変わることも考えられる。

　上記では，財務的な影響に着目したものとなっているが，マネロンガイドラインにおけるリスク評価においては，影響度について，「想定される有形無形の損失の大小等を指します。「有形無形の損失」の例としては，内外の当局による行政処分や制裁，コルレス関係解消，レピュテーションリスク等が含まれるものと考えます」とあり，こうした観点からも検討が必要になる。

　また，課徴金や業務の改善を求められるケースにおいても，個々のAMLモデルの不備のみに起因するケースはなく，AML管理態勢の統制全般の不備を指摘されるケースが多いことから，個々のAMLモデルの影響度として，そのまま反映することが妥当であるかは議論の余地があると考えられる。

(c) 複雑性

　フィルタリングにおけるあいまい検索の照合ロジックについては，ロジックの設定内容によって異なり，リスク評価はHまたはMedium（リスク中，以下「M」という）と考えられる。一方で，リストと完全一致ではなく，部分一致する名前を検索するという方法により，高リスク顧客を検知するという目的は，どのような部分一致のケースを仮定するかという非常に複雑なモデルを指向している。

　取引モニタリングにおけるルールベースのシナリオのモデルは，設定した条件に該当する取引を検知するというシンプルなものであることから，モデルと

しての複雑性は低く，リスクはMまたはLow（リスク低，以下「L」という）と考えられる。また，プロファイルベースのシナリオのモデルは，統計分析を活用することからルールベースのものより複雑性は高く，リスクはHまたはMと考えられる。一方で，疑わしい取引を検知するというモデルの使用目的に照らせば，フィルタリング同様に，リスクはHと考えることもできるかもしれない。

　顧客リスク格付は，格付ロジック次第であり，複雑性としてのリスク評価はLからHまであると考えられる。一方で，顧客のリスクを評価するというモデルの使用目的に照らせば，フィルタリングや取引モニタリング同様に，リスク評価はHと考えることもできるかもしれない。

　上記は純粋なモデル（計算や処理）の複雑性という観点から評価を検討したものであるが，AMLモデルは他のモデルよりも，使用するデータの種類が多く，かつ，そのデータのサイズがかなり大きいことから，データのハンドリングやデータのマッピングといった前処理の複雑性を内包している。こうしたことから，リスク評価は複雑性の観点でHと考えることができるかもしれない。

③　実務上の対応

　このような流れに沿ってリスク格付を検討すると，おおよそ，AMLモデルの総合的なリスク格付は，H格またはM格と評価されると考えられる。なお，AMLモデルの管理で先を行く海外のグローバル金融機関でも，H格またはM格の評価としている例がみられる。

第 2 節　モデル開発：第1線

（1）所管部門

①　モデル開発者

　AMLモデルに係るモデル開発の業務要件定義においては，金融機関のAML所管部門（コンプライアンス部やリスク管理部AML担当チーム等）が中心と

なるが，システム設計やシステム開発のフェーズになるとシステム部門や外部
ベンダーが中心となることが多い。以上を踏まえると，全体としてのモデル開
発者は，AML所管部門が担うことが多いと考えられる（**図表6－9**）。

図表6－9　AMLモデルの主体

開発形態	開発フェーズ	作業主体（○がメイン，△がサブ）		
		AML所管部門	システム部門	ベンダー
自社開発モデル	業務要件定義等	○	△	
	システム設計，開発	△	○	
ベンダー・モデル	業務要件定義等	○		△
	システム設計，開発	△	△	○

②　モデル使用者

　AMLモデルの使用者はAML所管部門のほかに，フィルタリングを使用する
営業店も含めることが考えられる。

③　モデル・オーナー

　モデル・オーナーはモデル開発とモデル使用の両方に責任を持つポジション
であることから，AML所管部門の管理職や責任者がこれに相当すると考えら
れる。

④　実務上の対応

　既述のとおり，モデル開発者とモデル使用者が同一のAML所管部門になる
ことがほとんどであると思われる。また，第4章や第5章で述べたとおり，日
本の金融機関では明確にモデル・オーナーが設定されていないことが多いと思
われる。日本ではそもそもモデル・リスク管理という概念が十分に浸透してお
らず，ましてや，AMLモデルの管理がモデル・リスク管理の中で行われてな
いという点でやむを得ない。実務上の対応としては，モデル・オーナーが設定
されていないことを踏まえて，モデル開発者やモデル使用者がモデル・オー

ナーを兼務することが考えられる。

⑤　目指すべき態勢

　この点も第4章や第5章と同様であるが，AMLモデルに対しても，モデル・リスク管理の枠組みで管理する以上，明確にモデル・オーナーを設定すべきであり，まずはAML所管部門の責任者が適当と思われる。AMLに関しては，モデル開発者やモデル使用者もAML所管部門であることがほとんどであるため，他に選択肢はないものと考える。

　その上で，第1線でリスク・オーナーシップを醸成する観点から，モデル開発者と使用者を区分することも考えられる。AMLモデルの場合は，AML所管部門において，モデル開発者とモデル使用者を分けることが現実的な対応になると考えられる。いずれにせよ，モデル使用者が客観的な目線でモデルの潜在的な問題を検知し，モデル開発者やモデル・オーナーに報告しやすい態勢を意識することが重要である。

（2）モデル記述書

　次に，AMLモデルを開発する際に，モデル開発者はモデル記述書にどのような項目を記載すべきかを解説する。主に，①データ，②手法，③モデル・テスト，④実装，⑤ガバナンスの5点に焦点を当てて解説する点は，第4章や第5章と同様である。

①　データ

　AMLモデルは，ベンダーシステム，自社開発システムのいずれにおいても，通常のシステム開発プロセスの中で業務要件およびシステム要件が決定され，導入されるものと考えられる。AMLモデルのインプットデータは，そのほとんどが社内の顧客属性情報および取引情報等に関連するデータとなっており，これらのデータは，商品取引によりそれぞれ異なるかたちで，異なる上流システムに格納されている。そのため，システム設計書では，上流システムから始まるデータフロー，AMLモデルにおける処理プロセス，さらに，後続のデー

タフローにおける，顧客／口座のマスターテーブルおよび取引データ等のデータを幅広く定義することになる。具体的には，**図表6−10**のような内容で，システム設計書は構成されていると考えられる。

図表6−10　システム開発における要件の例

機能要件	機能情報関連図等
	業務フロー
	業務要件定義
データに係る機能要件	ER図（Entity Relationship Diagram：データの構造やデータ間の関係性を図示したもの）
	データ項目定義
インターフェース	システム関連図
	インターフェース定義

これに対して，モデル記述書では，モデルのデータ処理の対象となるデータに着目する形で，データフローの概要や，対象となるデータソース，データ項目等をシステム設計書からピックアップして定義することになる。

②　手　　法

モデルの手法について，取引モニタリングを例に解説する。取引モニタリングのモデルは，財務モデルやリスク計測モデルのように，財務会計やファイナンス理論をベースとした評価式によって理論値を推定するものではなく，特定のシナリオに該当する取引を検知するものである。そのため，取引モニタリングのモデルでは，「シナリオ」がモデルのロジックに相当するものと考えられる。ここでは，シナリオの考え方について解説する。

シナリオは，不正を行う者の行動パターンを想定することから検討を始める。金融機関自らのリスク評価結果を踏まえ，リスクが高いと思われる取引や手口を想定して，シナリオを具体的に検討する。検討の際には，リスク評価結果を踏まえることになるため，例えば，以下のような切り口となることが想定される。なお，シナリオの検討にあたっては，不正を行う者の行動パターンだけではなく，被害者となりやすい者の属性も考慮することが重要といえる。

- 商品：預金の入出金，現金の入出金，国内送金，外国送金　等
- 顧客：非居住者，NPO法人，高齢者　等
- 国・地域：送金先の国，送金元の国，ATMの使用地域　等
- 取引：多額の取引，頻度の多い取引，残高照会　等

　シナリオは，上記のような観点からゼロベースで検討するものもあるが，多くの金融機関は前述のとおり，ウタトリ参考事例やNRAを参考にしている。金融機関はこれらを参考にしつつ，自社の業務特性およびリスクが高いと評価された商品や顧客等を考慮して，具体的にシナリオを検討していく。

　ウタトリ参考事例は，業態別（預金取扱等金融機関，保険会社，金融商品取引業者および暗号資産交換業者）に公表されており，例えば，預金取扱等金融機関における疑わしい取引の事例は**図表6－11**のタイプに分類している。

図表6－11　疑わしい取引の参考事例の概要

	タイプ	概要
1	現金の使用形態に着目した事例	多額の現金の入出金，短期間における頻繁な取引，多量の小額通貨による入金／両替　等
2	真の口座保有者を隠匿している可能性に着目した事例	架空名義／借名口座である疑いが生じた口座による入出金，実態の疑義がある法人の口座による入出金，名義・住所ともに異なる顧客からの同一のIPアドレスからアクセスされている取引　等
3	口座の利用形態に着目した事例	口座開設後に短期間で多額または頻繁な入出金が行われ，その後に解約または取引が休止した口座の取引，多額の入出金が頻繁に行われる口座の取引，多数の者に頻繁に送金を行う口座に係る取引　等
4	債券等の売買の形態に着目した事例	大量の債券等を持ち込み，現金受渡しを条件とする売却取引，第三者振出しの小切手または第三者からの送金により債券等の売買の決済が行われた取引　等
5	保護預り・貸金庫に着目した事例	頻繁な貸金庫の利用　等
6	外国との取引に着目した事例	他国（国内非居住者を含む）への送金にあたり虚偽の疑いがある情報または不明瞭な情報を提供する顧客の取引，短期間のうちに頻繁に行われる他国への送金かつ送金総額が多額にわたる取引，経済合理性のない目的のために

		他国へ多額の送金を行う取引，経済合理性のない多額の送金を他国から受ける取引，多額の旅行小切手または送金小切手を頻繁に作成または使用する取引　等

（出典）金融庁「疑わしい取引の参考事例」より筆者作成

　なお，シナリオの具体的な内容を決めた後には，どのような背景，目的，根拠等でそのシナリオを設定したのか，文書化が必要となる。後述のチューニング（モデルのパラメーターの調整）においては，ここでの文書の内容も踏まえて各種シナリオの調整を検討することになる。

　システム設計書上は，シナリオの内容が定義されるものの，上記のようなシナリオ設定の背景，目的，根拠等は，記載するものではないため，これらの内容は，モデル記述書に記載する事項となる。

③　モデル・テスト

　モデル・テストは，「開発したモデルが期待したとおりに機能するか，機能が低下する場合はどのような状況なのか，モデルの弱点や限界は何か」といった観点から，モデルのパフォーマンスを確認する重要な工程である。

　AMLモデルについては，開発時のモデル・テストはシステム開発とセットになることが多いことから，モデル・テスト単体を実施するのではなく，通常のシステム・テスト，すなわち，単体テスト（単一のプログラムに対するテスト），結合テスト（単体テストを実施したプログラムを組み合わせて確認するテスト），システム・テスト（システム全体を総合的に確認するテスト），UAT等を実施する中に組み込まれることになる。

　モデルに関連する部分としては，UAT等において，要件どおりにモデルが機能することを確認するテストと，モデルのパラメーターの閾値のチューニングがメインとなる。チューニングについては，AMLモデルの管理で特に重要になるため，第4節の「期中管理」で詳しく解説する。

④　実　装

　実装の詳細はシステム仕様書に定めることになるため，モデル記述書には

AMLモデルのシステム名称と，必要に応じて参考となる簡単なシステム構成等を記載することになる。

⑤　ガバナンス

AMLモデルのモデル・リスク管理を機能させるためにも，その基盤となるガバナンスが必要となる。一方で，前述のとおり，AMLモデルは，一連の業務プロセスの中の1つの機能として組み込まれており，モデルの弱点や限界およびそれらの低減策を含む，AMLモデルのアウトプットの取扱いについても，当該業務プロセスに係る方針や手続の中で規定されているものと考えられる。そのため，モデル・リスク管理の観点からは，モデル・リスク管理に係る組織態勢や，後述するAMLモデルに係る継続モニタリング方針について，明確にしておくことが望ましい。

第 3 節　導入時モデル検証：第2線

（1）所管部門

①　モデル・リスク管理部門とモデル検証者

AMLモデルについて，日本の金融機関では，海外のグローバル金融機関のような独立したモデル・リスク管理部門を設置し，それぞれのモデルの専門家を配置することは困難であることが多く，この点は他の個別モデルと同様である。また，リスク管理部門にモデル・リスク管理に係る機能を設定したとしても，AMLモデルに係る専門家を当該リスク管理部門に配置することまでは難しいと想定される。そのため，AMLモデルの検証者を当該リスク管理部門の担当者が担うとしても，実質的には，検証に係る方針や手続の策定，モデル検証の実施は，AML所管部門から割り当てることが想定される。

②　実務上の対応

前述のとおり，形式的には，第1線（AML所管部門）と独立した第2線（リ

スク管理部門）を設置可能ではあるものの，専門性の観点からは，第1線に依拠せざるを得ない面があるため，独立性の課題が残る。この点に関しては，将来的には第2線にAMLモデルの専門家を配置することが期待されるが，当面の対応としては，独立性を確保した検証を行うために，外部の第三者による検証を活用する対応も考えられる。

③　目指すべき態勢

　実務上の対応で述べた点と重なる部分はあるが，モデル検証に際して，モデル開発者である第1線のAML所管部門のリソースに依存せざるを得ない面がある。この点は，**図表6－12**のとおり，第5章で取り上げた気候変動リスクモデルと同じく，同一の部門がモデル開発と検証を同時に担うことになりがちである。その場合，モデル開発と検証における独立性に加えて，レポーティンググラインも同一になるという論点も生じてしまう。

　当面はAML所管部門がモデル開発と検証を担うとしても，スタッフやチームを別々にすることや第1線と第2線のレポーティンググラインを分離することが必要になる。次の対応としては，ECLモデルや気候変動リスクモデルのように，第2線機能を担うリスク管理部門が，AMLモデルの第2線機能を担うことが考えられる。

図表6－12　各モデルで想定される代表的な主体

モデル	第1線	第2線
ECLモデル	信用リスク管理部門	リスク管理部門
気候変動リスクモデル	リスク管理部門	リスク管理部門
AMLモデル	AML所管部門	AML所管部門

　しかし中長期的には，特にG-SIBsやD-SIBsの金融機関では，リスク管理部門以外にモデル・リスク管理部門を新たに設置するか，リスク管理部門に相応の規模のモデル・リスク管理チームを設置し，当該部門・チームがAMLモデルの第2線機能も担うことが望ましい。

（2）検証報告書

　AMLモデルでは，モデル導入時（大抵はシステム導入時に相当）において，第2線がゼロベースで検証を行うことは難しいため，第1線のモデル開発結果を確認する形式でモデル検証を行うことが考えられる。また，開発結果を確認する際には，第1線のモデル開発結果に対する第2線としての検証方法やスコープ等については，あらかじめ第1線と第2線の間で合意を得ておくことが望ましい。そのようにすれば，第2線として期待するモデル開発の内容や期待値を第1線が満たしているかといった視点で，モデル検証を行うことができる。

　ただし，あくまで第2線は客観的な評価を行うことが求められるため，過度に第1線の意見等に影響されてはならない点は，他の個別モデルと同様である。

　以下では，第2線によるモデル検証の主な視点を述べる。

①　データの評価
- AMLモデルに必要となるデータは定義されているか
- システムのテストの中でETL（Extract, Transform, Load, 以下「ETL」という）プロセスに係る部分がカバーされているか

②　手法の評価
- 当局のガイダンス等で当該モデルに関連する内容（例えば具体的な手法や閾値等）が提示されている場合，モデルに反映しているか
- AML業務におけるリスク評価でリスクが高いとされている商品や顧客タイプ等をモデルに反映しているか
- モデルのロジックは文書化しているか（モデルの背景や考え方等を含む）

③　モデル・テストの評価
- モデルが仕様書どおりに機能することをテストしているか
- 発見された不備事項等について修正対応を行っているか
- ベンダー・モデルを導入する場合においても，モデルのパラメーターに係る閾値のチューニングを実施しているか

- チューニングにより設定したパラメーターの閾値の根拠を明確にしているか

④　実装の評価
- UATの内容に不足部分がないか
- UAT等で発見された不備事項等について，修正を行っているか

⑤　ガバナンスの評価
- AMLモデルのモデル・リスク管理に係る規程類を整備しているか
- AMLモデルのモデル・リスク管理に係る態勢（モデルの限界や弱点に関するリスク低減措置やバックアッププランの設定等）を整備しているか
- 継続モニタリングの方針に問題はないか

第 4 節　期中管理

（1）継続モニタリング：第1線

①　実施部門
　モデル・リスク管理上，継続モニタリングは第1線が実施する事項であるため，AMLモデルにおいてはAML所管部門が担う。

②　継続モニタリングの視点
　AMLモデルの継続モニタリングでは，モデルのチューニングがメインとなる。ここでは取引モニタリングを例に，チューニングについて解説する。
（a）チューニング
　取引モニタリングでは，シナリオのパラメーターの閾値の調整を行うことをチューニングと呼ぶ。なお，パラメーターとは，例えば，現金〇万円以上の出金というシナリオであれば，現金出金額のように調整することができる要素をパラメーターという。

　チューニングにより，モデルによる検知に漏れがないように改善させるとともに，誤検知の抑制による取引モニタリング・プロセスの効率性を向上させることが期待される。

　取引モニタリングにおけるモデルの検知結果は，**図表6－13**の4つのタイプに分類することができる。

図表6－13　モデルの検知結果のタイプ

		モデルによる疑わしい取引の検知	
		Positive	Negative
実際の取引内容	疑わしい取引である	True positive	False negative
	疑わしい取引ではない	False positive	True negative

False positive（偽陽性）：疑わしい取引の可能性があるとして検知されたが，実際には疑わしい取引ではなかった

False negative（偽陰性）：疑わしい取引の可能性がないとして検知されなかったが，実際には疑わしい取引である

True positive（真陽性）：疑わしい取引の可能性があるとして検知されて，実際に疑わしい取引であった

True negative（真陰性）：疑わしい取引の可能性がないとして検知されず，実際に疑わしい取引ではなかった

　上記では，モデルの判定結果のFalseかTrueの基準を疑わしい取引として整理しているが，疑わしい取引そのものではなく，アラートが発生した取引の中から，一定の基準で疑わしい取引の候補として抽出された取引（いわゆるケース分析を行う対象）とする考え方もある。

　チューニングではFalse positiveが増えないように，かつFalse negativeが発生しないように，パラメーターの閾値の調整を行うことを目指す。False positiveが多く発生することは，単にモデルのパフォーマンスが低いということのみならず，検知後に疑わしい取引の有無を精査するプロセスの工数を増加させる要因となる。例えば，False positiveの割合が90％程度の場合，アラート発生後の精査プロセスに要する時間のうち9割ほどが，問題のない取引の確認に費やされたことになる。

(b) 実施頻度

チューニングは継続的に行うものであり，高い頻度で実施することが望ましいが，実際にはチューニング作業やその後のシステム調整に時間を要すること，また，新規のデータがある程度収集されるまでに要する期間等を考慮すると，6か月，少なくとも12か月程度の間隔で実施するのがよいだろう。

(c) 現状分析

チューニングの前に，現状の検知状況について分析を行うことが重要である。取引モニタリングに係るアラートの発生状況および疑わしい取引の届出状況等のヒストリカルデータを使用して，平均的な水準，平均からの乖離度合，季節性，顧客セグメント別の特徴等を分析し，現状の課題を確認する。以下は課題の例である。

- 疑わしい取引の数に比較して，アラート数が多いシナリオがある
- アラート数がほとんど発生していないシナリオがある

また，上記のような定量的な分析に加えて，チューニングに関連しそうな次のような定性的な情報も取得しておく。

- 1次レビュー／2次レビューで確認された疑わしい取引の特徴（特定の顧客層に偏っている等）
- 全社的なリスク評価等の結果，新たに取引モニタリングの対象とすることが望ましい事象
- 当局からの取引モニタリングに係る追加的ガイダンス

現状分析の結果，False positiveの割合が著しく高い場合は，不必要な取引までアラートを出している可能性があるため，チューニングではアラートを減らす方向に閾値を見直すことができないかを検討することになる。True positiveの割合が高い場合は，まだ検出されていない疑わしい取引（False negative）があるかもしれないので，アラートを増やす方向に閾値を見直すことも検討してよいだろう。また，疑わしい取引の検出率等の時系列データの推移について，ピークが複数あるような場合は，当該ピークを形成する複数の顧客グループが存在する可能性も考えられるため，検知を顧客グループで分けるような見直しも考えられるだろう。

(d) Above-the-Line-Testing

　チューニングの手法の１つに，Above-the-Line-Testing（以下「ALT」とい
う）がある。ALTは，True positiveを維持しつつ，False positiveが減るよう
に，シナリオのパラメーターの閾値を高くする方向に変化させて，最適な閾値
を分析する方法である。

図表6−14　疑わしい取引の状況のイメージ①

パラメーターの値	取引数	疑わしい取引の数	取引数の累積値
150	3	2	3
140	5	3	8
130	12	5	20
120	15		35
110	25		60
100	40		100

　図表6−14は，あるシナリオにおける疑わしい取引の発生状況のイメージ
であり，現状の閾値（＝パラメーターの値）は100に設定している。パラメー
ターの値が100以上の取引に対してアラートを発生させるルールであり，現状
はアラート数（取引数の累積値）が100件発生し，そのうち疑わしい取引の数
は10件（＝2＋3＋5）である。疑わしい取引の分布のうち，パラメーターの
値が最も低いところである130に閾値をシフトさせると，疑わしい取引の捕捉
する数は10件のままでアラート数は20件まで削減できる。しかし，ヒストリカ
ルデータの状況等から，疑わしい取引の発生状況を分析するとパラメーターが
130を下回ることも確認される場合は，ブレの程度を考慮の上，閾値を決定す
ることになる。例えば，ブレの程度が20であれば，130−20=110を閾値とする。

(e) Below-the-Line-Testing

　Below-the-Line-Testing（以下「BLT」という）は，False positiveが著しく
増加しないようにしつつ，True positiveを増やすように，パラメーターの閾
値を低くする方向に変化させて，最適な閾値を分析する方法である。ALTは，
特にFalse positiveが多いときに有効な手法であるが，BLTはTrue positiveが

ゼロまたはほとんど発生していないときに有効な手法である。また，True positiveの分布が，過去の状況から下方に移動してきており，False negative が潜在する可能性が高まっているときにも，有効な手法と考えられる。

図表6－15　疑わしい取引の状況のイメージ②

パラメーターの値	取引数	疑わしい取引の数	取引数の累積値
100	40	1	40
90	25	?	?
80	15	?	?
70	12	?	?
60	5	?	?
50	3	?	?

　図表6－15のシナリオでは，現状の閾値は100に設定している。閾値を下げながらアラート数や疑わしい取引の数の変化を把握して，最適な閾値を決めることになるが，パラメーターの値が現状の閾値より下のときの疑わしい取引は未知のため，追加で疑わしい取引を確認する作業が必要である。また，閾値をどこまで下げようと，False negativeの可能性をゼロとすることはできないので，ある程度，エキスパート・ジャッジで閾値を下げるレンジを決めてその範囲で閾値を検討するか，もしくは，そもそもシナリオ自体が疑わしい取引の検知を行うためのシナリオとして適合しなくなっているとして，シナリオの見直しを検討することもあるだろう。

　(f)　まとめ

　以上，ALTとBLTの考え方を簡単に説明したが，実際には複数のパラメーターを設定しているシナリオもあり，分析は複雑なものとなる。複数のパラメーターを同時にシフトさせるようなテストも有効であるが，人的および時間的リソースの制約もあることから，定性的な判断により感応度が高そうなパラメーターを検討の上，当該パラメーターを対象にテストを行う対応も考えられる。

③　結果報告と第2線のレビュー

　第1線が実施する継続モニタリングの結果は，モデル・オーナーを通じて第2線に報告することが想定される。第1線は主に，モデルのパフォーマンスに変化がないか，モデルの前提条件に変化はないかといった点を中心に，リスク格付に定められた頻度に沿ってモニタリングを行い，結果を第2線に報告する。

　第2線は，特にモデルのパフォーマンスに変化がないか（第1線の評価は適切か），運用面において問題は生じていないか，または問題があっても適切な対応策が示されているかなどを確認し，問題がなければモデルの継続使用許可をモデル・オーナーに伝達し，モデル・オーナーがモデル開発者や使用者に共有する。第2線が何か問題を把握した場合には，モデルの一時使用停止やモデル検証を実施の上で追加的な制約を付したり，モデルの再開発を第1線に指示するなどの対応が想定される。

（2）期中のモデル検証：第2線

①　定期的再検証

　第2線による定期的再検証では，第1線の継続モニタリングの評価も行うが，主に次の事項が評価対象になる。

- データの適切性
- システム実装の正確性

(a) データの適切性に係る検証

　AMLモデルは他のモデルに比べて，使用するデータの種類が多いため，データとモデルのマッピングが複雑である。また，顧客関連データ等が対象となるため，データのサイズが大きく，データのハンドリングの難易度も高い。そのため，AMLモデルの検証において，データの検証の重要度は高い。

　AMLモデルはAMLシステムとセットになることから，データを考える上では，図表6−16のETLプロセスが欠かせない。

図表6−16 ETLの概要

プロセス	概要
Extract	AMLシステムの処理に必要なデータを他システム等から取得する
Transform	AMLシステムの仕様に合うように，データの形式変更，加工，削除，等の処理を行う
Load	バッチ処理により定められたテーブルにデータを格納する

データの検証では，以下のような観点から検証を行う。

- データソースは特定されているか
- データは仕様どおりに変換されているか
- データのマッピングは適切であるか
- データは完全性が確保されているか
- インターフェースは正確か

(b) システム実装の正確性に係る検証

　モデルがシステム設計書の仕様どおりにシステムに実装されているかは，システム開発時のUAT等において検証するが，モデル導入当時は重要ではなかったため検証していない部分や，新しい商品の取扱いによるデータの追加，稼働後の様々な設定変更の影響により，仕様どおりに処理が行われていない可能性がある。日々のモニタリングや前述のチューニングの中で，ある程度の不具合等は発見されることがあるため，高い頻度で検証を行う必要はないものの，数年に一度の頻度で定期的にシステム実装の正確性を確認することが望ましい。検証対象としては，上記のようなデータの追加や設定変更箇所に加えて，上流システムの変更や連携されるデータ量に変化があった場合のデータ連携箇所が想定されるが，それ以外には，重要な処理を実施している箇所も継続して実施することが想定される。なお，AMLモデルは，リスクが比較的高いモデルであることが多いため，実務上，より頻度の高い見直しが求められるシナリオや閾値のチューニング以外は，2〜3年に一度の頻度で定期的な再検証が求められる。この頻度に合わせて，システム実装の正確性を確認することは一案だろう。

　また，AMLモデルは複数のモデルがあることから，ある年は取引モニタリ

ング・モデルの検証を，翌年はフィルタリング・モデルの検証を，といった具合にローテーションで検証を行うような対応も考えられる。

②　モデル変更時の検証

モデルの定期的再検証は，リスク格付に応じて決められた頻度に沿って実施することになるが，その決められた頻度を待たずしてモデル検証が必要になる場合も考えられる。

モデルのパフォーマンス劣化や外部環境の変化には，第1線がいち早く検知できると思われるため，第1線内（特にモデル・オーナーへ）の周知徹底や第2線に報告を迅速に行うことのできる仕組みを整備することが重要になる。

第 5 節　その他の論点

（1）金融庁の考え方

ここでは，金融庁のAMLモデルのモデル・リスク管理に係る監督上の目線について解説する。金融庁原則については，パブリックコメントとそれに対する金融庁の考え方をまとめた「コメントの概要及びコメントに対する金融庁の考え方」が公表されており，これが参考になる。AMLモデルについては，図表6－17のとおり考え方が示されている。

図表6－17　AMLモデルに関する金融庁の考え方

No.	コメント	金融庁の考え方
18	原則の中には，管理対象モデルの例としてマネロンモデルが挙げられています。マネロンのモデルリスク管理は，業界全体として，貴庁も主	金融機関がマネロン等対策に用いる IT システム及びデータベースについて，本原則におけるモデル・リスク管理の対象となり得ることは，ご指摘のとおりです。その上で，金融庁としては，「マネー・ローンダリング及びテロ資金供与対策に関するガイドライン」のⅡ－2（3）（ⅵ）及び（ⅶ）において，【対応が求めら

体的に関与していく
べきものではないで
しょうか？もしそう
であるならば，どの
ようにモデルリスク
管理を行なっていく
のか，本原則の施行
日までに，本原則に
沿った形での情報提
供をお願いします。

れる事項】として以下のとおり規定済です。

　金融庁は，引き続き，マネロン等対策における IT
システム及びデータベースのモデル・リスク管理の高
度化に向けて，業界団体等とも連携し，適切な対応を
行ってまいります。

Ⅱ－2（3）（ⅵ）ITシステムの活用（抜粋）
【対応が求められる事項】
① 　自らの業務規模・特性等に応じたITシステムの早
　期導入の必要性を検討し，システム対応については，
　後記②から⑤の事項を実施すること
② 　経営陣は，マネロン・テロ資金供与のリスク管理
　に係る業務負担を分析し，より効率的効果的かつ迅
　速に行うために，ITシステムの活用の可能性を検討
　すること
③ 　マネロン・テロ資金供与対策に係るITシステムの
　導入に当たっては，<u>ITシステムの設計・運用等が，</u>
　<u>マネロン・テロ資金供与リスクの動向に的確に対応</u>
　<u>し，自らが行うリスク管理に見合ったものとなって</u>
　<u>いるか検証するとともに，導入後も定期的に検証し，</u>
　<u>検証結果を踏まえて必要に応じ改善を図ること</u>
④ 　<u>内部・外部監査等の独立した検証プロセスを通じ，</u>
　<u>ITシステムの有効性を検証すること</u>
⑤ 　外部委託する場合や共同システムを利用する場合
　であっても，自らの取引の特徴やそれに伴うリスク
　等について分析を行い，必要に応じ，独自の追加的
　対応の検討等を行うこと
Ⅱ－2（3）（ⅶ）データ管理（データ・ガバナンス）
（抜粋）
【対応が求められる事項】
① 　確認記録・取引記録等について正確に記録するほ
　か，IT システムを有効に活用する前提として，デー
　タを正確に把握・蓄積し，分析可能な形で整理する
　など，データの適切な管理を行うこと
② 　<u>ITシステムに用いられる顧客情報，確認記録・取</u>
　<u>引記録等のデータについては，網羅性・正確性の観</u>
　<u>点で適切なデータが活用されているかを定期的に検</u>
　<u>証すること</u>

| | | ③　確認記録・取引記録のほか，リスクの評価や低減措置の実効性の検証等に用いることが可能な，以下を含む情報を把握・蓄積し，これらを分析可能な形で整理するなど適切な管理を行い，必要に応じて当局等に提出できる態勢としておくこと
イ．疑わしい取引の届出件数（国・地域別，顧客属性別等の内訳）
ロ．内部監査や研修等（関係する資格の取得状況を含む。）の実施状況
ハ．マネロン・テロ資金供与リスク管理についての経営陣への報告や，必要に応じた経営陣の議論の状況 |

（出典）金融庁「コメントの概要及びコメントに対する金融庁の考え方」より抜粋
（注）下線は筆者が付している。

　図表6-17の内容を解釈すると，金融機関に対応を求める事項としては，従来からマネロンガイドラインで求められているITシステムおよびデータに係る管理である。一方で，一般的なモデル・リスク管理においては，ITシステムおよびデータに係る内容を全て網羅するものではない。そのため，AML領域においては，マネロンガイドラインにおいて求められる事項と金融機関におけるAMLモデルに係るモデル・リスク管理の差分があるのであれば，本章等を参考に，その差分を補完する対応の検討が重要になる点には留意が必要である。

（2）システム共同化

　金融機関の間では，AMLシステムを金融機関自身が保持せず，システム開発／管理会社等の第三者が開発・管理する共同システムの利用が進んでいる。この場合におけるモデル・リスク管理は，第2章第5節（7）「原則7-ベンダー・モデル及び外部リソースの活用」で記載しているとおりであり，金融機関のモデル・リスク管理態勢のもとで位置付け，リスクを管理する必要があると考えられる。そのため，可能な範囲で，次のような対応を行うことが望まし

い。

- モデルのロジック文書を取得する
- システム構成図を取得する
- システム開発時のUATを含めたシステム・テスト報告書を取得する
- 直近のシステム仕様に係る変更情報を確認する
- システム開発／管理会社による定期的な検証内容とその直近の結果を確認する
- 上記を踏まえて，システム開発／管理会社に不明点等を照会する
- 自社で検証が可能な範囲については，独自に検証を実施する

（3）内部監査の役割

　内部監査では，AMLモデルのリスク管理に係る規程類の整備状況の確認や，第1線と第2線のモデル・リスク管理に係る実施態勢および実施状況をレビューすることが基本となる。

　実際には，モデル・リスク管理に限定せずに，AMLシステムを対象として，IT全般統制（ユーザーID，権限チェック，ベンダーシステムの契約等），インターフェース，シナリオ設定の正確性，対象取引に漏れはないか等を確認するような対応も考えられる。

第 6 節　今後の注目点

　本章では，AMLモデルのモデル・リスク管理について，従来からある基本的なAMLシステムを想定して解説を行った。実際には，AI／ML等の先進的な手法を，様々なプロセスやAMLモデルを含むシステムに導入している金融機関も増えつつある。そのため，今後はこのような手法等についても，モデル・リスク管理の対象に含めていくことが重要になる。

　なお，AMLの分野において，今後の活用が特に期待される事項としては，以下のような論点が挙げられる。

- RPA（Robotic Process Automation）のさらなる活用による事務効率性の向上
- OCRによる文書のスクリーニングによる事務効率性の向上
- AI／MLによる取引モニタリングの検知手法の高度化
- 不正情報のビッグデータを用いた取引モニタリングの検知の向上
- 自然言語処理を応用したスクリーニングの精度の向上
- ブロックチェーンによるKYCの強化
- 生体認証によるKYC

（執筆）守谷　嘉洋，丹羽　徹

応用編

第7章

AI（人工知能）／ML（機械学習）

第 1 節　本章の目的

　第4章から第6章では予想信用損失モデルや気候変動リスクモデル，AML
モデルを例に，個別モデルを取り上げてモデル・リスク管理上の具体的な取扱
いや留意点を解説した。本章では，近年急速に発展が進むAI（人工知能）や
ML（機械学習）について紹介する。

　2022年11月にChatGPT[※]が公表されて以降，従来では適用が難しかった領
域にもAIの活用が進んでいる。一方で，AIに付随する様々なリスクも議論さ
れている。本章ではまずAIの基本的な概念や動向を説明した後に，国内外の
AIに関する規制（ガイドライン）を解説する。AIについては数多くの国や地
域で規制が検討されているが，本章では主要国・地域である，欧州と米国，中
国のガイドラインを取り上げる。日本については，内閣府が定める「人間中心
のAI社会原則」と2024年4月に総務省および経済産業省が公表した「AI事業
者ガイドライン（第1.0版）」について解説する。これらの規制動向等を踏まえ
た上で，あらためてAIを活用したモデル（以下「AIモデル」という）の特徴
を説明し，AIモデルの管理の視点を紹介し，金融庁原則との関係について簡
単に触れる。最後に，今後の注目点についてもまとめておく。

　（※）　ChatGPTはOpenAI社の商標である。

第 2 節　AIの概念整理

　AIという言葉の明確な定義は存在しない。そのため，受け手によっては様々
な意味でAIという言葉が使われることがある。東京大学大学院の松尾豊教授
は，書籍『人工知能は人間を超えるか　ディープラーニングの先にあるもの』
（KADOKAWA）の中でAIの定義を「人工的につくられた人間のような知能，
ないしはそれをつくる技術」としているが，AIという言葉自体は，広い意味
を持ち得る点に留意する必要がある。

　最初にAIやML，DL（深層学習）の概念を整理する（**図表7-1**）。まずAI

は，人間の思考プロセスと同じようなかたちで動作するプログラム全般を指す。MLは人間がルールを定めるのではなく，入力されたデータからパターンやルールを発見する。作成されたモデルに新たなデータを当てはめることで，新たなデータに関して分類や予測などを行うことができる手法である。人間がルールを定めるのではなく，MLのアルゴリズムが，データからパターンやルールを発見することができる点がポイントである。MLが登場する前は，人間がルールを定めてデータの分類などを行っていたため，複雑な事象に当てはめた場合，ルールが複雑になりすぎてルール間で矛盾が生じたり，ルールの変更やメンテナンスが困難になってしまうため，ビジネスへの活用に限界が生じていた。しかしMLの登場により，入力されたデータからアルゴリズムが自動でルールを発見できるようになったため，複雑な事象でもビジネスに活用できるアウトプットが得られることが大きな前進であった。

図表7−1　人工知能・機械学習・深層学習の関係

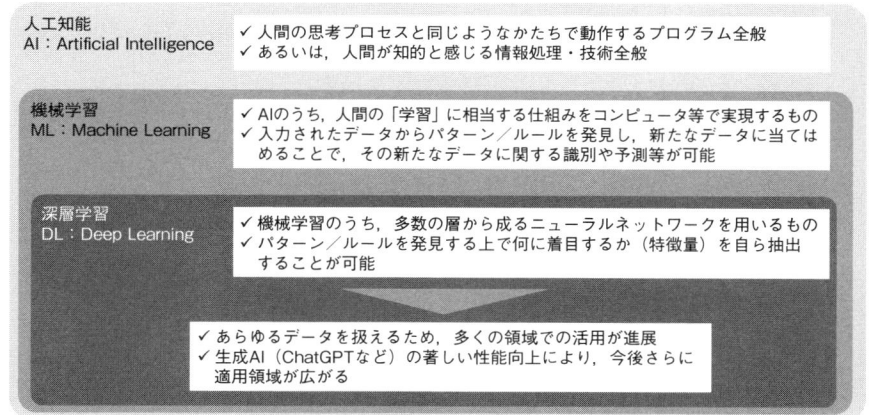

（出典）総務省「令和元年版 情報通信白書」より筆者作成

　MLの一種として，多数の層から成るニューラルネットワークを用いるDLが登場した。DLは，2012年に開催された世界的な画像認識のコンペティションである「ILSVRC（ImageNet Large Scale Visual Recognition Challenge）2012」

において圧倒的な正解率で優勝したことをきっかけに広まったものである。この時に優勝したチームを率いたのが，カナダのトロント大学のジェフリー・ヒントン氏である。彼のチームはGoogleなどに引き抜かれ，AIの発展を今もリードする人材を輩出しているといわれている。この出来事を機に，自然言語や画像，動画などの領域においてDLが適用され，従来は正確性などに問題があったような翻訳や物体検知などが高精度で実現可能となり，自動車の運転支援システムや翻訳サービスなどにもDLが適用されるようになった。

　さらに，2022年11月にOpenAIが公表したChatGPTという生成AIの登場により，AIが劇的に進化した。生成AIもDLの一種であり，Transformerという自然言語処理におけるDLの一種を多層に重ね合わせた構造を有しているものである。この生成AIの登場により，高精度な翻訳や文書の要約，各種問い合わせの自動応答，複雑なレポートの自動作成等が実務で利用されつつある。さらに，テキスト情報だけでなく音声や画像も認識できる生成AIが登場しており，今後さらなる進化を遂げることに疑いの余地はないだろう。

第 3 節　AIに係る国内外のガイドライン

（1）ガイドライン公表の背景

　上記のとおり，AIは従来では適用が難しかった領域への活用も進んでいる一方，AIに付随する新たなリスクも浮上している。例えば，爆発的に活用されている生成AIでは，主なリスクとして以下のような点が挙げられている。

- ハルシネーション（幻覚）：生成AIが事実とは異なる不正確な出力を生成するリスク
- 説明責任：生成AIのアルゴリズムがブラックボックスのため，どのような処理で出力がなされたのかを説明することが困難であり，生成AIを用いて各種サービスを提供している企業として説明責任を果たせないリスク
- 追跡可能性・監査可能性：同じプロンプトでも異なる出力がなされるので，再現性が担保できず，生成AIからの出力結果に対して事後的に追跡した

り，監査することができないリスク

　各国・地域では，AIに付随する様々なリスクをどのように管理すべきか議論が活発化しており，規制（ガイダンス）が政府等から公表されている。本節では，AIにはどのようなリスクがあるのか，それらのリスクをどのように管理すべきなのか，AIを安全に利用するにはどのような点に留意すればよいのかといった点について，国内外のAIに係るガイドラインを詳しくみていきたい。

（2）欧州連合のAI規制

①　これまでの流れ

　欧州連合は，世界の中でも比較的早い段階でAI規制に取り組んだ地域である。2016年 4 月，欧州議会法務委員会主催でロボット・AIの法的・倫理的問題に関する公聴会が開かれ，その翌年には，「報告書：ロボティックスにかかる民法規則に関する欧州委員会への提言（REPORT with recommendations to the Commission on Civil Law Rules on Robotics）」が公表され，ロボット・AIと民事責任について言及がなされた。その後，2018年 3 月に欧州委員会科学新技術倫理グループ（EGE）が「AI・ロボティクス・自律システムに関する宣言（European Group on Ethics in Science and New Technologies, Statement on Artificial Intelligence, Robotics and 'Autonomous' Systems）」を公表し，同年 4 月にAI戦略「欧州のAI（Artificial Intelligence for Europe）」が公表された。

　2019年 4 月には，欧州連合が設立したAIハイレベル専門家グループ（HLEG）が「信頼できるAIのための倫理ガイドライン（Ethics guidelines for trustworthy AI）」を公表し，2020年 7 月にガイドラインのアセスメントリストの改訂版を公表した。それと同時に，2020年 2 月に欧州連合は「AI白書：卓越性と信頼に向けた欧州のアプローチ（White Paper on Artificial Intelligence: a European approach to excellence and trust）」と「欧州データ戦略（A European strategy for data）」を公表し，欧州が「安全に利用できるAIの世界的リーダーを目指す」という目標を掲げた。この「AI白書」では，AIがもたらすリスクについて，「基本的人権に対するリスク」と「製品安全性と製造物

責任に関連したリスク」の両方があると指摘した。その後，2021年4月に，「AI白書」のフォローアップ文書として「欧州連合AI規制法案（Proposal for a REGULATION OF THE EUROPEAN PARLIAMENT AND OF THE COUNCIL LAYING DOWN HARMONISED RULES ON ARTIFICIAL INTELLIGENCE（ARTIFICIAL INTELLIGENCE ACT）AND AMENDING CERTAIN UNION LEGISLATIVE ACTS）」が公表された。

　「欧州連合AI規制法案」は，包括的に欧州連合内外のAI事業者に対して，AIシステムのリスクによって規制および罰金を設けているため，今も世界的に注目されている法案である。2021年の公表以降検討が続けられ，2023年6月の修正案では，生成AIを念頭に置いた特別な規制が追加された。その後，2023年12月に，欧州連合の理事会と欧州議会が「欧州連合AI規制法案」の内容に基づいた「Artificial Intelligence Act（AI Act）」について暫定的に合意し，2024年5月にAI Actが正式に採択された。AI Actは官報（Official Journal）に公開された時点（2024年7月に公開済）から20日後より段階的に実施され，24か月後にハイリスクAIルール等が適用される予定である。

　以上，欧州連合の規制動向を時系列で示すと，**図表7－2**のとおりになる。

図表7－2　欧州連合のAI規制動向年表

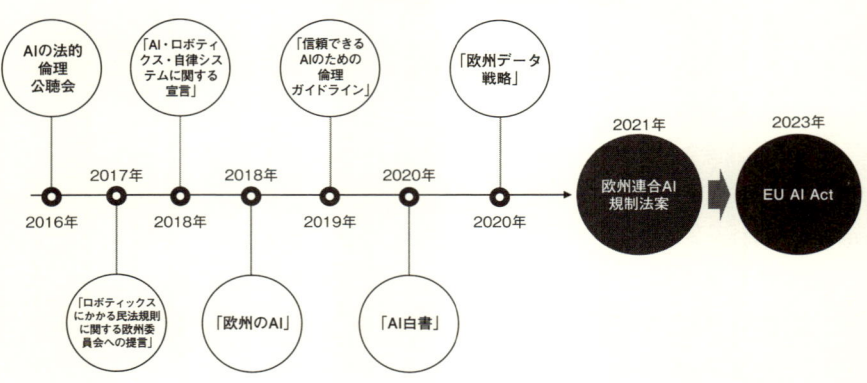

以下では，EU AI Actのポイントについて紹介する。

② EU AI Actのポイント

（a）EU AI Actの目的

EU AI Actの目的は，以下のとおり定められている。

「市場の機能を向上させ，人間中心で信頼性のあるAIの導入を促進する一方，EU域内のAIシステムの有害な影響に対する健康，安全，憲章に明記された基本的権利，民主主義，法の支配，環境などの高い保護水準を確保し，イノベーションを支援すること」

（b）規制の適用区域と適用対象

EU AI Actは幅広くAIのバリューチェーンにおける当事者を対象にしているが，具体的には次の事業者が対象となる。

- 設立先がEU域内であるかどうかにかかわらず，EU域内でAIシステムを市場に提供または使用し，一般的な用途のAIモデルを市場に提供する提供者
- EU域内に所在するAIシステムの導入者
- AIシステムのアウトプットがEU域内で使用されている，EU域外の第三国にいる当該システムの提供者と導入者
- AIシステムの輸入業者および販売業者
- 製品メーカーが，自社の製品と自社名または商標でAIシステムをEU域内の市場に提供または使用する場合
- 設立先がEU域内でないAIシステム提供者の認可された代理人
- EU域内にいる関係者

「提供者（provider）」とは，有償か否かを問わず，自らの名称・商標で上市し，またはサービスに供する目的で，AIシステムを開発し，または開発させる自然人，法人，公的機関，代理店（agency），その他の団体である。

「導入者（deployer）」とは，権限に基づいてAIシステムを使用（個人的な非専門的活動の過程での使用を除く）する自然人，法人，公的機関，代理店，その他の団体である。

「輸入業者（importer）」とは，第三国に所在または設立された自然人・法人の名前，または商標を有するAIシステムを市場に提供するEU域内に所在または設立された自然人・法人を指す。

「販売業者（distributor）」とは，提供者または輸入業者以外のサプライチェーンにおける自然人・法人であり，EU市場でAIシステムを提供するものを指す。

「認可された代理人（authorized representative）」とは，AIシステムの提供者から，書面により，AI法が定める義務や手続を代理して履行，実施する権限を付与されたEU域内の自然人・法人のことである。

上記の適用対象の定義によれば，日本を拠点とする日本企業がEU加盟国にAIシステムを提供する場合も，この法案の規制対象になると考えられる。

(c) 規制対象となる「AIシステム」の定義

規制対象となるAIシステムの定義は，2021年の規制法案の初版では次のようになっている。

- DLを含む教師あり，教師なし，強化学習手法のMLアプローチ
- 知識表現，帰納プログラミング，知識ベース，推論および演繹エンジン，記号推論およびエキスパートシステムを含む論理ベース，知識ベースのアプローチ
- 統計的アプローチ，ベイズ推定，検索および最適化手法

2024年7月に官報で公開されたEU AI Actでは，経済協力開発機構（OECD）のAIシステムの定義に合わせ，AIシステムの定義を「機械に基づいたシステムであり，様々なレベルの自律性で運用され，展開後に適応性を示すものであり，明示的または暗黙的な目的に基づいて，受け取った入力から，予測，コンテンツ，推奨事項，物理的または仮想的な環境に影響を与えることができる決定などの出力を生成する方法を推測するもの」としている。また，生成AIを念頭にした汎用AIモデルについては，（ⅰ）適切な技術ツールや方法論，指標や基準を含む，適切な評価基準に基づいて評価される高い影響力の能力を持つ場合，（ⅱ）Annex XIIIの基準を参照に，（ⅰ）で示された能力や影響力と同等の能力を持つ場合，この（ⅰ）と（ⅱ）の条件のいずれかを満たす場合，システム上リスクを持つ汎用AIとしてみなすべきとして，特別に規制を設けている。

(d) 4段階の規制

EU AI Actでは，AIがもたらし得るリスクの高さに応じて規制を4段階に

分けている（**図表7-3**）。

図表7-3　EU AI ActにおけるAIリスクの分類

規制分類	システム用途	規制レベル
禁止されるAI	➤サブリミナル技術を使用するAIシステム ➤人々の脆弱性を悪用するAIシステム ➤ソーシャルスコアリングと分類AIシステム ➤顔認識データベース作成のためのインターネットや監視カメラ映像からの生体データの無差別収集 ➤プロファイリングによる予測的取締りシステム（ただし，すでに犯罪行為に直接関連する人間の評価をサポートするAIシステムは除く） ➤労働場所や教育機関において，自然人の感情を推測するためのAIシステム ➤自然人の人種，政治的意見，労働組合の所属，宗教的または哲学的信念，性生活または性的指向を推論または推測するための生体情報分類システム（ただし，合法的に取得された生体情報のデータセット（画像など）に基づいたラベリングやフィルタリング，および法執行の範囲内での生体情報のデータの分類は除く） ➤法執行の目的に照らして厳密に必要である場合を除き，公共の場での「リアルタイム」の遠隔生体認証システム	禁止
ハイリスクAI	Annex Iの記載でカバーされる製品およびAnnex III記載の，システムのアウトプットが健康，安全または基本的な権利に対して重大なリスクにつながる可能性がない場合を除いた以下の範囲のもの。 Annex III ➤生体認証・分類 ➤重要インフラ・デジタルインフラの管理・運営 ➤教育・職業訓練 ➤雇用，労働者管理および自営業へのアクセス ➤必要な民間・公共サービスへのアクセス ➤法執行（全て主体は法執行機関）	厳格

	➤移民, 亡命, 国境管理（全て主体は所管の公的機関） ➤司法および民主的プロセスの運営	
限定的リスクAI	チャットボットのような自然人と相互作用するAI, 感情認識AI, ディープフェイクのような本物とよく似たコンテンツを自動生成するAI	限定的
最小リスクAI	上記に分類されないその他の全てのAIシステム	最小限

（出典）European Commission「EU AI Act」より筆者作成

　禁止されるAI^(※)として，EU AI Actに列挙されたAIの利用・提供は認められない。

　　（※）　詳細はEuropean Commission「EU AI Act - Chapter Ⅱ: Prohibited AI Practices」を参照。

　ハイリスクAIに関しては，前述した（b）「規制の適用区域と適用対象」に該当する事業者は，以下の要件を満たす必要がある。

- リスク管理システムの構築
- データガバナンスの実施
- 上市前の適切な技術文書の作成と更新
- 作動期間中のログの保存
- システムの透明性確保と情報提供
- 人間による監督の確保
- 利用目的に応じた適切な水準の正確性，頑健性，サイバーセキュリティの確保

　なお，ハイリスクAIの提供者は，上市前に，適合性評価手続を受けた上で，所定のデータベースに当該AIシステムを登録することが求められる。適合性評価は，Article 40で示した欧州標準，またはArticle 41で示した共通仕様を用いて自己評価できる場合もあるが，提供者の条件が欧州標準も共通仕様も適用できない場合，第三者による評価を要求される場合もある。市販後には，モニタリングシステムの確立および文書化も求められている。

（e）違反者への罰則（図表7−4）

- 禁止されるAIの禁止を遵守しなかった場合：3,500万ユーロまたは全世界年間売上高の7％のいずれか高い金額

図表7-4　AI ActにおけるAIリスク分類と罰則

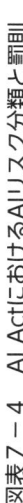

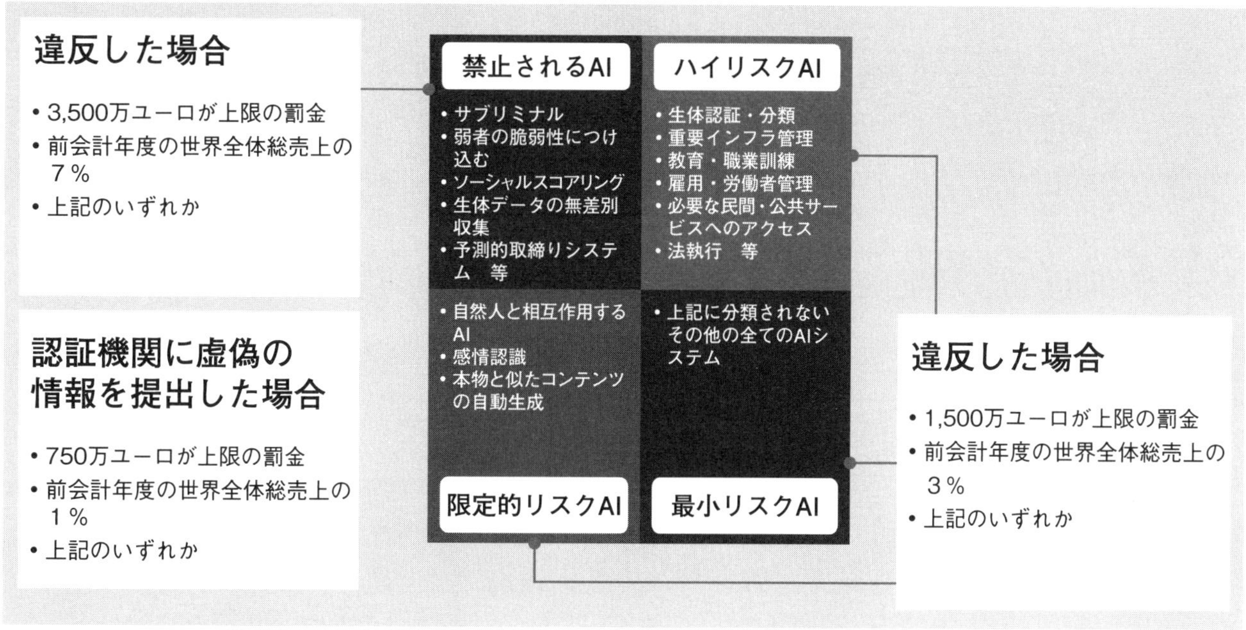

違反した場合
- 1,500万ユーロが上限の罰金
- 前会計年度の世界全体総売上の3％
- 上記のいずれか

ハイリスクAI
- 生体認証・分類
- 重要インフラ管理
- 教育・職業訓練
- 雇用・労働者管理
- 必要な民間・公共サービスへのアクセス
- 法執行　等

最小リスクAI
- 上記に分類されないその他の全てのAIシステム

禁止されるAI
- サブリミナル
- 弱者の脆弱性につけ込む
- ソーシャルスコアリング
- 生体データの無差別収集
- 予測的取締りシステム　等

限定的リスクAI
- 自然人と相互作用するAI
- 感情認識
- 本物と似たコンテンツの自動生成

違反した場合
- 3,500万ユーロが上限の罰金
- 前会計年度の世界全体総売上の7％
- 上記のいずれか

認証機関に虚偽の情報を提出した場合
- 750万ユーロが上限の罰金
- 前会計年度の世界全体総売上の1％
- 上記のいずれか

（出典）European Commission「EU AI Act」より筆者作成

- ハイリスクAIの提供者・代理人等としての義務または適用者・展開業者の透明性義務を違反した場合：1,500万ユーロまたは全世界年間売上高の３％のいずれか高い金額
- 当局または適合性認証機関へ不正確，不完全またはミスリーディングな情報を提供した場合：750万ユーロまたは全世界年間売上高の１％のいずれか高い金額
- スタートアップを含む中小企業の場合の罰金は，上記に言及される割合または金額のいずれか低い金額

(f)　今後の展開

EU AI Actは，2024年７月に官報で公開された。今後の動きとしては，2024年７月から６か月後に禁止されるAIの規制が実施され，24か月後にはハイリスクAIに関する義務が発生する。36か月後には，Article 6（1）で定めたセーフティコンポーネントへのハイリスクAIのルールが適用される。

現状の日本のソフトロー中心の政策とは異なり，EU AI Actでは厳しいガバナンス態勢の構築と遵守義務が設けられている。そのため，グローバルでAI関連事業を展開する日本企業は当該法案に細心の注意を払わなければ，重い制裁金が課される可能性がある。日本企業にとっても，EU AI Actは無視できない存在である点に留意が必要と思われる。

（3）中国のAI規制

①　これまでの流れ

AIに対する政策・規制のあり方について国際的な議論が続いている中，中国は他国に先駆けてAI規制を導入した。その内容には，国家の安全の確保を目的としたものが含まれているという特徴がある。

2023年７月に日本の総務省が公表した令和５年「情報通信に関する現状報告」によると，論文数等をもとにしたAI研究をリードする国のランキングでは，中国は2020年以降，米国に続き２位となっている。中国のAI市場は今後も大きくなる見込みであり，AIの規制についても積極的に取り組んでいる。

2022年11月に，スイス・ジュネーブの特定通常兵器使用禁止制限条約

（CCW）締約国会議において，中国の李松軍縮事務大使が「AI倫理ガバナンスの強化に関する中国の立場文書（中国关于加强人工智能伦理治理的立场文件)」を提出した。この立場文書では，倫理先行のAIガバナンス，偏見と差別の低減，宣伝教育強化による責任あるAIの使用の提唱，国際的なAIガバナンスの枠組みおよび規格の形成促進といった，中国政府のAI倫理についての立場が述べられている。

　中国のAI倫理規制に関する動きは，2017年7月に公表した「次世代AI発展計画（新一代人工智能发展规划)」に遡る。発展計画では，AIの発展を保証していくためには，法律・法規と倫理規範の策定が必要であると述べている。これ以降，中国におけるAIの倫理研究が盛んになり，2019年に国家次世代AIガバナンス専門委員会が設立され，同年6月に同委員会により「次世代AIガバナンス原則―責任ある人工知能の発展（新一代人工智能治理原则――发展负责任的人工智能)」が公表された。原則の中で，責任あるAIの発展というテーマをめぐり，調和・友好，公平・公正，包摂・共有，プライバシー保護，セキュリティコントロール，共同責任，開放・協力，アジャイルガバナンスの8項目が示されている。さらに，2022年3月に，中国政府はレコメンドAIに関する規制を公表し，レコメンデーションアルゴリズムサービスのプロバイダーの責任の要件を明確に規定した。同年11月には，ディープフェイクに対する規制を強める目的で「インターネット情報サービス深度合成管理規定（互联网信息服务深度合成管理规定)」が策定され，12月に正式に公表された（規定は2023年1月から実施)。規定では，音声合成，顔生成等のディープフェイク技術を応用したインターネット情報サービスを使用する場合，生成マークを付け，かつマークの改ざん，隠匿をしてはならないと明記した。政府がAI使用に関わる安全性・倫理問題に対して強く規制を行う姿勢が窺われる。

　2023年7月，CAC（国家インターネット情報弁公室）等中央7部門（省庁）共同で，「生成AIサービス管理暫定弁法（生成式人工智能服务管理暂行办法)」を公表した。弁法は主要国で初めての生成AIに関する本格的な規制でもあり，2023年8月に発効している。欧州や米国で議論されているような公平性，知財・個人情報保護等のほかに，中国国内の安全と秩序の確保を重視した中国特有の内容も含まれている。

　以上，中国の規制動向を時系列で示すと，**図表７－５**のとおりになる。

図表７－５　中国のAI規制動向年表

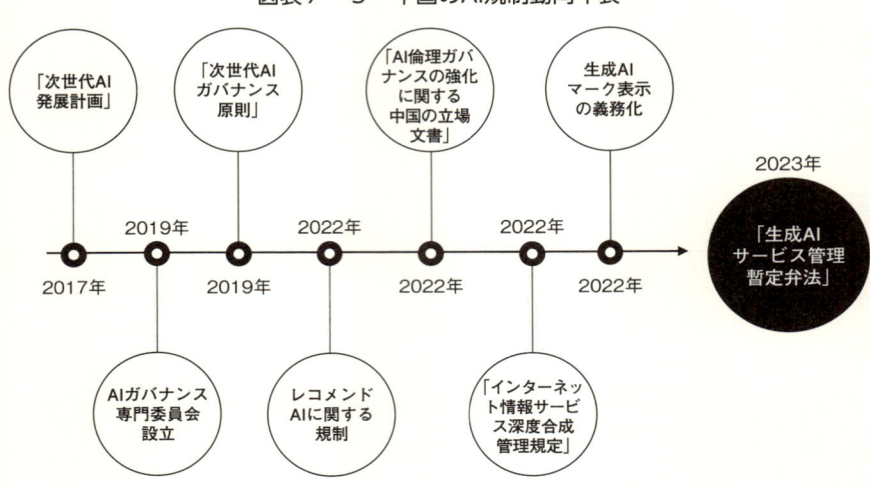

　以下では，生成AIサービス管理暫定弁法のポイントについて紹介する。

② 　生成AIサービス管理暫定弁法のポイント

(a) 目的

　弁法策定の目的については，「生成AIの利用促進」と「安全・権益の確保」の両方を重視していると考えられ，次のとおり記載されている。

　　「弁法は，生成系AIの健全な発展と規範に従った利用を促進し，国家の安全と社会の公共の利益を保護し，公民，法人，その他の組織の合法的権益を保護するため，中国サイバーセキュリティ法，中国データセキュリティ法，中国個人情報保護法，中国科学技術進歩法，その他の法律・行政法規に基づき策定されている」

(b) 適用範囲

　弁法の適用範囲は，「中国本土内」の「公衆」に対し，生成AIを利用してテキスト，画像，音声，動画等のコンテンツを生成するサービスを提供する場合である。いい換えれば，サービス提供地域が中国本土内でない場合や，サービ

ス自体が公衆向けのものでない場合（企業・組織内の研究開発等）には，弁法に適用されないものと考えられる。

　また，生成AIの技術の定義については，「テキスト，画像，音声，動画等のコンテンツを生成する能力を有するモデルおよび関連技術」と広く捉えられている。つまり，高度なモデルやアルゴリズムだけではなく，シンプルなチャットボット，画像加工アプリもこの定義に入る可能性がある点に留意が必要である。

(c) 規定の原則

　弁法における規定内容の原則は，「発展と安全の同等の重視およびイノベーション推進と法による統治（ガバナンス）の結合原則を堅持」と第3条で記載されている。生成AIのイノベーションと発展を奨励するための効果的措置を講じ，生成AIサービスに対して，寛容かつ慎重な分類・等級付けの監督を実施すると述べている。つまり，規制はハードローでありながら，イノベーションを妨げないように，提供した生成AIサービスの内容について慎重に検討する姿勢がみられる。

(d) 生成AIサービス提供者が遵守すべき事項

　提供者が遵守すべき事項として，法律・行政法規の遵守と社会道徳・倫理の尊重に加え，以下の5点が述べられている。

- 社会主義の核心的価値観を堅持するものとして，国家・政権の転覆を煽動するもの，または国家の安全・利益，国家イメージを損なうもの，民族憎悪・民族差別・暴力・わいせつポルノ，虚偽有害情報等の法律・行政法規で禁止されているものを生成してはならない
- アルゴリズムの設計，データの選択等において，民族・信仰・国籍・地域・性別・年齢・職業・健康等による差別を防止するための効果的な措置を講じなければならない
- 営業秘密を保護するものとして，知的財産権・商業道徳を尊重し，アルゴリズム，データ，プラットフォーム等を利用して独占または不正競争をしてはならない
- 他人の合法的権益を尊重し，肖像権・名誉権・栄誉権・プライバシー権・個人情報に関する権益を侵害してはならない

- 生成系AIサービスの透明性を向上させ，生成コンテンツの正確性と信頼性を向上させるための効果的な措置を講じなければならない

　弁法は，中国のサイバーセキュリティ法等，その他の法律と同様に，社会主義の核心的価値観の遵守を強く求める意図を読み取ることができ，そのための防止措置とフィルタリングが強力に設けられることが想定される。ただし，前述のとおり，弁法ではイノベーションを奨励する内容も盛り込まれている。フィルタリングを設けることと，生成AIサービスに対してイノベーションを阻害しないかたちでいかに監督していくかについては，まだ詳細が明らかになっていない点に，今後も留意が必要である。

(e) 生成AIサービス提供者の義務

　弁法では，主に生成AIサービスそのものを提供する業者，および，生成AIサービス開発上の義務が記載されている。義務の内容は，第7条から第15条で詳細に記載されている（図表7－6）。

図表7－6　生成AIサービス提供者の義務

項目	内容
第7条	1．データおよび基盤モデルの出所の合法性 2．知的財産権の遵守 3．個人情報に対する法的な遵守 4．訓練データの真実性・正確性・客観性・多様性の強化 5．中国サイバーセキュリティ法等その他の関連規定の遵守
第8条	提供者は，生成AI技術の研究開発において訓練データのラベル付けについて， 1．明確・具体的かつ運用可能なラベル付けのルールの策定 2．ラベル付けとコンテンツの正確性のサンプル検証 3．ラベル付け担当者に対する必要な研修と監督指導 が求められる。
第9条	提供者は，ネットワーク情報のセキュリティ義務，個人情報保護義務を遵守し，生成AIサービスの利用者と契約を締結し，双方の権利義務を明確にしなければならない。
第10条	提供者は，サービス適用の利用者層・利用場面・用途を明確にして公開し，未成年の利用者が生成系AIサービスに過度に依存し，またはこれに中毒にならないよう効果的な措置を講じなければならない。

第11条	提供者は，法令に従い，利用者の入力情報および利用記録を保護する義務を履行し，不必要な個人情報を収集してはならず，利用者の入力情報・利用記録を違法に他人に提供してはならない。なお，提供者は本人からの個人情報の照会閲覧・複写・訂正・補充・削除等の請求をすみやかに受理し対応しなければならない。
第12条	提供者は，「インターネット情報サービス深度合成管理規定（互联网信息服务深度合成管理规定）」に従い，画像・動画等の生成コンテンツにマークを付けなければならない。
第13条	提供者は，利用者の正常な利用を確保するため，安全，安定かつ継続的にサービスを提供しなければならない。
第14条	提供者は，違法コンテンツを発見した場合，すみやかに生成停止・送信停止・消去除去等の対応措置を講じ，モデル最適化訓練等の是正措置を講じ，かつ関係主管部門に報告しなければならない。違法行為を発見した場合，法令に従い，警告・機能制限・サービスの提供停止・終了等の対応措置を講じ，関連記録を保存し，かつ関係主管部門に報告しなければならない。
第15条	提供者は，苦情・通報の仕組みを確立・改善し，容易に苦情・通報することができるポータルを設置し，対応手続・対応期限を公表し，公衆の苦情・通報を適時に受理・処理し，結果をフィードバックしなければならない。

（出典）国家互联网信息办公室「生成式人工智能服务管理暂行办法」より筆者作成

　規定では，訓練データにおける個人情報について厳しい規制を設けているが，それに厳密に従うと，データを収集する前に個人の同意を得ないと利用できないことになり得る。そのため，イノベーションの奨励とどのようにバランスを取るのかは，まだ議論の余地があると思われる。

(f) 法律責任と国の監督

　生成AIサービス提供者の法律上の責任については，第17条で，「世論属性または社会に影響力をもたらす生成AIサービスを提供する場合，国の関係規定に従い安全評価を行い，かつ「インターネット情報サービスアルゴリズム推奨管理規定（互联网信息服务算法推荐管理规定）」に従い，アルゴリズムの届出および変更・取消届出手続を行わなければならない」としている。また，利用者は利用している生成AIサービスについて法律・行政法規または弁法の規定

に従っていないと判断した場合，関係主管部門に苦情を申し立て，通報する権利があると第18条で述べられている。

　国の監督責任については，監督責任を果たす国の関係主管部門は生成AIサービス提供者に対して，必要な技術・データ，その他のサポートと支援を提供する義務があるとしている。また，生成AIサービスの安全評価および監督検査に携わる関連機関および人員は，国家秘密，営業秘密，個人のプライバシーおよび個人情報を漏えい，または他人に違法に提供してはならない（第19条）とされている。

(g) 違反に対する罰則

　生成AIサービスの提供者が弁法の規定に違反した場合，関係主管部門は，「中国サイバーセキュリティ法」，「中国データセキュリティ法」，「中国個人情報保護法」，「中国科学技術進歩法」等の法律・行政法規の規定に基づき，処罰しなければならない。法律や行政法規に規定がない場合，関係主管部門は，その職責に基づいて警告を行い，一定期間内に是正するよう命じなければならない。是正が拒否または情状が重大な場合には，関係サービスの提供停止を命じるとされている。違反行為が治安管理違反行為に該当する場合には，法令に従い，治安管理上の処罰を行い，犯罪に該当する場合には，法令に従い刑事責任を追及する（第21条）として，ハードローの形態を取っている。

(h) 今後の展開

　弁法は，主要国の中で率先して実施された生成AIに対する規制ではあるが，弁法の名前が「暫定法」でもあるように，試験的に行われている部分がある。規制内容にある個人情報保護措置や提供者に対する厳しい義務等が，いかに困難なく実施できるか，弁法は試行錯誤しながら実施されていくことが予想される。

（4）米国のAI規制

① これまでの流れ

　米国の規制の流れについて，まず足もとの動きからみていく。米国雇用機会均等委員会が2022年5月に公表した「障害者権利法とソフトウェア，アルゴリ

ズム，人工知能の使用による求職者や従業員の評価について（The Americans with Disabilities Act and the Use of Software, Algorithms, and Artificial Intelligence to Assess Job Applicants and Employees）」では，就職等の領域におけるAI利用のガイダンス・規制が示されている。また，2023年10月に公表されたAIの開発・利用に関する大統領令では，米国のAI規制に対する方向性が明確にされており，同時にAI大国の実現に向けた目標も窺うことができる。その裏には，AI開発とイノベーションを通じてみえてくるAIのリスクに対する懸念も背景にあるものと考えられる。

　もう少し過去を振り返ると，米国のAI戦略は2016年10月公表の報告書「AIの未来に備えて（Preparing for the Future of Artificial Intelligence）」から始まり，「米国AI研究開発戦略（The National Artificial Intelligence Research and Development Strategic Plan）」が策定された。同年12月には報告書「AI・自動化と経済（Artificial Intelligence, Automation, and the Economy）」が公表され，AIが経済・雇用にもたらす影響が述べられている。

　その後，2018年5月に「米国の産業のためのAI（Artificial Intelligence for American Industry）」サミットが開催され，その総括として「米国の産業のための大統領AIサミット要約書（SUMMARY OF THE 2018 WHITE HOUSE SUMMIT ON ARTIFICIAL INTELLIGENCE FOR AMERICAN INDUS-TRY）」が公表された。それと同時に，AIに関する特別委員会が設置された。2019年2月には大統領令「AI分野における米国の主導権維持（Maintaining American Leadership in Artificial Intelligence）」が制定され，連邦政府の各省庁がAI技術の開発に対して優先的に投資を拡充していることから，政府のAIに対する積極的な姿勢がみえてきた。

　2022年10月には，ホワイトハウスの科学技術政策局（OSTP）が，AIの開発などで考慮すべき原則をまとめた「AI権利章典のための草案（Blueprint for an AI Bill of Rights: A Vision for Protecting Our Civil Rights in the Algorithmic Age）」を公表した。そこでは，AIを用いた自動化システムを設計，使用，実装する際に考慮すべき「安全で効果的なシステム」，「アルゴリズムに基づく差別からの保護」，「データ・プライバシー」，「通知と説明」，「人間による代替，考慮，予備的措置」の5つの原則を示している。「AI権利章典のため

の草案」はバイデン大統領が初めてAIについて言及した大統領令であり，そ
れ以降，行政機関は草案の原則を行政活動に取り入れ，各機関の管轄内での
AI による潜在的な被害から消費者を保護することを優先した。また，政府は
2023 年 8 月にいくつかの主要な生成 AI の企業と，生成 AI の安全性やセキュ
リティおよび公衆の信頼を促進するための自主的な合意を取り付けた。

　以上のことが礎になり，2023年10月にバイデン政権は，「AIの安全・安心・
信頼できる開発と利用に関する大統領令（The Executive Order on the Safe,
Secure, and Trustworthy Development and Use of Artificial Intelligence）」
を公表した。

　以上，米国の規制動向を時系列で示すと，図表 7 － 7 のとおりになる。

図表 7 － 7　米国のAI規制動向年表

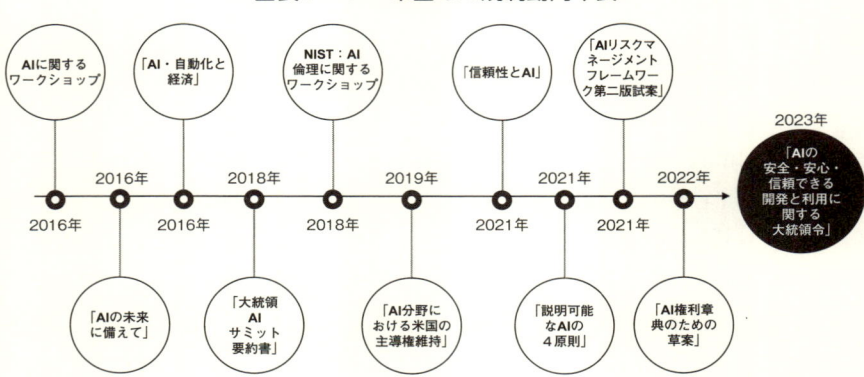

　以下では，大統領令のポイントについて紹介する。

② 大統領令のポイント

(a) 主な内容

　「AIの安全・安心・信頼できる開発と利用に関する大統領令」は，13のセク
ションから構成される。その内容は，AI技術と産業に対する規制，市民権利
の保護，連邦政府の役割の大きく 3 つについて述べている（図表 7 － 8）。大
統領令は，2019年公表の「AI分野における米国の主導権維持」や2022年公表

の「AI権利章典のための草案」の内容を踏襲したもので，産業の発展と保護を重視したソフトローのアプローチを取っている。

図表7－8　大統領令のセクションと内容分類

分類	セクションNo.	セクション名
AI技術と産業	4	AI技術の安全とセキュリティの確保
	5	イノベーションと競争力強化
市民権利	6	労働者支援
	7	公平性と市民権の推進
	8	消費者，患者，交通機関利用者，学生の保護
	9	プライバシー保護
連邦政府	10	連邦政府のAI活用推進
	11	米国のリーダーシップ強化
	12	大統領令の導入

（出典）THE WHITE HOUSE「The Executive Order on the Safe, Secure, and Trustworthy Development and Use of Artificial Intelligence」より筆者作成

(b) AI技術の安全とセキュリティの確保

AI技術の安全とセキュリティの確保では，以下の事項が求められている。

- ガイドライン・基準・ベストプラクティスの発行：NIST（国立標準技術研究所）に対して，産業基準への合意形成を促進することを目的としたAIの安全とセキュリティのためのガイドラインの作成を要求している。そのほか，特にデュアルユース基盤モデルの安全を実現するために，AI開発者がレッドチームテスト[※]を実施できるようにプロセスを確立することを求めている。デュアルユース基盤モデルとは，大統領令では「幅広いデータで訓練されたAIモデルで，一般的には自己教育を行い，少なくとも数百億のパラメーターを含んでおり，幅広い文脈で適用可能であり，安全保障，国家経済安全保障，国民の公衆衛生や安全に重大なリスクをもたらす課題において，高いパフォーマンスを示し，または変更して高いパフォーマンスを発揮する可能性があるもの」としている

（※）　レッドチームテストとは，攻撃側と防御側に分かれ，攻撃側は対象と

なるシステム・ネットワークに対して擬似的な攻撃を加え目標の遂行を試みる一方，防御側はその攻撃を検知し対処することでインシデント対応能力を向上させるサイバー演習の一種である。詳細は，KPMGジャパン「レッドチーム演習／脅威ベースのペネトレーションテスト（TLPT）」参照。

- AIの安全と信頼性の確保：デュアルユース基盤モデルの開発に関わる企業は，開発状況や計画，モデルの所有状況等を連邦政府に報告，記録を提供する。大規模コンピューティングクラスタを取得，開発，保有する企業や個人・組織は，取得，開発，保有状況について報告を行う。米国のIaaSプロバイダーが外国と取引し，悪意のあるサイバー活動に利用される可能性のある大規模AIモデルを開発する場合，その取引に関して，報告書を通商長官に提出するよう求められる。また，外国にある米国IaaS製品の販売代理店の外国人代理人に対しては，身元を確認するように義務付けられている

- 重要インフラとサイバーセキュリティにおけるAIの管理：重要インフラにおけるAI使用の潜在リスクの評価や，金融機関におけるAI特有のサイバーセキュリティリスク管理のためのベストプラクティスの発行等が述べられている

- AIのCBRN（化学，生物，放射性物質，核）におけるリスクの低減：CBRNリスクを伴うAIの悪用の可能性を評価し，CBRNの脅威に対抗するためのAIの応用を考案するほかに，米国科学アカデミー，エンジニアリングアカデミー，医学アカデミーと契約を締結し，生物学データを用いてトレーニングされた生成AIモデルの評価，病原体およびオミクス（omics）研究に関連するデータのリスク評価，生物学に応用されるAIのリスク低減方法の評価，AIの使用による合成核酸（synthetic nucleic acids）の誤用リスクの増加を防ぐための手法の評価等を行う

- 生成された合成コンテンツにおけるリスクの削減：AIによって生成された合成コンテンツの特定とラベリング能力を向上させるために，合成コンテンツの出所の追跡，検出，児童虐待や身体的イメージの生成の防止等が求められる

- デュアルユース基盤モデルに対する意見募集：デュアルユース基盤モデル

については，インターネット等で公開された場合の安全性リスクを考えるために，連邦政府は民間セクター，学界，市民社会，その他の関係者から，デュアルユース基盤モデルの潜在的なリスク，メリット，その他の影響，および適切な政策と規制に関する意見を募集する。また，セキュリティ面に関しては，セーフリリースおよびAIトレーニングにおける連邦データの悪質な利用の防止と，国家安全保障覚書の策定が求められている

(c) イノベーションと競争力強化

イノベーションと競争力強化には，3つの要件が述べられている。

1つ目は，米国へのAI人材の誘致であり，中にはビザ申請手続時間の短縮や，海外の大学，研究機関における高度な人材の誘致プログラムの作成，配偶者，扶養家族の永住権認定プロセスの強化等，新たな規則の制定が行われている。

2つ目は，イノベーション促進を行うために，米国国立科学財団（NSF）はNational AI Research Resource（NAIRR）のビジョンを実現するためのパイロットプログラムを立ち上げ，連邦政府はNSF地域イノベーションへ資金提供する。また，現在25か所の国立AI研究機関に加えて，少なくとも4つの新しい国立AI研究機関を設立し，2025年までにAI人材の需要に応える能力を持つ新たな研究者500名を育成する。さらに，AIの特許を取得するための出願者に対するガイダンスや，AI開発者がAI関連の知的財産権リスクに対処するためのガイダンスを公開し，また患者と医療従事者の福祉を促進する責任あるAIの革新を推進するための助成金を提供する。そのほかに，退役軍人の医療のクオリティ向上やクリーンエネルギー経済を構築する目的でのAIシステムの開発推進も支援される。

3つ目は，競争力を強化するために，AI市場における公正な競争を確保し，不正な共謀を阻止し，優位な企業が競合他社に不利をもたらす行動を防ぐ措置を講じる。半導体産業における競争とイノベーションを促進し，また適切な範囲内で，スタートアップ企業や小規模企業に対して，リソースを提供する。

(d) 労働者支援

労働者支援では，政府はAIが労働者に対する影響を理解し，AIが招く労働市場の混乱に対処するために，AIによって雇用を失った労働者を支援することが述べられている。また，職場で展開されるAIに関しては，従業員の福祉

へのリスクの評価と低減，AIのメリットを引き出すためのベストプラクティスの公表や，AIを用いた仕事の労働時間に対する適切な報酬の支給等が求められている。

(e) 公平性と市民権の推進

大統領令における公平性と市民権の推進は，刑事司法制度におけるAIの利用と，政府の給付プログラムに関する市民権の保護およびAI利用における市民権の強化が述べられている。

刑事司法制度については，AIによる差別やその他の被害に対処するために，各市民権部門は自動システム，AIを含む市民権違反および差別の調査・起訴についてのベストプラクティス・ガイダンス等を公表し，法執行機関や刑事執行機関はアルゴリズムによる差別に対する司法対策を検討する。

政府の給付プログラムについては，公共の福祉やサービスにAIシステムが使用される場合，受給者の給付の適切さの評価，アルゴリズムによる差別への対処を行うことが求められる。

AI利用における市民権の強化については，採用，住宅・不動産関連領域におけるAIシステムの使用の適切さの評価が必要とされ，関連する各政府機関は，差別に対処するためのガイダンスを策定することが求められている。また，視線追跡，歩行分析，手の動きなどのバイオメトリックデータの使用による不平等が生じないために，アルゴリズムの入力データとして障害者のデータも収録されるように，関連機関と部門は障害者に対して情報通信技術と交通サービスへのアクセスを提供することが求められている。

(f) 消費者，患者，交通機関利用者，学生の保護

大統領令は，セクション8において消費者の保護および特定領域におけるAI利用の安全性確保を述べている。

消費者の保護については，主に消費者を詐欺，差別，プライバシー侵害から守るための対策が奨励されており，各行政機関は既存の規制・ガイダンスがAIに適用される範囲を明確化すること，業務におけるAI利用の監視，ルールの策定等が推奨される。

また，大統領令では，特に医療，公衆衛生，人的サービス領域，輸送部門，教育部門，通信ネットワークにおけるAI利用の安全性と責任ある開発を支援

するための行動を求めており，各部門におけるガイダンスの公表，パイロットプログラムの設置と評価，委員会の設置や一般からの意見募集等を求めている。

(g) プライバシー保護

プライバシー保護については，商業上利用可能な情報（CAI）の適切な在庫管理，収集，処理，保守，利用，共有，処分に関連する基準と手続の評価，情報提供依頼書（RFI）の発行等が求められている。また，プライバシー保護技術（PET）に関する研究開発，実装を進めるためのガイドラインの策定と取組みが求められている。

(h) 連邦政府のAI活用推進

大統領令では連邦政府のAI活用推進における役割と責任について，「AI管理のためのガイドラインの提供」と，「政府におけるAI人材の増員」を行うと述べている。ガイドライン発行後，AIシステムの導入状況を追跡するために，システムの追跡および評価方法も制定するなど，ガイドラインと評価制度の両面から措置を取ることが求められている。

(i) 米国のリーダーシップ強化

AI領域における米国のリーダーシップを強化するために，大統領令では，軍事および諜報領域以外で，同盟国やパートナーを拡大し，基準策定主体と連携し，AIのメリットを最大化させるための国際的枠組みの確立をリードすると述べている。また，NISTを主導して，米国の国境を越えた社会，技術，経済，ガバナンス，人権，およびセキュリティを組み込んだ「AI in Global Development Playbook」を公表し，NSF主導で，「Global AI Research Agenda」を策定し，AI関連研究をリードするとしている。重要インフラにおけるAI利用については，同盟国やパートナーとの連携を強化し，AIの悪用による混乱に対応するための取組みを強化するとされている。

(j) 大統領令の導入

大統領令を導入するための行動として，大統領府内に，ホワイトハウスAI会議（White House AI Council）を設立し，大統領令で示されたAI関連の政策を効果的に策定，開発，伝達，産業への参画をタイムリーに実施することが述べられている。

(k) 今後の展開

　以上で，大統領令の主な内容についてみてきた。欧州連合のEU AI Actと中国の「生成AIサービス管理暫定弁法」の内容と比較すると，大統領令は国防・データの安全やセキュリティに重点を置いているように思われる。また，デュアルユース基盤モデルの利用についての言及や，医療，教育，重要インフラ等，AIの利用領域を具体的に挙げながら対応を求めており，AI利用に対する政策の方向性は明確である。なお，罰則については，「EU AI Act」や中国の「生成AIサービス管理暫定弁法」と違って，大統領令では直接定められていないが，今後，大統領令に従い新たな規制や法律などが制定され，そこで罰則が規定される可能性がある点に留意が必要である。

（5） 日本のAI規制

① これまでの流れ

　各国・地域のAI規制の動向として，最後に日本の現状を紹介する。政府がAIのガバナンス・規制を検討し始めたのは，2015年に総務省が主催した「インテリジェント化が加速するICTの未来像に関する研究会」で立ち上がった「AIネットワーク化検討会議」であった。2016年４月に日本で開催されたG７情報通信大臣会合において，日本はAI開発原則のたたき台を紹介し，2017年３月の「人工知能技術戦略会議」において，「生産性」，「健康・医療・介護」，「空間の移動」，「情報セキュリティ」の重点領域で官民が連携し，AI技術の研究開発から社会実装まで取り組むことを発表した。

　その後，2019年３月に政府の「統合イノベーション戦略推進会議」において「人間中心のAI社会原則」が公表され，同年６月11日に「AI戦略2019」が公表された。「AI戦略2019」は，「人間中心のAI社会原則」における「人間の尊厳が尊重される社会（Dignity）」，「多様な背景を持つ人々が多様な幸せを追求できる社会（Diversity & Inclusion）」，「持続性ある社会（Sustainability）」の３つの基本理念を中心に，AI戦略の目標を「人材」，「産業競争力」，「技術体系」，「国際」の４つに設定し，実現に向けて取り組んだ。2021年７月には，「人間中心のAI社会原則」で挙げられたゴールを達成するために定められた「我が国

のAIガバナンスの在り方ver.1.1」が公表された。その中で，日本におけるAIガバナンスに関して，現段階ではAIシステムに対する横断的な規制は不要であると考えられるとの見解が示された。政府は2022年1月に，法的拘束力のない企業ガバナンス・ガイドラインである「AI原則実践のためのガバナンス・ガイドライン」を公表した。その後，2022年4月には，「AI戦略2022」を公表し，「AI戦略2019」の内容を踏襲しつつ，AI戦略目標を前述の4つに加え，「差し迫った危機への対処」を追加した。

　このような「人間中心のAI社会原則」や「AI戦略」を背景に，2024年4月に，総務省・経済産業省共同で「AI事業者ガイドライン（第1.0版）」が公表された。ガイドラインでは，AI事業者を，AI開発者，AI提供者，AI利用者の3つに区分し，それぞれの立場で必要な取組みについての基本的な考え方が提示されている。

　以上，日本の規制動向を時系列で示すと，**図表7－9**のとおりになる。

図表7－9　日本のAI規制動向年表

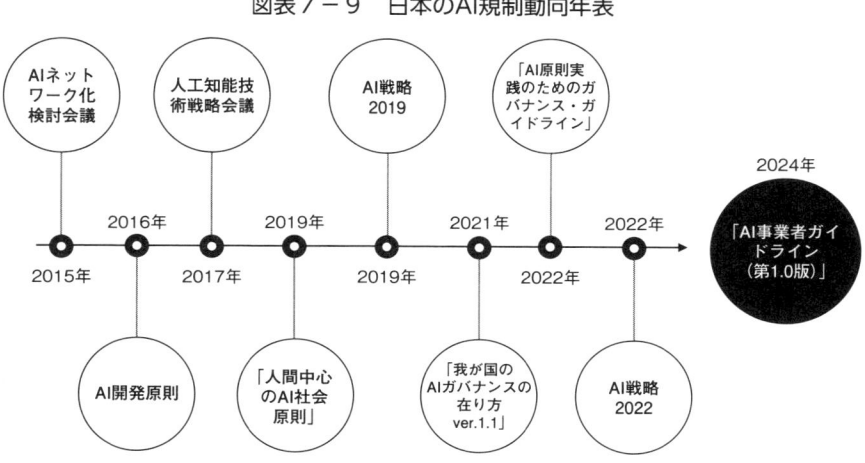

　以下では，日本のガイドラインのベースとなった「人間中心のAI社会原則」と最新の「AI事業者ガイドライン（第1.0版）」について紹介する。

② 人間中心のAI社会原則のポイント

原則は，日本がAIの活用により経済発展とともに社会課題を解決する
Society 5.0の実現を目指すため，3つの基本理念をもとに，AIの社会原則と
AI開発・利用の原則を定めたものである。

3つの基本理念とは前述のとおり，「人間の尊厳が尊重される社会
（Dignity）」，「多様な背景を持つ人々が多様な幸せを追求できる社会（Diversity
& Inclusion）」，「持続性ある社会（Sustainability）」である。人間がAIを理解
し，使いこなし，多様な背景を持つ人々が幸せを追求できることを強調してい
る。これらの理念のもとに，AIに関するステークホルダーが留意すべき基本
原則（AI社会原則）として，以下の7つが挙げられている（**図表7-10**）。

（1）人間中心の原則

　AIの利用では，基本的な人権を侵してはならない

（2）教育・リテラシーの原則

　あらゆる立場の人がAIを理解して利用できるように，AIのリテラシー
に対して平等な教育機会を提供すべきである

（3）プライバシー確保の原則

　個人の自由，尊厳，平等を侵害しないように，パーソナルデータを取り
扱わなければならない

（4）セキュリティ確保の原則

　サイバーセキュリティの確保を含むリスク管理に取り組むべきである。
AIの利用については，少数特定のAIに一義的に依存せず，持続可能性に
留意する

（5）公正競争確保の原則

　公正な競争環境を実現するために，特定の国・企業にAIに関する資源
が集中したとしても，その地位を利用した不当なデータの収集や主権の侵
害が行われてはならない

（6）公平性，説明責任及び透明性の原則

　人々はAIの利用によって不当な差別を受けてはならない。公平性，透
明性のある意思決定とその結果に対する説明責任を確保する

図表 7 − 10　基本理念とAI社会原則

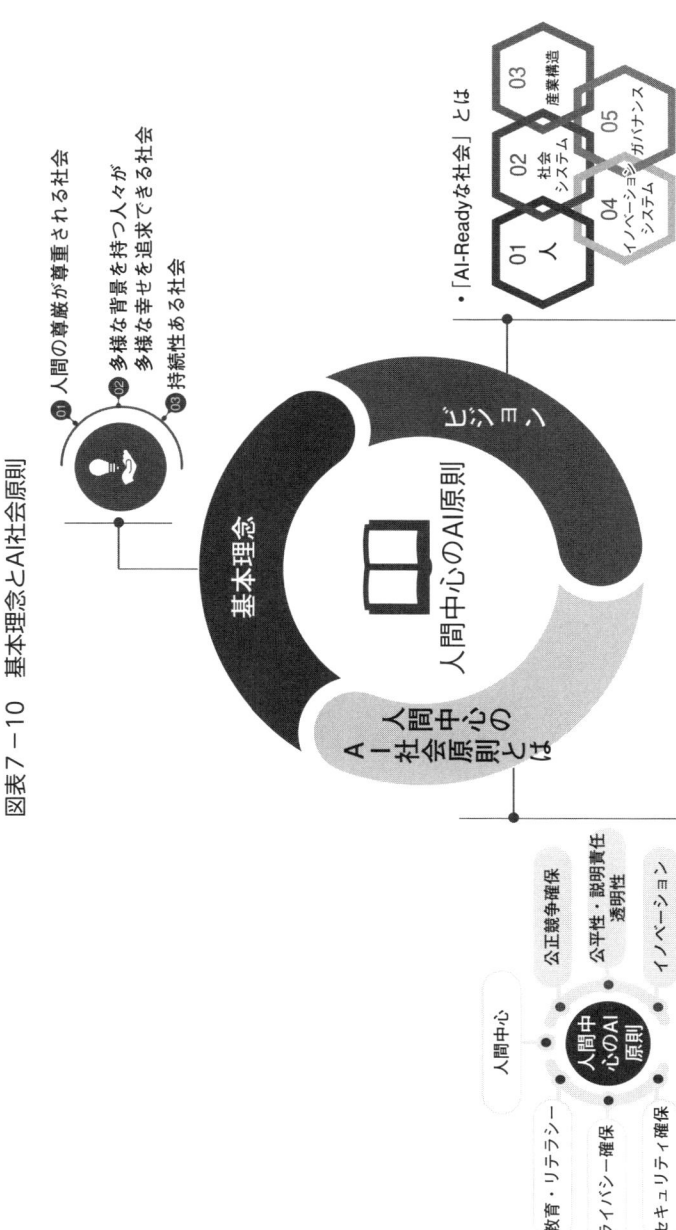

・「AI-Readyな社会」とは

01 人
02 社会システム
03 産業構造
04 イノベーションシステム
05 ガバナンス

基本理念

① 人間の尊厳が尊重される社会
② 多様な背景を持つ人々が多様な幸せを追求できる社会
③ 持続性ある社会

ビジョン

人間中心のAI原則

人間中心のAI社会原則とは

人間中心

公正競争確保
公平性・説明責任透明性
イノベーション
教育・リテラシー
プライバシー確保
セキュリティ確保

人間中心のAI原則

（出典）内閣府「人間中心のAI社会原則」より筆者作成

（7）イノベーションの原則
　AIの発展によりイノベーションを推進するために，あらゆる垣根を越えて産官学で協働する

　上記の7つの中で，モデルの管理という観点から特に重要と考えられるのが，「（6）公平性，説明責任及び透明性の原則」だろう。AIモデルの活用に際しては，アウトプットが差別的な結果になっていないか，アウトプット等について説明が可能か，透明性が確保できるかといった観点でガバナンス態勢を整備することは必要である（このリスクが顕在化した例が，「はじめに」で取り上げたケース3である）。

③　AI事業者ガイドラインのポイント
　「人間中心のAI社会原則」の理念が，その後のガイドラインに引き継がれていった。2023年5月には，内閣府が主催したAI戦略会議において，AIに関連する論点が取りまとめられ，「AIに関する暫定的な論点整理」が公表された。「論点整理」では，AI開発，AI提供，AI利用を促進するために，リスクに対して適切な対応を実施することや多様な関係者を巻き込んだ迅速かつ柔軟な対応を行うこと，AI開発者，AI提供者，AI利用者ごとにAIに関する懸念・リスクや対応の方向性を整理し，ガバナンス機能を発揮することの重要性が指摘された。「論点整理」を踏まえて，総務省・経済産業省で，これまでの既存のガイドラインを統合およびアップデートするかたちで，新たなガイドラインの作成が検討されることになった（**図表7-11**）。
　以下では，ガイドラインの特徴および高度なAIシステムの開発者が遵守すべき項目について述べる。

図表7－11　AI事業者ガイドラインの位置付け

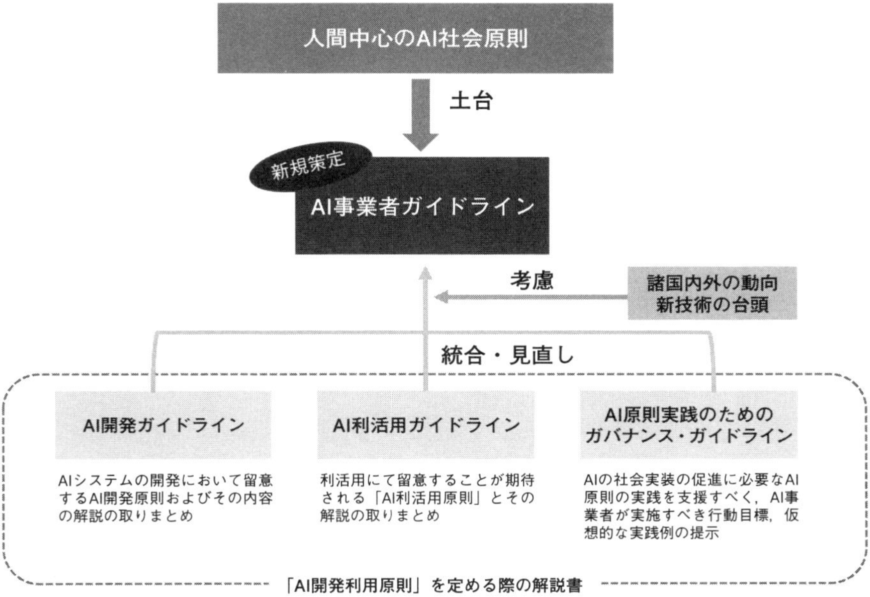

（出典）経済産業省・総務省「AI事業者ガイドライン（第1.0版）」より筆者作成

(a)　AI事業者ガイドラインの特徴

　ガイドラインは，AI事業者に対して10個の共通指針を提示し，その上でAI事業者の種類を「AI開発者」，「AI提供者」，「AI利用者」の3つの主体に分け，共通指針のほかにそれぞれ留意すべき事項を提示している。10個の共通指針は次のとおりである。

---

1 ）人間中心
2 ）安全性
3 ）公平性
4 ）プライバシー保護
5 ）セキュリティ確保

6）透明性

7）アカウンタビリティ

8）教育・リテラシー

9）公正競争確保

10）イノベーション

　３つの主体それぞれの留意事項については，AI開発者はデータ前処理・学習時，開発時，開発後のフェーズで，AI提供者はシステム実装時，システム・サービス提供後のフェーズで，AI利用者はシステム・サービス利用時のフェーズにおいて，**図表７－12**で示した内容を提示している。

　この中で，AI開発者やAI提供者には，AIの開発・提供後にも対応すべき事項が定められている点は重要である。AIの開発・提供後も，継続的に自社のAIのモニタリング等の実施が必要になると考えられる。

(b) 高度なAIシステムの開発者

　ガイドラインは，既述の10個の指針のほかに，高度なAIシステム[※]の開発者について，特別に遵守すべき「第２部D. 高度なAIシステムに関係する事業者に共通の指針」を提示している（**図表７－13**）。その他に，高度なAIシステムの開発者は，「高度なAIシステムを開発する組織向けの広島プロセス国際行動規範」の遵守も求められている。

（※）　高度なAIシステムとは，ガイドラインでは，広島AIプロセスに関するG7首脳声明「高度なAIシステムを開発する組織向けの広島プロセス国際行動規範」（2023年10月）の定義を踏襲し，「最先端の基盤モデル及び生成AIシステムを含む，最も高度なAIシステム」と定義されている。

図表7-12　3つの主体の業務定義と重要事項

AI開発者

開発　｜　データ前処理・学習

重要な事項
● AIデータ前処理・学習時：
・適切なデータ学習
・データに含まれるバイアスへの配慮
● 開発時：
・人間の生命・身体・財産、精神および環境に配慮した開発
・適正利用に資する開発
・AIモデルのアルゴリズム等に含まれるバイアスへの配慮
・セキュリティ対策のための仕組みの導入
・検証可能性の確保
● AI開発後：
・最新動向への留意
・関連するステークホルダーへの情報提供
・AI提供者への「共通の指針」の対応
・状況の説明
・開発関連情報の文書化

AI提供者

システムへの実装　｜　提供

重要な事項
● AIシステム実装時：
・人間の生命・身体・財産、精神および環境に配慮したリスク対策
・適正利用に資する提供
・AIシステム・サービスの構成およびデータに含まれるバイアスへの配慮
・プライバシー保護のための仕組みの導入
・セキュリティ対策のための仕組みの導入
・システムアーキテクチャ等の文書化
● AIシステム・サービス提供後：
・適正利用に資する提供
・プライバシー侵害への対策
・脆弱性への対応
・関連するステークホルダーへの情報提供
・AI利用者への「共通の指針」の対応
・状況の説明
・サービス規約等の文書化

AI利用者

利用

重要な事項
● AIシステム・サービス利用時：
・安全を考慮した適正利用
・入力データまたはプロンプトに含まれるバイアスへの配慮
・個人情報の不適切入力およびプライバシー侵害等への対策
・セキュリティ対策の実施
・関連するステークホルダーへの情報提供
・関連するステークホルダーへの説明
・提供された文書の活用および規約の遵守

（出典）経済産業省・総務省「AI事業者ガイドライン」（第1.0版）より筆者作成

図表7－13　高度なAIシステム開発者が遵守すべき項目

高度な AIシステム 開発者	第2部C.共通の指針
	第2部D.高度なAIシステムに関係する事業者に共通の指針
	第3部.AI開発者に関する事項
	「高度なAIシステムを開発する組織向けの広島プロセス国際行動規範」

（出典）経済産業省・総務省「AI事業者ガイドライン（第1.0版）」をもとに筆者作成

(c) 今後の展開

　ガイドラインは，AIの安心・安全な活用を促進するために，日本のAIガバナンスを統一的な指針で示したものになる。ただし，ガイドラインは法的拘束力がないため，効果を発揮するには事業者自身の意識によるところが大きい。また，ガイドラインの内容を見ると，各方面から規範性を求めているが，中小規模の事業者に負担がかかるケースもあるため，遵守するには時間がかかる可能性もある。そのため，日本におけるAIガバナンス態勢の構築が遅れてしまうことも考えられる。

　一方で，ソフトローであることから，各国・地域のAI事業者が日本市場に参入しやすくなる点もあり，市場の活性化により新たなビジネスチャンスを作りやすくなるというメリットも考えられる。各国・地域ではAIのソフトローとハードローの組み合わせを試行しているものと思われるが，日本でも今後ハードローを策定する動きがないかなど，日本におけるAI規制の動きに注視する必要がある。

第 4 節　AIモデルの管理

（1）AIモデルの特徴

　第3節では，AIの概念整理や各国・地域のガイドラインを解説してきた。本節ではAIを用いて開発したモデルには，どのような特徴があるのかを整理する。データやモデル，実装・運用の視点から整理すると，AIモデルには**図表7-14**のような特徴があると考えられる。

図表7-14　AIモデルの特徴

視点	主な特徴
データ	➢ 大量データ（データ数・説明変数候補の数が大量）・多種のデータ（非構造化データ（テキスト・画像など））の利用 ➢ オープンデータソースの利用（Web上の情報など）
モデル	➢ モデル開発手法が複雑（ブラックボックス化の懸念） ➢ モデル開発プロセスが複雑（ハイパーパラメーター調整など） ➢ 「学習済みモデル（オープンソースなど）」の利用（権利関係，ブラックボックス化の懸念） ➢ オーバーフィッティング（過適合）しやすい
実装・運用	➢ モデルの性能が劣化しやすい ➢ 頻度の高い再学習（モデル更新）の実施が必要 ➢ 高度なデジタル人材（DLの理解など）が必要

　こうした特徴を有するAIモデルは，どのようにモデルの開発・検証および管理を行っていくべきだろうか。まずは，金融庁原則におけるAIの記載から確認していきたい。

（2）金融庁原則におけるAIの記載

　金融庁原則のAIに関する言及は次のとおりである。

モデルは，これまで数十年間にわたり，金融商品のプライシングや価値評価，リスク計測（信用リスク，市場リスク，オペレーショナル・リスク等）において広く使用されてきたが，近年，その利用範囲を拡大させている。例を挙げると，引当，マネー・ローンダリング対策（AML），不正検知，アルゴリズム取引等の領域は，ますますモデルに基づくものとなっている。これらのモデルには，コンピューターの計算能力の向上や，機械学習・人工知能の手法の深化といった技術革新の成果を活用したものも多い。

(出典) 金融庁「モデル・リスク管理に関する原則」（2〜3頁）より抜粋

「これらのモデル」は「引当，マネー・ローンダリング対策（AML），不正検知，アルゴリズム取引等の領域」のモデルを指すと考えられるが，こうした領域でAIやMLの手法を活用してモデルが開発されている点が言及されている。一方で，こうした手法を用いたモデルはどのように開発・検証および管理を行うべきなのかといった点には，金融庁原則では言及されていない。

　AIなどの手法を用いた場合であっても，それが「モデル」に該当するのであれば，基本的なモデル・リスク管理の視点としては，金融庁原則における3つの重要な概念と8つの原則の遵守が求められる点は変わらない。しかし，AIモデルの場合，AIの特性やリスクに対応するための追加的な視点が存在するはずである。以下では，AIモデルを適切に管理するための視点を提示したい。

（3）管理の視点

①　8つの視点

　第3節で解説したとおり，AIのリスクを管理・低減させるために各国・地域は，様々な規制（ガイドライン）を公表している。これらのガイドライン等はモデル・リスク管理の観点では策定されていないが，「AIをどのように管理すべきか」という観点では大いに参考になる。以下では，これらのガイドライン等を踏まえたAIの管理の枠組みとして，次の8つの視点を提示したい。

- 公平性：AIによる判断にバイアスが含まれる可能性があることに留意し，

個人および集団が不当に差別されないように配慮すること

- 説明可能性／解釈可能性：AIによる判断結果について，人間が理解できる形式で根拠を示す（正当化する）ことができること。また，AIが異常な判断をした場合に，人間が検知でき，AIの判断結果を訂正することができること
- AIモデルの精度：AIによって出力される結果が正しい（人間の予想した結果と一致する）こと
- セキュリティ／データ保護：情報漏洩やデータ棄損等のセキュリティリスクへの対策として技術インフラが整備されており，最新のセキュリティ攻撃を監視していること。また，現在のデータ保護に関する規制に準拠していること
- 追跡可能性／監査可能性：AIシステムによる全ての入力および出力について，ログの出力により追跡可能であること。また，ログの記録の頻度および保存期間が関連規制および業務要件を満たしていること
- 事業継続性：システム障害やインシデントが発生した場合におけるフォールバック等，業務継続の機能が確立されていること。また，システムが停止した際に，代替方法によって業務継続が可能であること
- データ品質：AIシステムに入力するデータの正確性について，レビューおよび検証を行うなど，定期的に品質を確認すること。また，AIの特性および用途を踏まえ，学習の際に意図しないバイアスを抑制する必要があり，データ入力者に対して，そのようなリスクがあることをあらかじめ周知していること
- ガバナンス：AIの限界や特性を考慮した上で，AIの判断結果への人間による検証要否の基準および判断結果に対する正当性の評価基準を含む，ガバナンスフレームワークが整備されていること

② 金融庁原則との関係

次にAIモデルと金融庁原則との関係は，次のように整理できると考えられる。

(a) 金融庁原則1（ガバナンス）との関連

まずガバナンスでは，適切なAIのガバナンス態勢やリスクなどの報告態勢，

方針・規程等を整備することが重要である。AIモデルの場合，モデル・リスク管理部門が中心になって，データやコンプライアンス，リーガル，IT部門等と連携することが重要になるだろう。

(b) 金融庁原則2（モデルの特定，インベントリー管理及びリスク格付）との
　　関連

次に，AIの手法をモデルとして特定・管理する際に，そのリスクに見合ったリスク格付を付与し，インベントリーに登録することが求められる。昨今，AIモデルの普及が進んでおり，重要な業務で活用され始めていること，ならびに図表7-14で解説したAIモデルの特徴にみられるように，データが多様でモデルの手法や実装方法が複雑であることを踏まえると，リスク格付はH格またはM格になることが想定される。

(c) 金融庁原則3（モデル開発）との関連

モデルの開発では，データの適切性・正確性等の確認やモデル・テストの実施，モデル開発過程の文書化といったモデル開発プロセスにおいて，上記の8つの視点を意識して開発を行うべきだろう。

(d) 金融庁原則4（モデル承認）との関連

AIモデルに対しては，他の個別モデルと同様に，第2線の承認プロセスを整備することが望ましい。AIモデルに対する管理の枠組みが発展途上である現状を踏まえると，AIモデルの承認部門と第2線であるモデル・リスク管理部門が異なる場合も想定されるが，モデル・リスク管理部門が中心になりつつ他部門と連携しながら，モデル承認の態勢を整備することが想定される。

(e) 金融庁原則6（モデル検証）との関連

第2線が実施するモデル検証では，本書の個別モデル編で示した5つの項目（①データの評価，②手法の評価，③モデル・テストの評価，④実装の評価，⑤ガバナンスの評価）を踏まえながら，8つの視点を意識して実施することが望ましい。

(f) 金融庁原則5（継続モニタリング）との関連

AIモデルは，本書で取り上げている個別モデルや，信用リスクおよび市場リスク等の伝統的なリスク管理で用いているモデルに比べてブラックボックス化の懸念が高い。そのため，AIモデルの使用者の認識を頻度高く確認すると

ともに，パフォーマンスの変化を分析することが望ましく，継続モニタリングの重要性は高いといえる。

(g) 金融庁原則7（ベンダー・モデル及び外部リソースの活用）との関連

また，AIモデルはベンダーによって提供されることがほとんどのため，ベンダー・モデルの管理は，他の個別モデル等と比べてより重要になると考えられる。

(h) 金融庁原則8（内部監査）との関連

最後に，内部監査部門は前述の8つの視点を意識して，内部監査を実施すべきだろう。

以上のように考えると，AIモデルだからといってまったく新しい（これまでとは異なる）モデル・リスク管理が求められるというわけではない。基本的なモデル・リスク管理の考え方を土台にして，第3節で取り上げたガイドラインや本節で紹介した8つの視点を意識した管理を行うことが重要になるだろう。

第 5 節　今後の注目点

生成AIに代表されるように，AIの活用は今後あらゆる組織や企業，領域にとって重要になることは間違いない。AIそのものの将来像は本書では述べないが，モデル・リスク管理という領域では今後どのような点に注目すべきだろうか。

第1に，AIそのものがより進化して，モデルがさらに複雑化・高度化することが考えられる。そうすれば，モデル検証や継続モニタリングは，より難易度が高まると思われる。それらを実施するリソースやスキルの確保も重要になるだろう。

第2に，AIがより高度かつ重要な意思決定・リスク管理等に活用されることも想定しておくべきだろう。その場合は，第1章や第2章で解説したリスク格付は高くなり，結果としてAIモデルを2〜3年に1度再検証したり，頻度・粒度の高い継続モニタリングを実施する業務負荷が相当高くなることには留意

が必要である。

　最後に，モデル定義のグローバルの動向である。第3章でカナダの原則（改訂版）のモデル定義を取り上げたが，そこでは「AI／MLの手法を含む場合はモデルである」といった趣旨の定義が提案されている（本書執筆時点では改訂案）。こうしたモデル定義がグローバル標準になれば，AI／MLを含む手法は全てモデルとして特定し，管理する必要があるかもしれない。そうなれば，AIの積極的な活用に比例するかたちで，管理すべきモデル数が膨大になりかねない。こうしたことも見据えて，モデル・リスク管理業務の効率化も考えておくことが重要だろう。

　AIの発展・進化はとどまるところを知らない。こうした時代の流れを踏まえると，AIモデルの活用・管理は重要なテーマになることは間違いない。本章が，日本の金融機関のAIの管理の整備・高度化に少しでも貢献できれば幸いである。

　　　（執筆）王　雪竹，須崎　公介，宇宿　哲平，秋場　良太，田中　康浩

第8章

海外のグローバル金融機関の
モデル・リスク管理

第 1 節　海外のグローバル金融機関の状況

　本書では，米国G-SIBsをはじめとする海外のグローバル金融機関は，高度な
モデル・リスク管理態勢を整備していると述べてきた。モデル・リスク管理は，
特に米国G-SIBsでは相当高度化が進んだ今でも強度が高まっており，日本の金
融機関との差が特に大きいリスク管理領域である。英国でさえ，金融庁と同様
の包括的なガイダンスを2023年に公表したばかりである。米国では，モデル・
リスク管理は，あらゆる金融業務の土台となる重要なガバナンス領域であると
いう認識が経営管理に深く浸透しており，日本との差が大きい要因になってい
る。

　本章では，米国G-SIBs等の海外のグローバル金融機関はどのような論点を意
識して態勢整備・高度化を行ってきたのか，さらにどのように管理の効率化を
図ってきたのかを解説する。管理の効率化については，特にマネージド・サー
ビス（アウトソース）の活用を取り上げる。

第 2 節　モデル・リスク管理の重要論点

（1）リスクに応じたモデルの管理

　まずは，リスクが高いモデル（典型的には，リスク格付が高いモデル）の管
理である。海外のグローバル金融機関では，リスクが高いモデルを徹底的に管
理している。具体的には，リスクが高いモデルに対しては，モデルの使用開始
前の検証だけでなく，モデル使用開始後の継続モニタリング（第1線が実施）
やモデルの再検証（第2線が実施）に相当のリソースを割いている。これは，
リスクが高いモデルでモデル・リスクが顕在化した場合の影響が大きいためで
あるが，今やその影響も，社内だけでなくレピュテーションへのダメージを通
じて社外にも及び得る点を意識しているものと思われる。

　一般的に，継続モニタリングやモデルの使用開始前の検証と同レベルの包括

的な再検証の実施は，金融機関にとってかなりの負担になるが，リスクが高い
モデルに対してはかなりのリソースをかけて管理を行っているのが実情である
（実際の例は，**図表8－1**参照）。最近では，モデル数の増大に伴い，リスク格
付を3段階ではなく4段階や5段階にして，モデル・リスクが相当低いと考え
られるモデル（4段階目や5段階目のモデル）についてはかなりの程度，管理
の強度を落とす例もみられているようである。

図表8－1　モデル検証と継続モニタリングの粒度と頻度

	リスク高	中	低	（極めて低）
使用開始前の検証（第2線）	フルスコープ	フルスコープ	フルスコープ	簡易版
継続モニタリング（第1線）	最低でも四半期	最低でも半期	最低でも年次	不定期
再検証（第2線）	2年に1度フルスコープ	3年に1度フルスコープ	5年に1度フルスコープ	不定期／5年に1度簡易版

　日本のG-SIBsやD-SIBsであっても，リスクが高いモデルに対して2年に1
度程度の頻度で，使用開始前と同レベルの再検証を実施するのはリソース上，
相当困難であると思われる。リスクが中程度のモデルの3年に1度でも厳しい
のではないかと考えられ，モデル数が今なお増え続けている現状であればなお
さらである。こうしたことを受けて，第3節で解説するように，リスクが低い
モデルを中心に，外部の第三者へのモデル検証業務のマネージド・サービスの
活用が，海外のグローバル金融機関（特に米国G-SIBs）ではかなり一般的に
なっている。

（2）「非伝統的なモデル」の管理

　第1章で議論したとおり，モデルには様々な種類が存在する。これまで日本

の金融機関では，**図表1－1**で整理した「伝統的なモデル」と「非伝統的なモデル」のうち，主に前者についてモデルとして認識し，管理対象としてきた。一方で，海外のグローバル金融機関では，例えば，AMLや不正検知・市場監視といったコンプライアンスに係るモデル，チャットボット，音声・画像認識に活用しているモデルやAI／MLの手法を用いたモデルまで管理対象としている。米国G-SIBsでは，これらのモデルが，数十から数百の規模でモデル・インベントリーに登録・管理されているのが実情である。

　既述のとおり米国の原則では，定性的なアウトプットを出力するモデルは，明示的にはモデルの定義に入っていない。しかし米国G-SIBsでは，これらのモデルの重要性等を踏まえて，すでにモデル・リスクの管理対象に加えている。なお，これらのモデルを管理対象とする場合は「伝統的なモデル」に比べて，ITやコンプライアンス，データ，リーガルといった関連部門や会議体との連携が重要になる点に留意が必要である

（3）モデル数の拡大と管理負担

　上記（1）および（2）の結果として，海外のグローバル金融機関ではモデルの管理負担が増している。モデル数は今や数千後半にまで増えている状況であり，増加したモデルの中にはリスクが高いモデルも一定程度存在することから，金融機関のモデル・リスク管理に対する負担が高まっている状況にある。態勢の整備・高度化の目途が付いている海外のグローバル金融機関では，こうしたことを背景に，モデル・リスク管理の効率化を図っている。具体的には後述するモデル・インベントリーの高度化やマネージド・サービスの活用が挙げられる。

（4）第2線を尊重するカルチャーの醸成

　海外のグローバル金融機関，特に米国G-SIBsでは，第2線によるけん制を尊重するカルチャーが醸成されている。モデル・リスク管理では，第2線のモデル・リスク管理部門やモデル検証者には，モデル検証を通じてモデルの使用許

可や何らかの制限を課した上での使用あるいはモデルの使用停止等，強力な権限が与えられている。こうした第2線を尊重するカルチャーが存在する背景には，以下のような事情があるものと考えられる。

- 米国G-SIBsでは，多くの業務にモデルが活用されており，モデルが適切に機能しなければ金融業務が成り立たない。何か業務に問題があれば，それはモデルに起因しているのではないか（モデルが重要である）という認識が浸透している
- モデル・リスクが顕在化すると，第1線の責任者であるモデル・オーナーに影響が大きい（責任の所在が明確）ため，適切なモデル・リスク管理や検証は，むしろリスクを低減するものとして歓迎されている
- モデル・リスクが顕在化した際の当局からの対応が厳しいため，上級管理職がモデル・リスク管理の重要性を真剣に捉えている

一方で日本では，こうした事情が現時点ではあまりないこともあって，モデルに対する認識が米国に比べて低い印象がある。

なお，モデル検証者には，個別モデルに係る知見に加えて，第1線におけるモデルの業務への活用範囲や方法についての知見も求められる。モデル検証を適切に実施するためには，これらの知見が欠かせない。米国G-SIBsではそうした人材の確保に注力しており，第2線は重要なポジションとして認識されプレゼンスも高いが，競争激化のため，人材の確保は徐々に難しくなっているのが実情である。そのため，例えば，報酬面でも第1線に見劣りしない待遇とするなどの工夫がなされているようである。

第 3 節　管理の効率化

（1）モデル・インベントリーの高度化

海外のグローバル金融機関では，ベンダー等が開発したインベントリーであれ，内部で開発したインベントリーであれ，高度なモデル・インベントリー（システム）を，ほぼ例外なく保有している。第1章で述べたとおり，モデル

数が数千といった水準まで増加する中では，エクセルで管理することは，もはや効率性や正確性の観点から不可能である。

　システムは，大きくインベントリー機能とワークフロー機能が内蔵されていることが多い（イメージは**図表8－2**）。インベントリー機能では，モデル記述書や検証報告書の管理，各種履歴の一覧化や一元管理，これらをサマリーするレポートやダッシュボードの機能等がある。ワークフロー機能では，モデルの新規登録から始まり，モデル開発・検証・承認や，その後の使用・変更の申請・承認等の管理の機能がある。

図表8－2　モデル・インベントリーシステムのイメージ

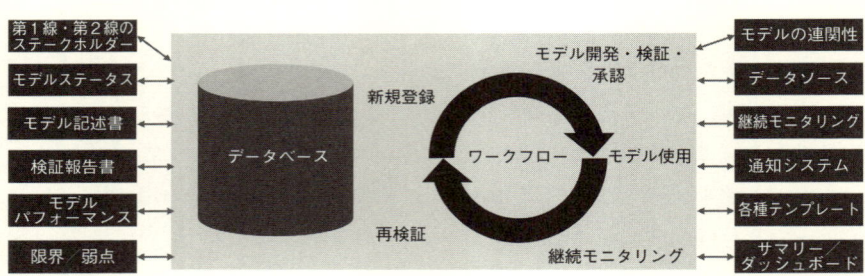

　最近では，モデルの連関性（上流・下流モデル）をグラフィカルに表示したり，各種文書の自動作成等の機能もあるほか，クラウド上にインベントリーを構築する動きもみられている。クラウドの活用は，コストも比較的抑えられるため，規模の大きくない金融機関を中心に導入する動きがあるようである。また，関係者のアクセスが24時間／365日可能であり，グループ・グローバルベースで活動する金融機関において時差を気にすることなく管理を行うことができるため，後述する外部の第三者へのモデル検証等のマネージド・サービスにおいて，作業効率の観点からのメリットも存在する。

（2）ロケーションの選択

　海外のグローバル金融機関では，開発したモデルはセンター・オブ・エクセ

レンス（CoE）や地域の主要拠点で一括して検証を実施することが多い。一例として，グローバルで開発したモデルを日本拠点で使用する場合でも，モデル検証を香港やシンガポール，インド等が担うといった取組みが挙げられる。こうした国・地域単位でのロケーション以外でも，税金や不動産に係るコストを削減するために，モデル検証チームをニューヨークやロンドンといった本部がある大都市ではなく，他の小規模の都市に移している例がみられている。

　また，モデル検証に際しての基本的な方針や規程，マニュアル，テンプレートがグループ・グローバルベースで統一されており，どのロケーションでモデル検証を行うかは問題にならないといった事情もある。この点は，マネージド・サービスの活用に関連する論点でもあるが，日本の金融機関は，第2線のロケーションにさほどこだわる必要がないといえる。

　ただし，この場合に留意すべき点は，CoEなどでモデル検証を行う際には，モデルが使用される現地の規制やビジネス，顧客等の状況を十分に理解した上で実施すべきという点である。第9章の海外G-SIBsの日本の子会社のモデル・リスク管理でも触れるが，先進的なモデル・リスク管理態勢を有している海外のグローバル金融機関でも見落としがちであるため，付言しておきたい。

（3）マネージド・サービスの活用

①　背　　景

　海外のグローバル金融機関では，管理すべきモデル数が膨大な数に上っていることに加えて，日々新たなモデルや手法が現れており，モデル・リスク管理の負担がますます重くなっている。モデル・リスク管理に係るコストがどの程度かは金融機関によってまちまちであり，詳細は明らかではないが，KPMGが実施した2020年公表のサーベイ結果「Model Risk Management: A global benchmark analysis of significant banks」を例にとると，海外のグローバル金融機関では，オペレーションやチーム運営等に係るコストが，年に1億ドル以上になることが示されている。コストを削減すべく，業務の効率化は重要なテーマになっている。

　こうした中，海外のグローバル金融機関，特に米国G-SIBsでは，主にモデル

検証について外部の第三者に委託する動きが広がっている（マネージド・サービスの活用）。とりわけ，金融機関にとって負担が重いモデルの使用後の再検証を委託することが一般的である。この取組みによって余裕ができたリソースを，難易度の高いモデル開発・検証や当局対応といった，より重要と考えられる業務に移すことが可能になっている。

　ただし，第三者によるモデル検証の実施態勢次第では，内部でモデル検証を実施するよりもコストが割高になることがある点には，留意が必要である。例えば米国の金融機関であれば，第三者として米国のチームを選定すれば，おそらく内部で検証を実施するよりコストが高くなることが想定される。これを避けるため，比較的コストが低いと考えられているインドや東欧のチームに委託する取組みが広くみられている。こうした国や地域には，モデル検証を実施する第三者が委託を受けられるだけの人員や設備（例：情報を厳格に管理できるクリーンルーム）等の態勢を整えており，金融機関自身もチームを構えていることが多い。

②　概　　要

　海外のグローバル金融機関は，どのようにしてモデルの検証業務を第三者に委託しているのか，以下でその概要を解説したい。

　まずは，金融機関が委託するモデルを特定した上で，外部の第三者にアプローチを開始する。委託するモデルに特段の制約はないが，一般的にはリスクが高くないモデル，具体的にはリスク格付が中程度のモデルの一部やリスクが低いモデルの検証を委託することが多いようである。

　次に受託側であるが，金融機関がインドや東欧などの第三者のチームにダイレクトに委託するというよりは，その金融機関が属する拠点の第三者と業務のイメージについて検討を行うことになる。金融機関が日本のG-SIBsやD-SIBsであれば，例えば，第三者（あるリスク・コンサルティングファームとする）の日本チームが対応することになる。金融機関とリスク・コンサルティングファームの日本チームで検討を重ねた後に，日本チームが同じリスク・コンサルティングファームのインドチームと業務のスコープ等について議論を行う。インドチームは，委託されるモデルタイプに応じて責任者と専門家をアサイン

し，モデル検証業務を行うことになる。その後，実際の検証業務をインドチームで行い，その結果を日本チームが管理しながら，金融機関に進捗状況やモデル検証結果を報告するという流れになる。成果物としては，基本的には当該モデルの検証報告書を納品することになる。以上を具体的に図示したのが，**図表8－3**である。

図表8－3　マネージド・サービスの活用例

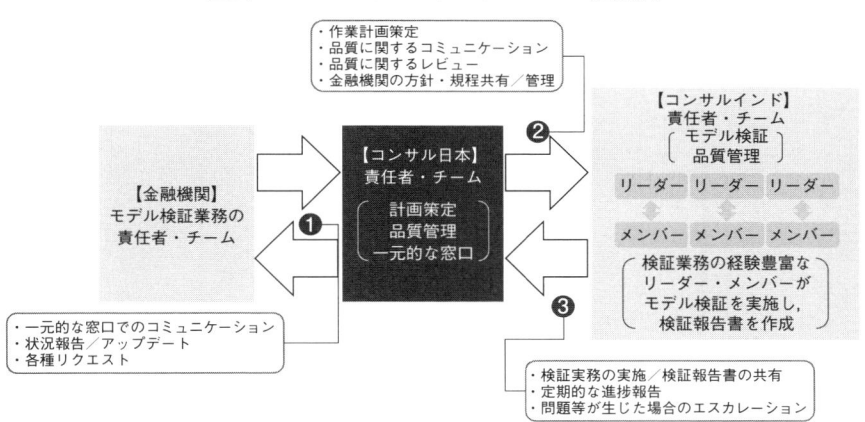

　ただし，金融機関が第三者に検証業務を「丸投げ」していると捉えられることは避けるべきである。例えば，日本チームが金融機関にインドチームを紹介し，インドチームと金融機関だけでやりとりを行い，インドチームが金融機関に検証結果を伝えるだけでは，当局は好ましく思わないだろう。そうではなく，日本チームが金融機関とインドチームとの間に入り，日本の規制や金融機関のニーズ等を適切に理解してインドチームに伝え，インドチームの品質を管理しながら，金融機関とインドチームとのコミュニケーションを行うといった「ワンチーム」としての態勢が重要になる。

③　ケーススタディ

　より具体的なイメージを持つために，架空のケースを取り上げる。ある大手の金融機関では，管理モデルがインベントリー上に1,000本存在しており，リ

スク格付の内訳は，リスク高：200本，リスク中：400本，リスク低：400本である。リソースを新規のモデルの検証や当局対応に投入するために，今年度に再検証を行う必要のある200本のモデルのうち，最大で100本（リスク高のモデル10本，中のモデル20本，低のモデル70本）のモデル検証を外部の第三者に委託することを検討しており，当該金融機関がリスク・コンサルティングファームの日本チームにアプローチした。

　この依頼を受けた日本チームは，100本の委託候補モデルのタイプやリスク特性等を踏まえ，「1年間で100クレジットの範囲で希望に応じてモデルの検証を行うことが可能。具体的には，リスク高モデルであれば5クレジットを，中であれば3クレジットを，低であれば1クレジットを使い，100クレジットの上限まで使うことが可能」といった提案を行う。こうすることによって，金融機関側のニーズや優先順位の変化に応じた柔軟な対応が可能となる。その背後には，日本チームとインドチームで，1クレジット当たりの単価を協議することになる。

　金融機関との間で合意が得られれば，インドチームが実際の検証業務を行う。その際には，情報セキュリティが厳格に管理されたクリーンルームを手配するなど，データや機密情報等の取扱いに細心の注意を払うことになる。金融機関とのデータ等のやり取りは，バーチャルルームを開設して授受を行うことが一般的である。

　委託期間中については，リスクの高いモデルに関して検証依頼があれば，5クレジットを使って期日までに検証報告書をインドチームが作成する。急遽，低リスクモデル10本の検証を行うニーズが出てくれば，そのニーズを日本チームが受け，対応可能かリソース調整などをインドチームと協議する。リスクが低いモデルであれば，平均的には数週間でモデル検証報告書を作成できるスピード感である。

　どのようなモデルであっても，検証の途中経過や品質管理は日本チームが担当し，金融機関とのコミュニケーションを日本チームが一元的に担う。繰り返しになるが，金融機関が第三者に委託を「丸投げ」したり，日本チームがインドチームを適切に管理できていなければ，よいモデル検証を行うことはできない。インドチームの責任者や検証者に，日本に特有の規制や金融機関に固有の

事情等があれば，それを伝えるのも日本チームの大切な役割である。やはり，金融機関・日本チーム・インドチームが「ワンチーム」になって対応することが重要である。

④　FAQと日本の金融機関の課題

　これまでマネージド・サービスの活用について，架空のイメージを交えながら解説してきた。本節の最後に，日本の金融機関からマネージド・サービスについてよく聞かれる質問（FAQ）を7つ取り上げ，それらに答えながら，日本の金融機関がマネージド・サービスを活用する際の課題等についても議論したい。

FAQ 1	回答
どのような金融機関が活用しているのか	米国G-SIBsが中心で，次いで欧州（特に英国）のグローバル金融機関，最近では中東やアジアの金融機関でも事例が存在する。

　まずは，どのような金融機関がマネージド・サービスを活用しているのかというFAQである。やはり米国G-SIBsに加えて，欧州のグローバル金融機関で活用が進んでいる。米国G-SIBsでは，もはや通常業務の一環としてマネージド・サービスの活用が広がっている。最近では，上記以外の金融機関，具体的には中東やアジアの金融機関でも関心が広がっている。後述のとおり，こうした地域では，言語が一定の課題になっている模様であるが，AI翻訳等のテクノロジーも活用しながら，マネージド・サービスの活用を模索するアジアの金融機関も存在するようである。

FAQ 2	回答
モデル検証の質はよいのか	米国G-SIBsが保有するモデルの検証を行うことで経験が蓄積されている。そのため，幅広いモデルに対応可能で，モデル検証の質に問題はない。

　次に，モデル検証の質に関するFAQであるが，この点については特に問題は聞かれない。つまり，リスク・コンサルティングファームのインドチームで

は米国G-SIBs等からマネージド・サービスの委託を受けることで，むしろ様々なモデル検証に係る豊富な経験が蓄積されている。海外のグローバル金融機関のモデル検証業務の経験が蓄積されている点は，むしろ大きな強みだろう。

　もっとも，重要なモデルやリスクの高いモデルの検証を委託することには，抵抗があるかもしれない。その場合は，最初はリスク格付が低いモデルの委託，さらにその中でも，数を絞って委託することが考えられる。いわばパイロット的に第三者への委託を実施するイメージであり，「習うより慣れよ」を優先するわけである。

FAQ 3	回答
コスト削減効果はどの程度あるのか	自社で検証を行う場合に比べてコストを削減し得るが，その程度は様々である。

　この点は，やや不透明な部分が残る。コスト削減といっても，どこまでのコストをイメージしているかによって効果が異なることに加えて，主観的な部分がどうしても存在する。しかし，先に挙げたサーベイ結果では，マネージド・サービスを活用する理由の1つにコスト削減が挙げられていることからも，ある程度のコスト削減は実現できるものと思われる。

　一方で，日本の金融機関では，これよりもコスト削減効果は小さくなる可能性がある点には留意が必要である。すなわち，委託が軌道に乗るまでは，契約等の各種社内手続やセキュリティ関連のセットアップに加えて，金融機関のモデルや検証報告書を第三者に理解してもらう必要がある。各種文書が日本語であれば，インドや東欧等のリソースはなおさら活用し難いと予想される。また，成果物である検証報告書等は当然英語で作成されており，それを金融機関が理解し，社内で報告を行うにしても手間はかかるだろう。この点は，後述するFAQ 7に関連して，日本の金融機関にとっては課題である。

FAQ 4	回答
データやモデルといった機密情報を扱うが，情報管理のセキュリティは大丈夫か	受託側では，クリーンルームを設置し，外部とのネット環境の遮断や情報管理を厳格にすることで高いセキュリティ環境を実現しているものと考えられる。

　この点も，日本の金融機関からよく聞かれるFAQである。基本的には海外のグローバル金融機関では問題なくモデル検証を実施できていることを踏まえると，大きな問題にはならないのではないかと思われる。ただし，既述のとおり各種社内手続は必要であり，最初に委託する際には手間が増えることが想定される。軌道に乗れば，定例事務としてスムーズに社内手続が進むのではないだろうか。

FAQ 5	回答
モデル検証チームとのコミュニケーションはどのように行うべきか	委託先（例えばインドチーム）と金融機関の間にPMO的な立場で日本チームが入り，両者と密にコミュニケーションを取るようにすれば，問題は生じない。

　この点も，大きな問題ではないと思われる。金融機関とインドチームだけであれば不安は残るが，日本チームが間に入り，インドチームの進捗等を管理し，日本に特有の規制や金融機関に固有の事情に加えて，リスクプロファイルの変化や環境の変化等を理解してインドチームに伝えることが必須である。この点は，続くFAQ 6にも関連する重要な点である。

FAQ 6	回答
当局の反応として，ネガティブな評価にはならないか	モデルの検証負担が重いため，委託の必要性は当局も理解している。一方で，委託して終わりという「丸投げ」状態では印象がよくないと考えられる。

　FAQ 6はFAQ 5と関連している。金融庁原則でも，外部リソースを活用す

ること自体は，むしろポジティブなトーンで記載されているという印象を受ける。

　ただし，金融機関がモデル検証の結果を理解せず，そのまま最終的な検証結果として処理したり，上級管理職に報告することは，当局も望ましいと思わないだろう。検証結果を理解した上で，最終責任は金融機関の側にあるという認識は重要であり，そのための必要なコミュニケーションを，日本チームやインドチームと行うことが求められる。「ワンチーム」でいかに「ブラックボックス」を少なくできるかがポイントになると思われる。

FAQ7	回答
言語の壁は大きいのではないか	英語が母国語ではない場合，やはり課題である。

　最後に，日本の金融機関にとっては悩み深い言語に関するFAQである。米国G-SIBsを中心に海外のグローバル金融機関でマネージド・サービスが浸透している要因の１つに，英語が母国語であるという点がある。この言語の壁が，日本の金融機関がマネージド・サービスの活用に踏み切れない，大きな要因であると考えられる。

　すなわち，日本の金融機関では，モデル・リスク管理に関する方針・規程類やモデル記述書，検証報告書等は，日本語で作成されていることがほとんどである。そのため，これらの内容を受託先の日本チームがまず理解し，インドチームに英語で正確に伝えるとすれば，特に最初は相当のリソースが必要になる。それでもインドチームに十分に情報を伝えきれない部分が残ってしまうことは避けられないだろう。期中もインドチームへの各種問い合わせや進捗の管理を行う際も，日本チームが英語で行いながら，それを金融機関に日本語で伝えることになる。また，インドチームが作成する検証報告書等の成果物は当然英語で作成されており，金融機関によっては英語に抵抗感を示す場合もあるだろう。その場合は，ポイントだけでも日本語にして日本チームが金融機関に示すことも考えられるが，それも負担になる。また上級管理職にも報告を行う際の，金融機関側の負担も考えねばならない。

　つまり，海外のグローバル金融機関と異なり，いずれのステップにおいても

ひと手間かかることは事実であり，この点はFAQ3（コスト削減効果）や
FAQ5（モデル検証チームとのコミュニケーション）にも関連している。モ
デル記述書や検証報告書等を英語で作成し，グローバル人材が豊富に存在する
金融機関であれば，上記の点はさほど大きな課題にはならない。

　一方で，英語が母国語ではない欧州大陸等の海外のグローバル金融機関と比
べると，日本の金融機関では，依然，日本語での業務が中心だと思われる。言
語の壁を強調し過ぎると元も子もないが，やはり最後には，日本の金融機関に
は言語の壁が無視できないと痛感させられる。一朝一夕に解決できる策はない
が，G-SIBsやD-SIBsの金融機関であれば，一部のモデルに係る業務（例えば，
グローバルで活用しているモデルやリスクが高いモデルの一定数）については，
グローバル仕様として，徐々に英語化を進めていくべきなのかもしれない。

第　4　節　日本の金融機関への留意点

　本章では米国G-SIBsをはじめとする海外のグローバル金融機関のモデル・リ
スク管理について解説してきた。主なポイントは，以下のとおりである。
- 米国G-SIBsをはじめとする海外のグローバル金融機関では，本章の第2節
  で挙げた論点を重視しながら，態勢整備・高度化を図ってきた
- こうした金融機関では，モデル・リスク管理の態勢整備・高度化に目途が
  付いている
- 管理すべきモデル数が拡大していることを受け，モデル・インベントリー
  の高度化やマネージド・サービスの活用を行い，特にモデル検証について
  効率化を行っている
- マネージド・サービスの活用は，コスト削減にあたって有用であるが，日
  本の金融機関が活用するにはいくつかのハードルも存在する

　日本の金融機関（特にG-SIBsやD-SIBs）は，先行する米国G-SIBs等の海外
のグローバル金融機関の事例を参考にして，モデル・リスク管理の態勢整備・
高度化に努めるべきである。ただし，やみくもに米国G-SIBs等の事例を参考に
しても，うまくいかないことが想定される。例えば，金融庁原則の8つの原則

についてある程度の態勢整備・高度化を行っていない中で，本章で解説した効率化を目指して高度なモデル・インベントリーを導入したり，マネージド・サービスへの委託を行っても，モデル・リスク管理の「土台」がぐらついては，意味のある効率化は達成できないだろう。やはり金融庁原則や本章の第2節で取り上げた論点について，あるレベルまでは既存の管理態勢を整備・高度化し，それに目途が付けば，徐々に効率化を図って行くという順序が重要になる。つまり，「高度化なくして効率化なし」である。

　本章で取り上げた海外のグローバル金融機関の態勢整備・高度化の論点や効率化の視点が，日本の金融機関，特に日本のG-SIBsやD-SIBsにとって，参考になれば幸いである。

（執筆）田中　康浩，曽我部　淳

第9章

日本の金融機関の
態勢整備・高度化アプローチ

第 1 節　モデル・リスク管理を踏まえた金融機関の分類

（1）金融機関とモデル

　本書の締めくくりとして，日本の金融機関は，どのようにモデル・リスク管理態勢を整備・高度化していくべきか，そのアプローチについて提案したい。ただし一口に金融機関といっても，その業態・規模・特性などは様々である。日本の金融機関の場合は，例えば，次のような分類が考えられる。

- G-SIBs：三菱UFJフィナンシャル・グループ，みずほフィナンシャルグループ，三井住友フィナンシャルグループ（2024年3月時点）
- D-SIBs：三井住友トラスト・ホールディングス，農林中央金庫，大和証券グループ本社，野村ホールディングス（2024年3月時点）
- G-SIBsやD-SIBsではないが，規模の大きな金融機関
- 地域金融機関
- 保険会社

このように分類しても，業態（銀行か証券か等）や規模（何を基準に規模が大きいとするかも論点），特性（貸出中心か有価証券投資に力を入れているか，グローバルに展開しているかどうか等）に応じて，保有するモデルの数や性質に違いが生じる。モデル・リスクの管理態勢を整備・高度化する際にも，こうした違いを踏まえて優先順位やアプローチ，目指すべき態勢に違いが生じることになる。そのため，自社に見合った態勢を整備・構築することが重要である。

（2）プロポーショナリティ原則

　こうした違いを踏まえると，金融システム上重要な金融機関や規模の大きな金融機関，重要で複雑なモデル（モデル・リスクが高いモデル）を多く保有する金融機関には，厳格かつ高度なモデル・リスク管理態勢の構築が必要と考えられる。一方，そうではない金融機関には，それに見合った態勢の構築を求め

ることが自然である。金融庁原則でも以下のとおり，同様の点が示されている（いわゆるプロポーショナリティ原則。米国・英国の原則も同様である）。

　金融機関がモデル・リスク管理態勢の構築及び強化を進めるに当たっては，適切な優先順位付けを行うことが重要である。包括的なモデル・リスク管理態勢の構築・強化には，相当の時間を要することが見込まれる。これを踏まえ，金融機関は，例えば，リスクが高いと考えるモデルや，リスクを実効的に管理する観点で優先度が高い取組みからモデル・リスク管理態勢の構築や強化を開始し，段階的に対象を拡大していくことも可能である。このような漸進的なアプローチを採用する場合には，モデルが潜在的に有するリスクや，金融機関のモデル・リスクに対する許容度等に基づいて，適切に優先順位付けを行った上で対応することが求められる。

　金融庁は，モデル・リスク管理に係る監督・モニタリングを行うに当たって，本原則の個別項目に係る遵守状況よりも，モデル・リスク管理態勢全体の機能発揮の状況を重視していく。金融機関は，自社のリスク・プロファイル，業務におけるモデルの使用状況，使用するモデルの複雑性等に応じ，また，自社全体のリスク管理の枠組みに整合するように，本原則を柔軟に適用することも可能である。また，金融機関は，形式的なモデル・リスク管理態勢の構築に留まらず，取締役会等や上級管理職の関与を通じて，その実効性を確保する努力を継続していくことが期待される。

（出典）金融庁「モデル・リスク管理に関する原則」（4頁）より抜粋

上記で取り上げた金融庁原則で，特に重要な点は次の箇所である。
- 「金融機関がモデル・リスク管理態勢の構築及び強化を進めるに当たっては，適切な優先順位付けを行うことが重要である。包括的なモデル・リスク管理態勢の構築・強化には，相当の時間を要することが見込まれる」
- 「金融機関は，自社のリスク・プロファイル，業務におけるモデルの使用状況，使用するモデルの複雑性等に応じ，また，自社全体のリスク管理の枠組みに整合するように，本原則を柔軟に適用することも可能である」

　1点目については，「適切な優先順位付けを行う」という点と「相当の時間を要することが見込まれる」という点に注目したい。前者に関しては，自社が特に対応できていない重要な項目にリソースを投入するとか，例えば貸出が多く有価証券投資が僅少な金融機関があるとすれば，貸出関連のモデルの管理の優先順位を高めるといったイメージになる。後者については，段階的に管理態勢を整備・高度化していくにあたって，時間をかけても構わないので，優先順位を付けた上で，数年のスパンで計画を立て，それに沿って着実に整備・高度化をしてほしいという当局の考えが示されている。米国の金融機関でも，相当の時間をかけて態勢整備・高度化を行ってきた。

　2点目については，モデルを活用した業務が多いのか（モデル数が多いのか），重要で複雑なモデルを多く保有しているのかといった点を踏まえ，金融庁原則を柔軟に適用することが可能と解釈できる。「柔軟に適用」とは，自社に関連性が低い項目の対応の優先順位を下げたり，金融庁原則の一部を優先的に適用しながら，数年後に金融庁原則を遵守する水準にまで態勢を整備するといった方法が許容されている。例えば，原則6のモデル検証では，第1線から独立した第2線がモデルを検証すべきとされているが，特に規模の小さな金融機関ではこれは難しいだろう。そこで当面は，モデル開発を担当していない別の第1線が，モデル検証の実施を許容するといったことが想定される。

（3）本章での金融機関の分類

①　分類に際しての考え方

　以上をまとめると，金融機関が，業態や規模，特性，保有モデルの性質等を踏まえて優先順位を付けながら，数年のスパンで段階的にモデル・リスク管理態勢を着実に整備・高度化してくべきという方針になる。このように考えると，金融機関を，規模や保有モデルの性質といった何らかの基準に沿って分類すれば，その分類に応じて求めるべき態勢の期待値が存在するはずである。

　そこで日本の金融機関について，モデル・リスク管理態勢を整備・高度化する際にどのような分類が考えられるのか，規模の切り口やモデルの切り口にフォーカスを当てて1つの考え方を示した上で，第2節以降の議論を進めて行

きたい。

②　規模の切り口

　規模といっても，総資産なのかリスクでウェイト付けした資産（RWA）なのか，支店数なのかなど，一意に決まらない。かつ，これらは増加・減少が顕著なため，ある基準で区切ったとしてもその後の変化が大きくなることが予想される。そこで，以下のような視点で金融機関を分けてみた。

- 国際統一基準行と国内基準行の2パターンで分ける。これは日本の基準という意味で，「日本基準」とする
- 金融庁原則の対象先は日本のG-SIBsやD-SIBsであるため，G-SIBs，D-SIBs，それ以外の金融機関かの3パターンで分ける。これは金融庁原則の基準という意味で，「金融庁原則基準」とする

③　モデルの切り口

　次に，金融機関の保有モデルについて，信用リスクや市場リスク等のリスク量の計測時に，規制目的でモデルを使用しているか否かで考えてみたい（以下では，規制目的で使用するモデルを「内部モデル」と呼ぶ）。また，様々な内部モデルの中でも，ここでは内部格付手法（IRB）に紐付けるかたちで，金融機関を3つのパターンに分けると次のようになる。

- 先進的内部格付手法（AIRB＜Advanced Internal Ratings-Based＞Approach）に関するモデルを持つ金融機関
- 基礎的内部格付手法（FIRB＜Foundation Internal Ratings-Based＞Approach）に関するモデルを持つ金融機関
- 標準的手法を採用する金融機関

　内部モデルを保有する金融機関は，金融庁からモデルの承認を受ける必要がある。そのためには，以下の金融庁原則で指摘されているとおり，告示で示されるモデルの検証や内部管理態勢の構築といった要件が必要になる。したがって，こうした内部モデルを保有している金融機関では，保有していない金融機関より，モデルの管理に一定の理解や経験があると考えられる。

　　金融機関のモデルが当局宛報告や規制・監督上の決定に用いられる場合，モデルに起因する問題は規制・監督の目的を大きく損ないかねない。この問題は，金融機関が自己資本比率規制等において自社の内部モデルを使用する場合に特に顕著であり，かかる内部モデルに対する統制の必要性は，規制分野では長らく認識されてきた。このような背景から，バーゼル銀行監督委員会等の国際的な規制策定主体や金融庁をはじめとする各国の監督当局は，規制目的での内部モデルの使用を承認する条件として，当該内部モデルから生じるリスクを実効的に管理することを金融機関に求めてきた。

（出典）金融庁「モデル・リスク管理に関する原則」（2頁）より抜粋

　このように考えると，内部モデルを保有しているか否かで，求めるモデル・リスク管理の態勢に違いがあると考えるのは合理的だろう。なお，内部モデルを保有しているか否かを原則の適用基準としている点は，英国の原則が採用していることを第2章で触れた。こうしたことを踏まえても，考え方としては大きな違和感がないと思われる。

④　金融機関の分類
　以上の検討を踏まえて，「規模の切り口」と「モデルの切り口」を合わせて整理したものが，図表9-1である。

図表9-1　日本の金融機関の分類

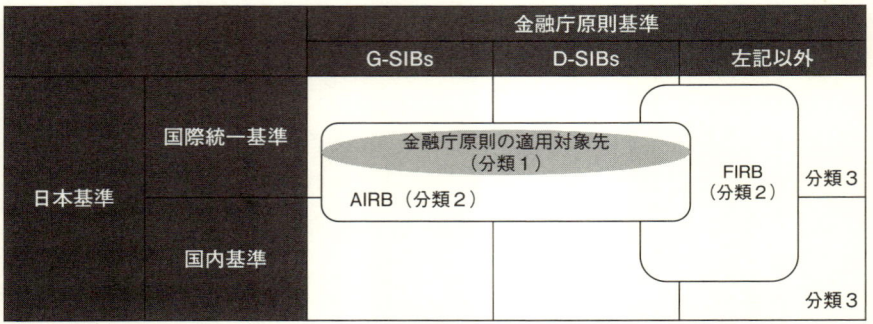

（注）本図表は概念図であり，包含関係の正しさは必ずしも厳密ではない点には留意していただきたい。

　なお，保険会社は規制体系等の違いを踏まえると，**図表9−1**の中には含まれないが，日本の金融機関におけるプレゼンスの大きさや多数のモデルを保有していると思われることを考慮して，追加的に分類4として，保険会社の態勢整備・高度化アプローチについても示してみたい。次節以降では，**図表9−2**のとおり4つの分類に従って，現状と課題・対応方針，態勢整備・高度化アプローチについて解説する。

図表9−2　本章での日本の金融機関の分類

分類	対象金融機関
分類1	日本のG-SIBsとD-SIBs
分類2	内部モデル（AIRB・FIRB）を保有している金融機関
分類3	内部モデルを保有していない金融機関
分類4	保険会社

第 2 節　日本のG-SIBsとD-SIBs

（1）現　　状

　日本のG-SIBsやD-SIBsは金融庁原則の適用対象先であり，金融庁原則が求める8つの原則に対しても，程度の差はあれ，おおむね遵守できていることが期待される。このことは，金融庁原則の適用対象先として，G-SIBsとD-SIBsを選定したことからも窺うことができる。現在，これらの先に対して，金融庁原則の遵守状況や策定した態勢整備・高度化のスケジュールについて，金融庁が継続的に対話を行っている。

　一方で，G-SIBsやD-SIBsの金融機関でもいくつかの課題が散見されるのも事実であり，その主な課題を取り上げながら，対応方針を示してみたい。

（2）課題と対応方針

① グループ・グローバルベースでの態勢構築

まずは，原則1（ガバナンス）の課題である。G-SIBsやD-SIBsの金融機関であれば，いくつかの業態に加え，国内・海外の支店や子会社等を多数有していると思われる。理想としては，持株会社等の親会社がモデル・リスク管理に係る方針や規程，モデルの定義，リスク格付の付与ロジック等について，グループ・グローバルベースで態勢を構築することが望ましい。グループ・グローバルベースで整合性が取れていなければ，例えば，次のような事態に陥りかねない。

- ある業態と別の業態でモデルの定義が異なるため，管理対象モデルに違いが生じる
- リスク格付の付与方針が，国内と海外で異なる
- 同じようなモデルでも，モデル検証の評価結果が日本と米国で異なる
- モデル開発や検証に際しての文書に共通テンプレートがないため，モデル開発・検証項目に相違がある

こうした事態を防ぎ，効果的・効率的なモデル・リスクの管理を行うために，グループ・グローバルベースで整合性が取れた態勢を構築することが重要である。既述のとおり，モデル開発や検証では，グループ・グローバルベースでモデル開発や検証の目線，より具体的にはモデル記述書や検証報告書の項目に係る目線やある程度のテンプレートが揃っていなければ，効率的なモデル開発や検証を行うことは難しい。その意味では，グループ・グローバルベースでの態勢構築は，原則3のモデル開発や原則6のモデル検証をはじめとして，全ての原則にも関連するといえる。

② 管理対象モデルの拡張

次は，原則2（モデルの特定）の課題である。G-SIBsやD-SIBsの金融機関でも，AMLや各種取引の不正検知，気候変動といった新しい領域のモデル・リスク管理は，整備の途上である。これまで，これらの領域のモデルはモデル・リスク管理の枠組みで管理されていなかったが，金融庁原則では，これら

の領域のモデルにも言及している点は，第1章で示したとおりである。さらに，年々，新たな領域のモデルや手法を活用したモデルが出現しているのが実情である。金融庁原則のモデル定義を参考に，グループ・グローバルベースで自社にどのようなモデル（候補）があるのかを洗い出し，これまで管理を行っていなかったモデルについては，管理を開始する必要性があるだろう。その際，新たにモデルを特定・管理を開始するとモデル検証等が必要になるため，金融機関の負担が重くなる点に留意が必要である。

③　モデル・インベントリーのシステム化

　同じく原則2（インベントリー管理）の課題である。第1章で解説したとおり，モデル・インベントリーにはエクセルかシステムのどちらを活用すべきなのかという論点があるが，G-SIBsやD-SIBsの金融機関であれば，モデルが数百以上になることが多い。そうした場合には，モデル・インベントリーにシステムを導入するほうが，モデルの管理は効果的・効率的になると思われる。一方で，システムの導入には費用がかかるため，容易に対応できないという課題はあるが，第8章で触れた先進的なモデル・インベントリーの機能をみると，日本のG-SIBsやD-SIBsも，将来的にはシステムの導入を検討すべきだろう。

④　第1線による継続モニタリングの実施

　次に，原則5（継続モニタリング）の課題である。金融庁原則では，継続モニタリングは，「通常，第1線によって実施され，モデルが意図したとおりに機能しているかについて定期的な確認を行う」とされており，基本的には第1線が実施すべきものである。これには，第1線にモデル・リスクのオーナーシップを持ってほしいとする金融庁の意図を感じる。

　しかし，日本の金融機関では，第1線がモデル・リスク管理の枠組みでモデルのモニタリングを行うという発想は，これまであまりなかったため，G-SIBsやD-SIBsの金融機関でも第1線に人員等が十分に揃っていないと思われる。金融庁原則を遵守するためには，まず第1線に「モデル・リスクとは何か」，「モデル・リスクを適切に管理しなければ，どのようなことが起こり得るか」を認識させ，リスクのオーナーシップを持ってもらいながら，第2章で説明し

たような継続モニタリングの枠組みを整備していく必要があるだろう。

⑤　第2線の独立性確保

　原則6（モデル検証）に関する課題である。モデル検証において独立性の確保は極めて重要な論点であるが，日本の金融機関ではモデル・リスク管理において，第1線と第2線が明確に独立していないケースが多くみられる点は述べてきたとおりである。G-SIBsやD-SIBsであっても，第1線から厳格に独立した第2線としてのモデル・リスク管理部門を設置していないケースがみられるが，人員や態勢面から設置が困難な場合もあるのが実情である。

　しかし，海外のグローバル金融機関ではモデル・リスク管理部門を設置することが一般的であり，そのほうが効果的・効率的にモデル・リスクを管理できることは間違いない。将来的には，日本のG-SIBsやD-SIBsも，モデル・リスク管理部門を設置して，第2線の独立性を強化すべきだろう。

⑥　外部の第三者のリソース活用

　G-SIBsやD-SIBsの金融機関ならではの論点として，金融庁原則7（外部リソースの活用）についての課題がある。この論点は，第8章で米国G-SIBsの先進的な事例で取り上げたが，G-SIBsやD-SIBsの金融機関であれば，モデル数が少なくとも数百以上の水準に達するため，効率的にモデル・リスクを管理すべく，一定程度はモデル検証等で外部の第三者のリソースを活用するといったことが考えられる。外部の第三者といった場合に，特にコスト面を考えると米国G-SIBsのように，インドや東欧のリソースを活用することが合理的だが，日本の金融機関の場合はどうしても言語がネックになってしまうため，活用が進んでいない点は第8章で強調したとおりである。

　しかしG-SIBsやD-SIBsの金融機関であれば，今後モデル数が増えることは間違いないため，将来的には，外部（特に海外）のリソース活用は前向きに検討すべきである。モデル記述書や検証報告書といった各種文書も，海外の第三者が理解できるように，一部のモデルから少しずつ英語化に取り組むことが望ましい。短期的には各種対応でコストはかかると思われるが，中長期的にはそれに見合ったベネフィットが期待できるだろう。

⑦　内部監査の実施

　最後に，原則8（内部監査）である。モデル・リスク管理は日本では比較的新しいリスク領域であるため，まだ十分にモデル・リスク管理に関する内部監査が行われていないのが実情である。金融庁原則では「モデル・リスク管理態勢の全体的な有効性を評価すべきである」とだけ記載があり，内部監査の具体的な視点は示されていないが，第2章や第3章で解説した視点を参考に，内部監査を実施することが求められる。

（3）態勢整備・高度化アプローチ

①　整備・高度化項目

　これまでに取り上げた日本のG-SIBsやD-SIBsの課題と対応方針に係る項目を，金融庁原則に紐付けてあらためて整理すると，**図表9－3**のとおりになる。課題があるということは，整備・高度化の余地があるということでもあるが，さらなる整備・高度化に向けて，どのようにアプローチすべきかを以下で提案してみたい。

図表9－3　G-SIBsやD-SIBsの態勢整備・高度化項目

金融庁原則	項目
原則1	➤グループ・グローバルベースでの態勢構築
原則2	➤管理対象モデルの拡張 ➤モデル・インベントリーのシステム化
原則5	➤第1線による継続モニタリングの実施
原則6	➤第2線の独立性確保
原則7	➤外部の第三者のリソース活用
原則8	➤内部監査の実施

（注）本図表では，課題と対応方針で挙げた①～⑦の項目を，金融庁原則の各原則と紐付けている。以下，他の金融機関の分類における図表でも同様である。

②　アプローチ

既存の態勢を整備・高度化するという意味で，**図表9－3**で取り上げた項目

について，着実に対応を行っていく必要がある。その上でG-SIBsやD-SIBsの金融機関であれば，「管理対象モデルの拡張」，「第2線の独立性確保」，「外部の第三者のリソース活用」，「モデル・インベントリーのシステム化」に特に注力すべきと考えられる。

　具体的なアプローチは，**図表9-4**のとおりである。ここまで達成できれば，新しいモデルの対応を行いながらPDCAを回して改善すべき点は改善し，継続的にモデル・リスクの管理態勢を整備・高度化していくことができるだろう。

図表9-4　G-SIBsとD-SIBsの整備・高度化アプローチ

金融庁原則	対応アプローチ
原則2	➤ グループ・グローバルベースでモデル特定作業を行い，新たに管理すべきモデルを洗い出す ➤ 洗い出したモデルに対して優先順位を付け，管理の線表を作成する
原則3～6	➤ 線表に沿って既存のモデルの開発・検証・承認プロセスに落とし込む ➤ モデル検証に関しては，独立性の強化の観点で人材の教育・確保を行う
原則7	➤ この段階では，モデル数が増加していると思われるため，外部の第三者（特に海外リソース）の活用を検討する
原則2	➤ PDCAを回しながらモデル・リスクの管理態勢を継続的に整備・高度化する ➤ 将来的な対応として，モデル・インベントリーのシステム化を検討する

（注）本図表では，対応アプローチと金融庁原則の各原則を紐付けている。以下，他の金融機関の分類における図表でも同様である。

　以下では，**図表9-4**のアプローチについて補足する。
　まず，「新たに管理すべきモデルの洗い出し」については，日本のG-SIBsやD-SIBsでも，米国G-SIBsなどの海外のグローバル金融機関と比較すると，管

理しているモデル数がまだまだ少ない。これは第 1 章で紹介した,「非伝統的なモデル」が管理対象になっていないことが一因であると思われる。加えて,グループ・グローバルベースでの管理の観点から,管理対象となっていない拠点や子会社等が存在するものと考えられる。こうした点を踏まえて,あらためてグループ・グローバルベースで,自社にはどのようなモデル（候補）が存在するかを洗い出す作業（アンケート）が必要である。その際に,まずは重要度の高い拠点や子会社等に絞っても構わないので,金融庁原則のモデル定義を参考にしながら,幅広くモデル（候補）を特定することが重要である。

　その後,新たに特定したモデルについてリスク格付を付与し,リスクが高いモデルを優先しながら管理の線表を作成するとよいだろう。

　次に,新たに特定したモデルについて,既存のモデル開発・検証・承認プロセスに落とし込み,モデルの使用開始後には継続モニタリングを実施していくことが考えられる。この過程では,モデル検証等の文書化対応で,相当の作業負荷が生じることが想定される。「第 2 線の独立性確保」にも注力しなければならず,人材の育成や外部からの採用にも力を入れる必要がある。

　この段階になれば,モデル数はかなり増加しているものと思われる。今後もモデル数は増加の一途を辿ることが予想されるため,外部の第三者（特に海外リソース）の活用を積極的に検討すべきである。モデル数が増える中,例えばリスクが低いモデル群の検証は,海外リソースの活用を行うことで効率化を図り,その分のリソースをリスクが高いモデルの検証や脆弱な部分の態勢整備,当局対応に当てることで,リソースの有効活用が期待できる。

　将来的にはモデル・インベントリーのシステム化を検討することが推奨される。これまでに述べたとおり,モデル数が数百から数千程度になれば,エクセルでの管理は現実的には難しいと思われる。

　なお,金融庁原則には態勢整備・高度化に際しての時期は示されていないが,ここで示したアプローチによる整備・高度化の目途としては,3 年がひとつの目安になる。目指すべきレベルが米国G-SIBsにあるとすれば,2011年に米国の原則が公表されて以降,およそ10年かけて米国G-SIBsはモデル・リスク管理の態勢整備・高度化を図ってきた。日本のG-SIBsやD-SIBsであれば,金融庁がモデル・リスク管理について対話を始めたと考えられる2019年前後を整備・高

度化のスタートとすれば，2026年から2028年頃を想定するのは合理的であるように思われる。

第 3 節　海外G-SIBsの日本の子会社

（1）現　　状

　第4節で内部モデルを保有している金融機関について触れる前に，海外G-SIBsの日本の子会社で内部モデルを保有している金融機関のモデル・リスク管理に関しても，現状と課題を簡単に述べておきたい。これらの先は，第2章で解説したとおり，金融庁原則の適用対象先であり，金融庁原則では次のとおり定義されている。

> FSBにより選定されたG-SIBs（本邦G-SIBsを除く。）の本邦子会社であって，金融庁によるモデルの承認を受けている金融機関

（出典）金融庁「モデル・リスク管理に関する原則」（3頁）より抜粋

　金融庁原則では具体的な金融機関名は示されていないが，これらの先は米国の原則等を遵守しながら，すでに高度なモデル・リスク管理態勢をグループ・グローバルベースで構築していると思われる。その結果として，金融庁原則をすでに遵守できているだろう。これらの先では，モデル開発や検証を本国やいわゆるセンター・オブ・エクセレンス（CoE）で集中的に行いながら，外部の第三者のリソースも活用して，効果的・効率的なモデル・リスク管理態勢を構築していることが想定される。そのため，モデル・リスク管理の態勢整備に関する個別具体的な課題は相当少ないと思われるが，日本の子会社（在日拠点）のモデル・リスク管理態勢に限定すると，次のような課題が考えられる。

（2）課題と対応方針

　第8章で述べたとおり，米国G-SIBs等は，モデル開発や検証において本部や
CoEで集中的に行うことがあり，とりわけモデル検証については，アジア各国
で使用するモデルであれば，例えば香港やシンガポール，インドといった拠点
で実施されることがある。この場合，在日拠点はモデル使用者の役割に限定さ
れ，モデル開発者やモデル・オーナー，モデル検証者は在日拠点には存在しな
いことが想定される。その場合，次のようなリスクが生じるかもしれない。

- モデル使用者が，モデルの性質や限界・弱点を正しく理解しないままモデ
  ルを使用し続ける
- モデルのパフォーマンスが劣化した場合，本部等へのレポーティングが遅
  れるまたは失念することがある
- モデル検証者は在日拠点に関連する規制やビジネス，顧客などを深く理解
  していないため，実効的な検証を実施できていない
- 在日拠点のモデル・リスクについて，本部等が認識していない（＝在日拠
  点のサイロ化）

上記のうち3点目は，在日拠点で使用するモデルを香港やシンガポール，イ
ンド等の拠点で検証を行う際に，日本の規制やビジネス，顧客などを正しく理
解せず，実効的なモデル検証がなされないというリスクである。各拠点に固有
のモデルについては，特にリスクが顕在化しやすいため，留意が必要である。
本来的には，各拠点にモデル・リスク管理部門を設置すべきであるが，効率的
な運用を行うために，ある程度はモデル検証をCoE等に集約することは許容さ
れるものと考えられる。

　米国G-SIBsなどの海外のグローバル金融機関は，すでに高度な管理態勢を有
しているが，各拠点のモデルやモデル・リスクについて適切に管理するという
グループ・グローバルガバナンスの視点は，求められるといえる。

第 4 節　内部モデルを保有している金融機関

（1）現　　状

　本節では，金融庁原則の適用対象ではないが，内部モデルを保有する金融機関の態勢整備・高度化アプローチを取り上げる（**図表9－2**のとおり，本節では，内部モデルを保有している金融機関か否かは，AIRB・FIRBの対象金融機関か否かで定義する）。これらの金融機関では，モデル・リスク管理そのものについては，あまり認識されていないかもしれないが，「モデルを管理する」という考え方に対する理解は進んでいるものと思われる。

　すなわち，AIRB・FIRBの対象金融機関では，内部モデルの使用に際して実施しなければならない検証項目などが告示で定められており，それらの結果をまとめた資料を作成し，金融庁に報告した上でモデル使用の承認を得るというステップが生じる。そのため，これらの金融機関では，内部モデルを中心に，モデル開発や検証，承認等の概念がある程度は浸透しているものと思われる。

　一方，内部モデル以外のモデルについては，モデルの管理が行われていないのが実情であると考えられる。したがって，態勢整備・高度化に際しては，内部モデルを中心とする既存のモデル開発・検証の態勢を活かしつつ，それ以外のモデルに対する管理態勢を徐々に整備・高度化することが基本的なアプローチになる。以下では，これらの金融機関が一般的に抱える課題と対応方針についてみていきたい。

（2）課題と対応方針

①　モデル・リスクに対する第1線の理解の浸透

　まずは，原則1（ガバナンス）の課題である。これらの金融機関では，内部モデルの管理を通じて，ある程度モデル・リスクに対する理解があるものと想像される。一方で，内部モデル以外のモデルを開発・使用する第1線では，必ずしもモデル・リスクに対する理解が進んでいないと考えられる。とりわけ，

第1線におけるモデルの責任者であるモデル・オーナーという概念は知られていないと思われる。実効的なモデル・リスク管理態勢の構築には第1線の理解と協力が不可欠であるため，研修などを通じて第1線のモデル・リスクに対する理解の浸透やガバナンス態勢構築の理解が必要だろう。

②　モデルの洗い出し

次に，原則2（モデル定義・リスク格付の付与）の課題である。自社にいくつのモデルがあるかを，金融庁原則のモデル定義を参考にアンケートを実施するなどして洗い出してみることが重要である。内部モデルはモデルとして認識されているが，それ以外のモデルがどの部門にいくつあるのかを把握する作業である。こうした洗い出し作業はこれまで実施したことがないと思われるため，早い段階での実施が望まれる。

③　リスク格付のロジック策定

その上で原則2（リスク格付）の課題に取り組む。第2章や第3章で紹介した考え方を踏まえて，モデルのリスク格付の付与ロジックを検討し，リスク格付を付与する。リスクベース・アプローチでモデルを管理するためには，適切なリスク格付の付与は極めて重要であるため，時間をかけてしっかりと自社のリスク・プロファイル等を反映できるリスク格付の枠組みを策定すべきである。

④　モデル・インベントリーへの登録

同じく，原則2（モデル・インベントリー）の課題である。特定したモデルをエクセル上に載せ，モデル・ライフサイクル上の管理を進めていく。リソースに限りがある場合，モデル・インベントリーへの登録は，リスクが高いモデルに限定してもよいだろう。モデル・ライフサイクル上での管理を，一部のモデルでもよいので開始することが狙いである。

⑤　モデル検証プロセスの強化

原則6（モデル検証）の課題である。内部モデルを保有する金融機関では，内部モデルに対しては検証態勢がある程度は整備されているものと思われる。

それを他のモデルにも拡張していくわけであるが，ここでもリソースに限りがあり，独立したモデル検証を実施できないことが想定される。その場合は，独立性をある程度犠牲にしてもよいので，特定したモデルに対してモデル検証を実施することが重要である。この際も，リスクが高いモデルから検証を開始し，次いでそれ以外のモデルにも広げるなど，徐々に検証プロセスを強化していくことが合理的だろう。

⑥　モデル承認プロセスの強化

次は，原則4（モデル承認）に関する課題である。内部モデルを保有する金融機関であっても，内部モデル以外のモデルに対しては，モデル承認プロセスが整備されていないと思われる。モデル・リスク管理態勢を整備する過程では，モデルはしかるべき会議体や上級管理職によって承認され初めて使用できるという点を認識することは重要である。その意味では，経営陣や上級管理職に対しても，モデル・リスクを管理することの意義を浸透させることが必要になるだろう。その上で，徐々に承認プロセスを強化していくことが考えられる。

⑦　関連規程の整備

最後に，原則1（ガバナンス）の課題である。内部モデルを保有する金融機関では，内部モデルに関連する規程は存在するが，モデル・リスクに関する規程（モデル・リスク管理規程やモデルの定義，リスク格付の付与，モデル開発・検証・承認等に関連する手続等）は存在しないと思われる。

これらの規程を整備する必要はあるが，その優先順位については，しっかりと規程を整備してからモデル・リスク管理の運用を始めるより，ある程度運用を開始してから規程を整備する，もしくは同時並行で規程を整備することを勧めたい。モデル・リスクという比較的新しいリスク領域について，最初の段階で厳格な規程を作っても，実際に管理を始めると変更・修正が生じることが多いと思われる。ある程度は，「走りながら規程を整備する」という姿勢が合理的だろう。

（3）態勢整備・高度化アプローチ

① 整備・高度化項目

　上述のとおり，内部モデルを保有する金融機関の課題と対応方針を解説したが，これらを金融庁原則に紐付けてあらためて整理すると，**図表9－5**のとおりになる。これらの金融機関では，原則1，2，6への対応が中心になる。以下では，課題に対応しながら態勢を整備・高度化していくアプローチについて提案する。

図表9－5　内部モデルを保有する金融機関の態勢整備・高度化項目

金融庁原則	項目
原則1	➢ モデル・リスクに対する第1線の理解の浸透 ➢ 関連規程の整備
原則2	➢ モデルの洗い出し ➢ リスク格付のロジック策定 ➢ モデル・インベントリーへの登録
原則4	➢ モデル承認プロセスの強化
原則6	➢ モデル検証プロセスの強化

② アプローチ

　基本的には，**図表9－5**で取り上げた項目について，1つひとつ対応していくアプローチとなる。内部モデルを保有している金融機関に対しては，次のような2段階アプローチで態勢整備・高度化アプローチを実行していくことを提案したい。

　第1段階は，第1線や経営陣，上級管理職を対象に，モデル・リスク管理の理解を浸透させることが重要であり，担うべき役割・責任を認識させる必要がある。

　その後，自社に適用するモデルの定義を策定し，それに基づいて保有するモデルについて洗い出してみる。その際には，本部や主要な拠点等，対象を絞ってもよいだろう。次にリスク格付であるが，第2章でも強調したとおり，リス

ク格付はリスクベース・アプローチの基礎であるため，しっかりと自社のリス
ク・プロファイルを捉えられるようなロジックの検討に時間をかけるべきであ
る。その後，洗い出したモデルをモデル・インベントリー上に，リスク格付と
ともに登録する。ここでの記録では第2章で示したような詳細な項目は不要で
あり，いくつかの重要な項目に絞ってインベントリーを整備していくことを優
先する。

　以上が第1段階であり，原則1と2を中心とした態勢整備・高度化アプロー
チである（図表9－6）。モデル・リスク管理態勢をこれから構築していく場
合，原則1と2に対する対応が特に重要になる点は強調しておきたい。おそら
く原則1と2の対応で，数年を要するのではないかと思われる。

図表9－6　内部モデルを保有する金融機関の整備・高度化アプローチ（第1段階）

金融庁原則	対応アプローチ
原則1	➢ 第1線を中心にモデル・リスク管理に関する理解を浸透させる

| 原則2 | ➢ モデル定義を策定する
➢ 保有するモデルを洗い出す
➢ モデルのリスク格付の付与ロジックを検討する
➢ モデル・インベントリーに，リスク格付とともにモデルを登録する |

　次に第2段階では，内部モデルに関連する既存のモデル開発・検証・承認プ
ロセスを，内部モデル以外のモデルにも広げていくことを視野に入れる。ただ
し，特定した全てのモデルについて一気に対応することはリソース上，難しい
ため，まずはリスクが高いモデルに対象を絞ってもよいだろう。それらを対象
に，モデル・リスク管理のPDCAを回すことができれば，リスクが中・低のモ
デルに管理対象を拡張することは難しくないと思われる。

　規程の整備については，モデルの特定から格付の付与，モデル開発・検証・
承認プロセスについて，一通りPDCAを回しながら同時並行で，もしくはモデ
ル・リスク管理の勘所がつかめ始めた段階で，本格的に着手することが合理的
だろう。

　モデル検証では，現段階では厳格な独立性を求めなくてもよい。独立性の確保はモデル検証に付随する重要な論点であるが，日本の金融機関ではモデル・リスク管理に知見があり，モデルにも詳しい人材を確保することは容易ではない。そのため，まずは内部の人材に対する教育・育成が重要になる。それと同時に，外部からの人材採用にも取り組むことが望ましい。人材を確保しながらモデル検証を中心に態勢整備を進めつつ，管理の対象をリスク中・低のモデルやその他の領域等に拡張していくことを検討すべきである。

　ここまでの態勢整備・高度化については，**図表９－６**の対応を終えてからさらに数年かかると思われるが，１つひとつ着実に対応することが重要である（**図表９－７**）。

図表９－７　内部モデルを保有する金融機関の整備・高度化アプローチ（第２段階）

金融庁原則	対応アプローチ
原則３～６	➢内部モデル以外のモデルについて，開発・検証・承認プロセスを整備する（リスクが高いモデルから）

| 原則１ | ➢本格的に関連規程を整備する |

| 原則６ | ➢人材を内部で育成したり外部から採用する
➢モデル検証プロセスを強化する |

| 原則１～６ | ➢リスクが中・低モデルや他の拠点等への拡張を進める |

第 5 節　内部モデルを保有していない金融機関

（1）現　状

　内部モデルを保有していない金融機関は，どのようなアプローチを取るべきだろうか。これらの金融機関は内部モデルを保有していないため，内部モデルの承認の過程で生じる金融庁とのコミュニケーションも発生しない。このため，

「モデルを管理する」という概念も浸透していないと思われる。

　これらの金融機関でも，リスク管理等で必要なモデルは当然保有しているが，リスク格付の付与やモデル・インベントリーへの登録，モデル検証・承認といった一連のプロセスは，おそらく未整備だろう。したがって，まずは「モデル・リスク管理とは何か」といった基礎的な理解を，モデル・リスク管理上の第1線や第2線に加えて経営陣等の上級管理職を含め，金融機関全体に浸透させることからスタートすることになる。

（2）課題と対応方針

①　モデル・リスクに対する全社的な理解の浸透

　まずは，原則1（ガバナンス）の課題を取り上げる。既述のとおり，内部モデルを保有していない金融機関では，「モデル」や「モデル・リスク」それらの「管理」という概念が伝わりにくいと思われる。こうした現状に対応すべく，「モデル・リスク管理とは何か」，「モデルを適切に管理しなければどのようなリスクが顕在化し得るのか」，「過去にグローバルではどのようなモデル・リスクが発生したか」といった点を，金融庁原則等を参照した勉強会を開催したり，知見のある外部の第三者を招いて研修を開催するとよいだろう。その際には，モデルを開発・使用している部門やモデル検証を担当する部門のみならず，経営陣をはじめとする上級管理職の参加が重要になる。上級管理職の理解がなければ，モデル・リスク管理の重要性が理解されず，その後の態勢整備が進まないおそれがあるためである。ここで，基本的なガバナンス態勢構築の必要性を理解することが重要だろう。

②　モデル定義の検討とモデルの洗い出し

　次に，原則2（モデルの定義）の課題である。金融庁原則を参考にしながら自社に適用し得るモデルの定義を策定し，その定義に沿ってどのようなモデルが存在するのかを把握する。優先順位付けという意味では，信用リスクや市場リスク，時価評価といった一部の領域に限定してモデルを洗い出してもよいだろう。

③　リスク格付のロジック策定

　ここまで進めば，原則2（リスク格付）の課題に取り組む。モデル・リスク管理で重要なリスク格付に際してのロジックの検討であるが，このロジック検討には十分な時間をかけるべきことは，内部モデルを保有する金融機関と同様である。

④　モデル・インベントリーへの登録

　同じく，原則2（モデル・インベントリー）の課題である。内部モデルを保有していない金融機関では，モデル・インベントリーのような「モデル一覧表」がそもそも存在しないことが想定される。その場合は，エクセルでゼロから作成することになる。インベントリーで記載すべき項目は，内部モデルを保有している金融機関よりさらに限定的でもよく，ひとまずはモデル名，モデルの所管（使用）部門，使用目的，モデルの概要，リスク格付で十分だろう。

⑤　モデル検証プロセスの整備

　次に，原則6（モデル検証）の課題である。これらの金融機関では，内部で開発したモデルや外部ベンダーから購入したモデルを，モデル検証を行わずに使用していることがあるかもしれない。また，モデル検証という概念がなく，モデル開発者が自ら再鑑を実施してモデルを使用したり，別のモデル開発者（チーム）が再鑑を行うことで，モデルを使用していることがほとんどかもしれない。

　内部モデルを保有していない金融機関では，最低限のモデル検証態勢を整備することが当面の課題になるが，内部モデルを保有している金融機関以上に，モデル検証に割り当てることのできる人材や知見が限定的であると思われる。そのため，まずは特定したモデルのうち，リスクが高いモデルをいくつか選定して開発者から独立した個人やチーム（第1線に属していても構わない）がモデル検証を実施し，将来的には，その枠組みを他のモデルにも展開することが現実的だろう。

⑥　モデル承認プロセスの整備

　次に，原則4（モデル承認）のプロセスを整備する。内部モデルを保有していない金融機関では，「モデルは正式な承認を経て初めて使用が可能になる」という考え方が浸透していないと思われる。そのため，モデルの承認プロセスを導入することは重要である。

⑦　関連規程の整備

　最後にあらためて，原則1（ガバナンス）の課題である。内部モデルが存在しないためベースとなる関連規程が存在せず，規程の作成には時間がかかることが想定される。態勢を構築しながら関連規程も整備していく流れについては，内部モデルを保有している金融機関と同様である。

（3）態勢整備・高度化アプローチ

① 整備・高度化項目

　以上で，内部モデルを保有していない金融機関の課題と対応方針を解説した。これらを金融庁原則に紐付けてあらためて整理すると，**図表9－8**のとおりになる。以下では，課題に対応しながら態勢を整備・高度化していくアプローチについて提案する。整備・高度化項目については，内部モデルを保有している金融機関同様，原則1，2，6への対応が中心になるが，検討のスタートは基本的な部分からになる。

図表9－8　内部モデルを保有していない金融機関の態勢整備・高度化項目

金融庁原則	項目
原則1	➢モデル・リスクに対する全社的な理解の浸透 ➢関連規程の整備
原則2	➢モデル定義の検討とモデルの洗い出し ➢リスク格付のロジック策定 ➢モデル・インベントリーへの登録
原則4	➢モデル承認プロセスの整備

原則6	➤モデル検証プロセスの整備

②　アプローチ

内部モデルを保有していない金融機関では，次の3段階アプローチで態勢を整備・高度化していくことを提案したい。

第1段階は，モデル・リスク管理の理解浸透からモデルの洗い出し，リスク格付の付与，モデル・インベントリーへの登録までの対応である（前述（2）の①〜④が該当する）（図表9−9）。すなわち，モデル・リスク管理という概念を，モデルを開発・使用している部門やモデル検証を担当する部門に加えて，経営陣等に浸透させるべく，金融庁原則や本書等を用いて研修や勉強会を複数回にわたって開催する。1回や2回の研修で終わらせるのではなく，じっくりと理解を浸透させることが重要である。特に，「なぜモデル・リスク管理が重要か」や「モデル・リスクが顕在化した際の事例」について説明し，その意義を強調する。ここでしっかりと，経営陣等に意義を伝えることが重要である。今後，モデル・リスク管理態勢を整備・高度化していく際にリソースもコストもかかるため，態勢整備の必要性について経営陣等の理解は必要である。管理態勢の整備・高度化をリードしていくべき主体は，リスク管理部やリスク統括部といった部門が適当と思われる。

次に，モデルの定義を検討し，それに従って自社が保有するモデルを特定する。全ての領域を対象にすることは難しいと思われるので，まずはリスク管理や会計領域等を対象にして，保有するモデルを洗い出す。その後，リスク格付を付与する。内部モデルを保有している金融機関と同様か，それ以上の時間をかけて，自社のリスク・プロファイル等を反映できるようなリスク格付の枠組みを検討すべきである。ここまでの流れについて，関連規程を同時並行で整備し始めてもよいだろう。

第1段階の最後に，特定したモデルをリスク格付とともに，モデル・インベントリーに登録する。ここから先は，登録したモデルの中で，リスクが高いモデル（その中から，さらに重要なモデルに絞ってもよい）にフォーカスを当てていく。

　ここまでで，おそらく数年は必要と思われる。特に，効果的なモデル・リスク管理の土台となるリスク格付の付与ロジック策定には，じっくりと対応すべきである。これらの金融機関が金融庁原則の適用対象先になるとしても，相当先であると思われる。したがって「急がば回れ」ということで，モデル・リスク管理の土台作りに徹するべきである。特定した全てのモデルに対応するよりは，リスクが高いモデル（さらにその中の一部でも構わない）でPDCAを回すことを優先すべき点は，内部モデルを保有している金融機関と同様である。

図表9－9　内部モデルを保有していない金融機関の整備・高度化アプローチ（第1段階）

金融庁原則	対応アプローチ
原則1	➤モデルを開発・使用している部門やモデル検証を担当する部門，経営陣等にモデル・リスク管理に関する理解を浸透させる ➤研修等を数回にわたって開催する

金融庁原則	対応アプローチ
原則2	➤モデル定義を策定する ➤保有するモデルを洗い出す ➤モデルのリスク格付の付与ロジックを策定する ➤モデルをモデル・インベントリーに登録する

　第2段階は，リスクが高いモデルの検証・承認プロセスを整備する（図表9－10）。モデル検証については，内部モデルを保有している金融機関に比べても，リソースを確保することは容易ではない。したがって，内部の教育と外部からの採用を進め，当面はモデル開発部門のリソースを使いながら，徐々にモデル検証態勢を整備していくべきである。独立性の確保についてはいったん脇に置き，中長期的に対応していくべき論点とする。

　第2段階の最後は，モデル承認プロセスの整備である。まずはモデル検証を終えたモデルの一部から承認プロセスを整備し，その後，他のモデルにも横展開を行うことが効率的だろう。承認に際しては，リスク格付に応じて，CRO等の上級管理職，部長，課長等のレベルでの承認といったメリハリを付けることが一案である。第2段階では，リスクが高いモデル（の一部）について，モ

デル・リスク管理態勢の整備に目途を付け，PDCAプロセスを回すことが目標
である。第2段階を終えるまでに，第1段階の**図表9−9**の対応を終えてから
さらに数年必要ではないかと思われる。

図表9−10　内部モデルを保有していない金融機関の整備・高度化アプローチ
（第2段階）

金融庁原則	対応アプローチ
原則6	➢リスクが高いモデル（の一部）に関して，モデル検証プロセスを整備する ➢独立性の確保については，中長期的に対応する
原則4	➢モデル検証を終えたモデルから，承認プロセスに落とし込む
原則1	➢本格的に関連規程を整備する

　第2段階が終われば，モデル・リスク管理の「型」はほぼ整ったことになる。
最後に第3段階として，リスク中・低といった他のリスクのモデルやリスク管
理や会計領域以外のモデルに範囲を拡張していけばよい（**図表9−11**）。この
点は，内部モデルを保有する金融機関と同様であるが，第2段階を終えた後は，
いったん，規程の整備等の土台作りや作った土台の見直しや改善に注力し，第
3段階に進むのはさらに時間をかけるというアプローチも考えられる。むやみ
に手を広げ過ぎるよりは，第2段階までの整備に注力することが重要である。

図表9−11　内部モデルを保有していない金融機関の整備・高度化アプローチ
（第3段階）

金融庁原則	対応アプローチ
原則1〜6	➢リスクが中・低モデルや他の領域等への拡張を進める

第 6 節　保険会社

（1）現　状

①　金融庁の考え方

　金融庁原則は、日本のG-SIBsやD-SIBsを対象としたものであることから、保険会社は金融庁原則の適用対象になっていない。この点について、金融庁原則に対するパブリックコメントには、「保険会社を追加対象とする予定は如何」といったコメントや「保険会社を含めるべき」といったコメントが提起された。これに対し金融庁は、「現時点において具体的に検討している先はありません」として、パブリックコメントの結果公表時点で、金融庁原則の適用対象に保険会社を含める予定はないことを明言した。一方で、保険会社についても「モデル・リスク管理態勢の構築・高度化」の上、「モデル・リスクを適切に管理していく必要」がある旨を述べている（**図表9－12**）。

図表9－12　保険会社に対する金融庁の考え方

コメントNo.11および12より抜粋	➤経済価値ソルベンシー規制の導入後、保険会社を本原則の追加対象とする予定は如何？ ➤本原則の対象には、保険会社（保険持株会社を含む）も含めるべきであると考える。
金融庁の考え方より抜粋	➤今後、必要に応じて適用対象金融機関を拡大することもあり得ますが、現時点において具体的に検討している先はありません。 ➤適用対象外の金融機関についても、業態・規模・用いているモデルやそのリスク等に応じて、自主的にモデル・リスク管理態勢の構築・高度化に向けた検討を行うことが望ましいと考えられます。 ➤保険会社については、保険会社向けの総合的な監督指針（Ⅱ－3－3－2等）において、リスク計量モデルの管理に関する着眼点等を示しているところであり、こうした規定も参考にしつつ、モデル・リスクを適切に管理していく必要があります。

（出典）金融庁「コメントの概要及びコメントに対する金融庁の考え方」より抜粋

　また，金融庁は2023年6月30日に公表した「経済価値ベースのソルベンシー規制等に関する基準の最終化に向けた検討状況について」の中でも，次のとおりモデル・リスク管理の重要性を述べている。金融庁原則の適用対象であるか否かにかかわらず，保険会社に対しても，モデル・リスク管理態勢の構築・高度化を促していく方向性であることがわかる。

> 　内部モデルに基づくリスク管理・経営管理を行う前提として，内部モデルに関するガバナンスを確保し，モデル・リスクを管理する取組みが重要である。

（出典）金融庁「経済価値ベースのソルベンシー規制等に関する基準の最終化に向けた検討状況について」（163頁）より抜粋

②　米国・英国の原則

　第1章から第3章で米国の原則「SUPERVISORY GUIDANCE ON MODEL RISK MANAGEMENT」および英国の原則「Model risk management principles for banks」について紹介したが，これらの原則においても，保険会社は対象外とされている点は，金融庁原則と同様である。

> 　（米国の原則の）目的は，銀行に対して実効的なモデル・リスク管理についての包括的なガイダンスを提供することである。

（出典）FRB／OCC「SUPERVISORY GUIDANCE ON MODEL RISK MANAGEMENT」（2頁）より筆者仮訳

> 　英国の原則は，英国の銀行，ビルディング・ソサエティおよびPRA指定の金融機関のうち，規制資本の計算に内部モデルの承認を受けている先が対象になる。信用組合，保険会社および再保険会社は英国の原則の対象外である。

（出典）BOE／PRA「Model risk management principles for banks」（1.2項）より筆者仮訳

③　保険会社の内部モデルに関する規則・基準

　既述のとおり，日本の保険会社に対して金融庁原則は適用されず，包括的なモデル・リスク管理に関する規制は存在していない。パブリックコメントで保険会社向けの総合的な監督指針のⅡ－3－3－2等が参照されているものの，リスク計量モデルのみを対象としている。

　また，現在，2025年度末の導入を目指し，経済価値ベースのソルベンシー規制の検討が進められており，当該規制においては，第1の柱（ソルベンシー規制）の所要資本の計測に，各社が独自で開発した内部モデルに基づく計算方法を採用することも検討されている。金融庁による内部モデルの審査基準は，本書執筆時点で検討中であるが，現時点の基準案は図表9－13のとおり示されている。当該基準案は，第1の柱の所要資本の計測に用いる内部モデルを対象としたものであることから，包括的なモデル・リスク管理に関する基準ではなく，金融庁原則で求められているモデルの特定やリスク格付の付与，内部監査部門によるモデル・リスク管理態勢の全体的な有効性評価といった事項は含まれていないことに留意が必要である。

図表9－13　金融庁による内部モデルの審査基準の案（2023年6月時点）

基準1：検証基準
基準2：統計的品質基準
基準3：較正基準
基準4：ユーステスト及びガバナンス基準
基準5：文書化基準

（出典）金融庁「経済価値ベースのソルベンシー規制等に関する基準の最終化に向けた検討状況について」より筆者作成

　なお，保険会社における「内部モデル」は，第1の柱だけでなく，第2の柱（内部管理と監督上の検証）の所要資本の計測に用いるモデルも含めて「内部モデル」と呼ぶことがあり，これらで使用するモデルを本節では「内部モデル」と呼称する。従来は第2の柱の所要資本の計測に用いられていた「内部モデル」を，第1の柱の所要資本の計測においても採用することが検討されている点は前述のとおりである。ちなみに，「内部モデル」以外にも，保険会社が

保有するモデルとしては，後述する**図表9−14**のとおり，様々なモデルが存在する。

④　**保険会社にとってのモデル・リスク管理**

　このように保険会社においては，所要資本の計測に用いる内部モデルを対象としてモデル・リスク管理の高度化が進められている。一方で，金融庁原則の適用対象とはなっておらず，所要資本の計測以外の目的で用いるモデルについてのモデル・リスク管理態勢の構築・高度化は，未だ発展途上の段階にあるといえる。

　しかしながら，保険会社においても，第1章の**図表1−1**で挙げた伝統的なモデルと非伝統的なモデルの双方が活用されているだけでなく，保険会社のビジネスに対応した特有の伝統的なモデルおよび非伝統的なモデルの双方が使用されている。その一例を挙げると，**図表9−14**のとおりである。

図表9−14　保険会社固有の伝統的なモデルと非伝統的なモデル

伝統的な モデル	➤ 保険商品のプライシング ➤ 保険負債の評価 ➤ リスク計測 　• 保険引受リスク 　• 自然災害リスク
非伝統的な モデル	➤ テレマティクス保険や健康増進型保険のプライシング ➤ ビッグデータ（人工衛星データ等）によるリスク分析 ➤ AIによる商品提案や損害査定

(注) テレマティクス保険とは，「走行距離や運転特性といった運転者ごとの運転情報を取得・分析し，その情報を基に保険料を算定する自動車保険」を指す（国土交通省「テレマティクス等を活用した安全運転促進保険等による道路交通の安全」）。

　このように保険会社においても，多岐にわたるモデルが使用されている。特に保険会社の販売・保有する保険商品は多種多様であり，保険商品ごとのプライシングや負債評価のモデルを有していることも踏まえると，モデル・リスク管理の構築・高度化の取組みは，他の金融機関と同様に重要である。

　この点，欧州の大手保険会社グループにより構成されているCROフォーラ

ムは，2017年3月に「Leading Practices in Model Management」と題する
ペーパーを公表し，モデル・リスクおよびモデル・リスク管理の必要性につい
て言及している。当該ペーパーでは，モデル・リスクを「内部モデルの開発，
実装および使用におけるエラーを要因として，主に内部モデルのアウトプット
に基づいて行われる意思決定の結果，金融機関が被る可能性のある損失を意味
する」と定義するとともに，**図表9−15**のようなモデル・リスクの例を紹介
している。ここでは，従来から管理されてきた所要資本計測を目的とする内部
モデルだけでなく，より広義のモデルを対象としていることがわかる。

図表9−15　Leading Practices in Model Managementにおける
　　　　　　モデル・リスクの例

モデル	モデル・リスク
ALMモデル	● 保険負債のキャッシュフロー予測が誤っていたことにより，誤ったデュレーションやキャッシュフロー・パターンに合わせてアセットアロケーションが行われてしまう ● その結果，資産と負債のキャッシュフロー・パターンが一致せず，アセットアロケーションの再実施により評価損が生じる
プライシングモデル	● プライシングモデルが不適切な前提条件を用いていたことにより，特定の商品で極端に低い価格を設定してしまうことにより損失が生じる
ヘッジモデル	● ストレス下でモデルが有効に機能せず，導入していたヘッジプログラムが有効でなくなる。 ● このような状況下で保険契約者にオプションを行使された場合等に損失が生じる

（出典）CROフォーラム「Leading Practices in Model Management」より筆者作成

（2）課題と対応方針

①　モデル・リスク管理態勢の基準・原則

それでは，保険会社のモデル・リスク管理態勢の整備・高度化は，どのよう
なアプローチをとればよいのだろうか。まずは金融庁原則全般に係る課題とし
て，前述のとおり保険会社に対しては所要資本の計測に用いる内部モデルを対

象とした基準は存在しているものの，モデル・リスク管理全般を対象としたグローバルのガイダンスが存在しないことが挙げられる。このため，保険会社における包括的なモデル・リスク管理態勢の整備は途上段階にある。一方で，保険会社は高度かつ複雑なモデルを多数保有していることも多く，金融庁原則を参照して，モデル・リスク管理態勢の構築・高度化を進めることが期待される。

②　包括的なモデル定義の策定

　次に，原則2（モデル定義）の課題である。保険会社においては，内部モデル以外でも多数のモデルが使用されているものの，包括的なモデル・リスク管理態勢が整備されていないことから，管理対象とする「モデル」が定義されていないことが散見される。金融庁原則を参考にしながら，自社に適用し得るモデル定義を策定することが必要である。

③　モデルの洗い出し

　同じく，原則2（モデルの特定・インベントリー管理）の課題である。多くの保険会社では，所要資本の計測に用いる内部モデルは管理対象としているものの，その他のモデル，例えば保険商品のプライシングや保険負債評価のモデル，AMLモデル，チャットボットといったモデルは，管理対象としていないことが多い。策定したモデル定義を踏まえてモデルの洗い出しを行い，モデル・インベントリーの作成および更新を検討すべきである。

④　リスク格付のロジック策定

　その上で，原則2（リスク格付）の付与ロジックを策定する。モデルのリスク格付の付与ロジックの考え方は，第1章や第2章で紹介しているので参考にして欲しい。保険会社では，他の金融機関と同様のモデルに加え，保険商品および保険負債に関連する多様なモデルを有している。この多種多様なモデルをより効果的かつ効率的に管理するためには，リスクベース・アプローチが有効であり，そのためには適切なリスク格付の付与は極めて重要である。

⑤　第2線の独立性確保

　原則6（モデル検証）に関する課題である。第2節の日本のG-SIBsやD-SIBsにおける課題と対応方針でも述べたように，モデル検証において独立性の確保は極めて重要な論点であるが，保険会社においても，モデル・リスク管理における第1線と第2線が独立していないケースは多々見受けられる。独立したモデル・リスク管理部門の設置は，人員や態勢面から困難である点もG-SIBsやD-SIBs等と同様であるが，海外のグローバル保険会社においても，モデル・リスク管理部門を設置している事例は存在する。中長期的には日本の保険会社においても，第2線の独立性強化は重要である。

⑥　承認態勢の強化

　最後に，原則4（モデル承認）に関する課題である。モデルは使用開始時および変更時にモデル検証と承認を受けるべきであり，加えて，定期的に再検証が行われ，当該モデルの継続使用に関する承認を受ける必要がある。

　保険会社の内部モデルの管理において，使用開始時および変更時の検証プロセスは有しているものの，定期的な再検証と継続使用の判断に関する承認プロセスが不明確なケースが見受けられる。モデルに変更がない場合であっても，モデルが陳腐化していないか，継続モニタリングや再検証を行い，継続使用を認めるか否かを判断するプロセスや，必要な場合にはモデルの使用を制限したり拒否するといったプロセスを構築することも必要となるだろう。内部モデル以外のモデルについては，これらのプロセスはより不明確である。

（3）態勢整備・高度化アプローチ

①　態勢整備・高度化項目

　以上のとおり，保険会社の課題と対応方針を解説したが，これらを金融庁原則に紐付けて整理すると**図表9－16**のとおりになる。保険会社では，原則1，2，4および6への対応が中心になると考えられる。以下では，課題に対応しながら，態勢を整備・高度化していくアプローチについて提案する。

図表9-16　保険会社の態勢整備・高度化項目

金融庁原則	項目
原則1～8	➤モデル・リスク管理態勢の基準・原則
原則2	➤包括的なモデル定義の策定 ➤モデルの洗い出し ➤リスク格付のロジック策定
原則4	➤承認態勢の強化
原則6	➤第2線の独立性確保

② アプローチ

　基本的なアプローチは第4節で述べた，内部モデルを保有している金融機関と同様であるため，そちらを参照していただきたい。

　保険会社のモデル・リスク管理の特徴として，そのモデルの多様性にある。モデルの重要性等の基準で，管理すべきモデルとそうでないモデルを分けることも考えられるが，後の工程を考えると，早い段階から全てのモデルにリスク格付を付与するほうが，効果的かつ効率的である。リスクベース・アプローチを適用して，リスクが高いモデルについては優先的に図表9-17に示すアプローチで管理を開始することが有用だろう。現在の内部モデルの管理状況にもよるが，内部モデルについて一定の管理態勢が構築されている保険会社であれば，比較的早期にある程度の高度化が望めるのではないかと思われる。

図表9−17　保険会社の整備・高度化アプローチ（第1段階）

金融庁原則	対応アプローチ
原則2	➢ モデル定義の策定・モデル特定
原則2	➢ リスクベース・アプローチの基礎となるリスク格付の枠組みを策定
原則2	➢ モデル・インベントリーに掲載して包括的な管理を開始
原則3・6	➢ モデル開発・検証プロセスを整備・強化
原則1・2・4	➢ 規程・手続等やモデル・ライフサイクル管理，モデル承認手続を整備・強化

　モデル開発・検証プロセスの整備・強化は，上記の中で最も負荷が高いと考えられるが，一定規模以上の保険会社では，第1線が作成するモデル記述書は，ある程度作成されていると思われる。むしろ，第1線の人員や態勢は，他の金融機関に比べて豊富であることも想定される。そのため，まずはモデル記述書が整っているモデルの検証プロセスの整備・強化や検証報告書の作成に注力することが考えられる。モデル検証に際して，独立性確保は前述のとおり重要な論点であるものの，人員や態勢面からすぐに高度化を行うことは難しいと思われる。そのような場合，モデル開発部門にリソースがあることを想定して，当初は厳格な独立性を求めるより，第1線のリソースを活用し，次いで外部のリソースの活用も選択肢として検討することが合理的だろう。

　以上のように，リスクが高いモデルのモデル・リスク管理態勢をある程度構築・高度化できた後に，管理対象をリスク中・低のモデルに拡張していくことが考えられる（**図表9−18**）。

図表9−18　保険会社の整備・高度化アプローチ（第2段階）

金融庁原則	対応アプローチ
原則1〜6	➤リスクが中・低のモデルへの拡張を進める

（4）今後の留意点

　金融庁が2023年6月に公表した「経済価値ベースのソルベンシー規制等に関する基準の最終化に向けた検討状況について」の中で，モデル・リスク管理の重要性について述べていることに触れたが，同文書の中では監督指針の改正も検討されていることが示されている。監督指針の改正の具体的な内容については，本書執筆時点では不明であるが，モデル・リスク管理について引き続き高度化が期待されていることは明らかであり，今後の金融庁の動向については，留意が必要である。

> 　内部モデルのモデルガバナンスについては，監督指針上，内部モデルに対する経営陣の理解や定期的な検証等が規定されているが，詳細な内容まで含んでいない。そのため，各社の内部モデルのモデルガバナンスの高度化を促す観点から現行の監督指針における内部モデルガバナンスに係る着眼点の見直しを検討していく必要がある。

（出典）金融庁「経済価値ベースのソルベンシー規制等に関する基準の最終化に向けた検討状況について」（165頁）より抜粋

第 7 節　金融庁原則の拡張余地

　本章の最後に，金融庁原則の適用対象金融機関は拡張され得るのかに触れたい。金融庁原則は第2章で指摘したとおり，日本のG-SIBs，D-SIBsおよび外国金融機関のG-SIBsの日本の子会社で内部モデルを保有する先が対象となっている。すなわち，金融システム上重要な金融機関（銀行）であるか否かが基

準になっている一方で，金融庁原則には以下の点も明記されている。

金融庁は今後，必要に応じて本文書の適用対象金融機関を拡大することも
あり得る。

（出典）金融庁「モデル・リスク管理に関する原則」（3頁）より抜粋

　ただし，適用対象先の拡張に際して，何を考慮してどのタイミングで実施す
るのかといった情報は，金融庁原則では言及されていない。パブリックコメン
トに対する金融庁の考え方においても明確な情報はないが，そのNo.9への回答
で次の考え方は示されている。

　本原則は，モデル・リスクが顕在化した際に金融システムに与える影響
の大きさに鑑み，初版公表時点の適用対象金融機関を金融システム上重要
な金融機関（G-SIBs・D-SIBs）としています。本文記載のとおり，今後，
必要に応じて適用対象金融機関を拡大することもあり得ますが，現時点に
おいて具体的に検討している先はありません。
　なお，本原則の適用有無に関わらず，金融機関は自社のリスク管理の中
でモデル・リスクを適切に管理する必要があると考えられます。適用対象
外の金融機関についても，業態・規模・用いているモデルやそのリスク等
に応じて，自主的にモデル・リスク管理態勢の構築・高度化に向けた検討
を行うことが望ましいと考えられます。

（出典）金融庁「コメントの概要及びコメントに対する金融庁の考え方」より抜粋

　つまり，金融庁原則の適用対象先かどうかにかかわらず，モデル・リスク管
理の重要性に鑑みて，先手を打って自主的に対応を行っていくことが望ましい
という金融庁のメッセージが示されている。なお，金融庁原則の適用対象先が
仮に拡張されるとしても，どの金融機関が適用対象先になるかは予見できない
が，以下の3点は付言しておきたい。
　• 英国の原則に代表されるように，規制目的で使用する内部モデルを保有し
　　ている金融機関か否かは，金融機関を分類する考え方としては合理的だろ

う。本章でもこの考え方に沿って，日本の金融機関を分類し，態勢整備・高度化アプローチを提案した

- カナダの原則の改訂版（2024年9月末時点では，最終版は未公表）では，適用対象先が保険会社等にも拡張されている点は，第3章で紹介したとおりである
- 図表9－19のとおり，金融庁が公表した地域金融機関や保険会社向けの文書で，金融庁原則に触れているものがいくつか存在する

図表9－19　金融庁原則を引用した文書

対象	該当箇所
地域金融機関	昨年11月に金融庁より公表されている「モデル・リスク管理に関する原則」等を踏まえ，将来予測情報を活用した引当方法において適用しているモデルに関して，どのようなモデル・リスク管理態勢を構築しているのかについて記載することが，より望ましい。 (出典) 金融庁 銀行の引当開示の充実に向けた勉強会「銀行の引当開示の充実に向けて」（20頁）より抜粋
保険会社	「モデル・リスク管理に関する原則」（金融庁2021年11月公表）では，モデル・リスクを「モデルの誤り又は不適切な使用に基づく意思決定によって悪影響が生じるリスク」としている。なお，当該原則は現時点において保険会社を対象としていないが，保険会社における自主的なモデル・リスク管理態勢の構築・高度化においても参考になり得る。 (出典) 金融庁「経済価値ベースのソルベンシー規制等に関する基準の最終化に向けた検討状況について」（163頁）より抜粋

　本書で述べてきたモデルの活用範囲の広がりやモデル・リスク管理の重要性を踏まえると，金融庁原則の適用対象外の金融機関でも，先手を打った自主的な対応が求められているといえるだろう。

（執筆）田中　康浩，島本　大輔，曽我部　淳

おわりに
―モデルを活用・管理する全ての皆さまへ

「米国ではこんなガイダンスがあるんだよ。入社前に時間があれば読んでみて」。私がKPMG／あずさ監査法人に入社する前に，上司に言われた言葉である。紹介されたガイダンスは米国のSR11-7だった。私は長らく金融に携わってきたが，SR11-7はおろか「モデル・リスク管理」という言葉も知らなかった。当時は，そんなガイダンスがあるのかと思った程度だったが，入社後にモデルに関連する様々なアドバイザリー業務を提供する中で，モデル・リスク管理の重要性を痛感した。

例えば，

- 第1線がいかに素晴らしいモデルを開発しようとも，開発者の都合のよいモデルになっていれば意味がない
- 第2線がモデル検証を実施していなければ，モデルを活用したリスクテイク等の判断に自信が持てない
- モデルの設計が正しく，モデル検証をパスしても，誤った使用があればモデル・リスクが顕在化する可能性がある
- モデル・リスクが顕在化すれば，金融機関，ひいては金融市場全体に甚大な影響をもたらしかねない

金融機関は，あらゆる実務でモデルを利用し，（新規の）ビジネスを推進・リスクを取っている（＝モデルの「アクセル」としての役割）以上，モデルの管理（＝モデルの「ブレーキ」としての役割）は，日本でも重要になるのではないか，米国のようなモデルに関するガイダンスが必要なのではないか。このように考えるようになった。

その後，縁あって金融庁に出向し，「モデル・リスク管理に関する原則」の策定に関わる機会を得た。日本では長らくモデル・リスク管理に関する原則がなかったこともあり，米国と相当差が生まれていると実感していたが，これで日本もようやく第1歩を踏み出したといえる。金融庁において，原則の策定と

日本のモデル・リスク管理の向上に，微力ながら貢献できた点に感謝している。

SR11-7の存在を教えてくれたその上司は，日本と海外の金融機関のリスク管理能力の差が収益の差をもたらし，その収益の差がさらにリスク管理能力の差につながるという問題意識を持っていた。私はキャリアのはじめを日本銀行で過ごしたが，当時は若く未熟だったこともあり，日本の金融機関のリスク管理やその重要性に深い問題意識を持つことはなかった。

しかし，その後の仕事において，日本と海外の金融機関（特に米国G-SIBs）の収益力やビジネスの深さと広さ，そしてそれらが高度なリスク管理能力に裏打ちされているという点を痛感した。つまり，高度なリスク管理能力を有するがゆえに，それに裏打ちされた「自信を持った」リスクテイクや新規ビジネスを推進することが可能になり，ビジネスが広がり，収益が拡大していく。収益が拡大するがゆえに，新たなシステム・人材への投資が可能になり，さらにリスク管理能力が高度になる……。このようなポジティブループが生じているのではないだろうか。このループの中に，当局やコンサルティングファームも組み込まれ，人材が行き来することで，人材の厚みが増しているものと思われる。上司の先見の明に感服する。

アドバイザーの立場にある今，少しでも日本の金融機関のリスク管理能力と収益力・プレゼンスの向上に役立てられればと思い，日々業務に邁進している。KPMG／あずさ監査法人で一緒に仕事をさせていただき，モデル・リスク管理に関わるきっかけと金融庁への出向を後押ししていただいた，尊敬する上司である故・大庭寿和氏に，御礼とともに本書を捧げたい。

モデルは今や，金融実務で活用されない日はないという点を，本書では繰り返し述べてきた。本書のタイトルが示しているとおり，金融機関にとって，モデル・リスク管理の重要性は明らかである。

しかし，モデル・リスク管理を狭い意味での金融機関に限定すべきだろうか。つまり本書は，銀行や証券会社，信託銀行，保険会社といった金融機関を想定して執筆したが，上記以外にも，資産運用会社やフィンテック企業，投資会社等，幅広く金融に関わる主体もモデルを活用しているという意味では，モデル・リスクは重要な概念である。また本書で解説したとおり，AIを開発・利

用する企業にとって，AIモデルを適切に使用・管理することは重要である。AIに関わる企業には，モデル・リスク管理は欠かすことのできないリスク管理の考え方である。

　さらに，財政・金融政策等のマクロ経済政策やプルーデンス政策，金融監督の領域でも，モデルを活用しているはずである。また，一般事業会社でもモデルを開発・活用しているだろう。もっといえば，企業のレベルを越えて，医学・生理学や化学，物理学，経済学といった領域はどうだろうか。これらの領域にはノーベル賞があるが，無数のモデルが活用されているだろう。よりよい成果を得るために，適切にモデルを開発・使用・管理することは重要である（ただし，これらの領域において一流の論文を出す段階で，あらゆる角度からモデルが検証されるという点で，より厳しい目に晒されているといえる）。

　このように考えると，金融機関に限らず，あらゆる組織や企業，領域において，モデルやモデル・リスク管理という概念は決して無関係ではない。欲をいえば，本書が狭い意味での金融機関に限らず，様々な組織や企業，領域に携わる皆さまにも何らかの参考になれば幸いである。

＊＊＊

　本書では終始「モデル」にフォーカスを当ててきたが，モデルやモデル・リスク管理では，最後は「人間」が重要であるという点を強調しておきたい。

　いくらモデルやモデル・リスク管理態勢を整備・高度化しようとも，モデルを開発・検証し，管理を行いながらその成果を活用するのは，人間である。AIを用いてどれだけ素晴らしいモデルを開発できたとしても，結局は人間のモデルの使い方次第である。モデルの管理でも，テクノロジーばかりに依存して人間同士のコミュニケーションがおろそかになると，思わぬところでリスクが顕在化しかねない。

　本書で取り上げたモデル・ライフサイクルのあらゆる場面で人間が密にコミュニケーションを取り，お互いを理解し合うことができれば，モデル・リスク管理がさらに強固なものになるだろう。モデルに関わるステークホルダー（金融機関内で完結するのではなく，当局やコンサルティングファームも含む）

が，腹を割って話をし，尊重し合うことが重要である。「家で仕事せんと，会社に行かなあかんで」，「頑張って仕事して，出世やで」，「飲みに行って，みんなで話さなあかんで」。昭和マインド全開の父からよく叱咤激励を受けた。その重要性を今はよく理解できるが，父からその言葉を聞くことはもうできない。こうした「人間同士の付き合い」や「会って話をすること」，「飲みニケーション」の大切さを伝え続けてくれた，心より尊敬する亡き父に，感謝とともに本書を捧げたい。

モデルはまさに今この瞬間にも，あらゆる組織や企業，領域で活用されている。モデルやモデル・リスクが適切に管理され，よりよいモデルが世の中に登場することを期待したい。そして，人間がそのモデルやアウトプット（成果）を適切に活用しながら，金融実務やリスク管理の領域にとどまらず，新たなビジネスの展開や社会・技術の進歩を通じて，未だ世の中に数多く存在する課題が少しでも解決することを切に願っている。

2024年10月

田中　康浩

【執筆者一覧】

〈編著者〉

田中　康浩（たなか・やすひろ）

KPMG／あずさ監査法人　金融統轄事業部　金融アドバイザリー事業部
ディレクター

日本銀行等を経て，2017年から現職。2021年に金融庁監督局に出向し「モデル・リスク管理
に関する原則」を策定。現在はリスク・アナリティクスチームで，モデル・リスク管理等の
モデル関連業務やRRP（再建・破綻処理計画）等に関するアドバイザリー業務に従事。
KPMG Trusted AIメンバー。

【第1章〜第4章，第7章〜第9章執筆】

曽我部　淳（そがべ・あつし）

KPMG／あずさ監査法人　金融統轄事業部　金融アドバイザリー事業部
マネージング・ディレクター

大手邦銀等を経て，2003年から現職。信用リスクや市場リスク，時価評価，ストレステスト，
予想信用損失（ECL）会計，RAF等の領域をカバーするリスク・アナリティクスチームおよ
び気候変動・バーゼル規制を含めたFRMグループを統括。

【第1章〜第4章，第8章，第9章執筆】

〈著者〉（50音順）

秋場　良太（あきば・りょうた）

KPMG／あずさ監査法人　金融統轄事業部　金融アドバイザリー事業部
ディレクター

銀行系シンクタンク・コンサルティング会社を経て，2016年から現職。データ・アナリティ
クスチームのリーダーを務め，大量データ解析・機械学習・生成AI等を用いたアドバイザリー
業務に従事。

【第7章執筆】

宇宿　哲平（うすき・てっぺい）

KPMG／あずさ監査法人　Digital Innovation & Assurance統轄事業部
Digital Innovation事業部
パートナー

2016年から現職。会計監査におけるデータ分析および不正検知AI，生成AIを含むAI開発・
活用をリード。AIの検証，評価やAIガバナンスに関するアドバイザリー業務を行うAI
Assurance Groupを統括。KPMG Trusted AIメンバー。公認会計士。

【第7章執筆】

王　雪竹（おう・せつちく）

KPMG／あずさ監査法人　Digital Innovation & Assurance統轄事業部
Digital Innovation事業部
シニア

言語学博士号取得。国立国語研究所やAIベンチャーを経て，2022年から現職。AI Assurance Groupにおいて，AIの保証，第三者評価等に関するアドバイザリー業務に従事。KPMG Trusted AIメンバー。

【第7章執筆】

島本　大輔（しまもと・だいすけ）

KPMG／あずさ監査法人　金融統轄事業部　金融アドバイザリー事業部
ディレクター

大手損害保険会社を経て，2012年から現職。アクチュアリーとして保険会社への会計監査支援およびアドバイザリー業務を提供するアクチュアリーサービスラインリーダーを務める。保険会社へのIFRS導入支援，経済価値ベースのソルベンシー規制の導入支援，モデル検証支援等，様々なアクチュアリーサービスに従事。日本アクチュアリー会正会員，CERA。

【第9章執筆】

須崎　公介（すざき・こうすけ）

KPMG／あずさ監査法人　Digital Innovation & Assurance統轄事業部
Digital Innovation事業部
シニアマネジャー

大手電機メーカーを経て，2010年から現職。会計監査業務に従事するほか，会計不正リスクに係るAIモデルの開発やAIガバナンスの検証・評価をはじめとするAIアドバイザリー業務に従事。公認会計士。

【第7章執筆】

寺門　聡（てらかど・さとし）

KPMG／あずさ監査法人　金融統轄事業部　金融アドバイザリー事業部
シニアマネジャー

2007年から現職。事業会社等の会計監査業務に従事したほか，金融商品の時価評価に係る検証やストレステストモデルの高度化，気候変動リスクのシナリオ分析に係るモデル構築・検証業務等のアドバイザリー業務に従事。公認会計士。

【第5章執筆】

丹羽　徹（にわ・とおる）

KPMG／あずさ監査法人　金融統轄事業部　金融アドバイザリー事業部
マネージング・ディレクター

大手邦銀等を経て，1999年から現職。フィナンシャルおよびノンフィナンシャル領域のリスク管理アドバイザリー業務（AML／CFTを含む）のアドバイザリー業務に従事。モデル検証業務では，ALM／市場関連システム（リスク計測モデル，プライシングモデル，トレーディングシステム），オペレーショナルリスク計測モデル，コンプライアンス関連（市場コンダクト，AML）モニタリングシステム等，幅広く対応。

【第6章執筆】

野上　孝也（のがみ・たかや）

KPMG／あずさ監査法人　金融統轄事業部　金融アドバイザリー事業部
シニアマネジャー

政府系金融機関を経て，2020年から現職。リスク・アナリティクスチームにおいて，ECLモデル，信用ストレステストモデルや信用スコアリングモデル等の開発・検証や信用リスク管理に関するアドバイザリー業務に従事。

【第4章執筆】

深水　翔太（ふかみず・しょうた）

KPMG／あずさ監査法人　金融統轄事業部　金融アドバイザリー事業部
マネジャー

2015年から現職。信用リスクや市場リスク関連のアドバイザリー業務のほか，ストレステストモデルの開発，気候変動リスクのシナリオ分析やモデル開発等のアドバイザリー業務に従事。

【第5章執筆】

藤本　典子（ふじもと・のりこ）

KPMG／あずさ監査法人　金融統轄事業部　金融アドバイザリー事業部
シニアマネジャー

大手邦銀等を経て，2023年から現職。リスク・アナリティクスチームで，信用ストレステストモデルの開発，ECLモデルの検証，バーゼルⅢ業務運営態勢構築等に関するアドバイザリー業務に従事。

【第4章執筆】

守谷　嘉洋（もりたに・よしひろ）

KPMG／あずさ監査法人　金融統轄事業部　金融アドバイザリー事業部
シニアマネジャー

邦銀にて融資業務に従事後，2006年から現職。AML／CFT領域におけるシステム検証，市場リスクモデルの検証，市場リスクおよび流動性リスク管理態勢の高度化支援等のアドバイザリー業務に従事。

【第6章執筆】

山本　卓司（やまもと・たくじ）

KPMG／あずさ監査法人　金融統轄事業部　金融アドバイザリー事業部
マネージング・ディレクター

大手邦銀を経て，2019年から現職。気候変動リスクのシナリオ分析・モデル開発やリスク管理・与信管理の高度化，投融資ポートフォリオのGHG排出量計測・削減目標・移行計画の策定，生物多様性・TNFD等，ESGリスクに係るアドバイザリー業務に従事。

【第5章執筆】

KPMGジャパン

KPMGジャパンは，KPMGの日本におけるメンバーファームの総称であり，監査，税務，アドバイザリーの3分野にわたる9つのプロフェッショナルファームに約9,500名の人員を擁しています。

クライアントが抱える経営課題に対して，各分野のプロフェッショナルが専門的知識やスキルを活かして連携し，またKPMGのグローバルネットワークも活用しながら，価値あるサービスを提供しています。

日本におけるメンバーファームは以下のとおりです。

有限責任 あずさ監査法人，KPMG税理士法人，KPMGコンサルティング株式会社，株式会社KPMG FAS，KPMGあずさサステナビリティ株式会社，KPMGヘルスケアジャパン株式会社，KPMG社会保険労務士法人，株式会社 KPMG Ignition Tokyo，株式会社 KPMGアドバイザリーライトハウス

詳解
金融機関のためのモデル・リスク管理

2024年12月1日　第1版第1刷発行

編著者　田　中　康　浩
　　　　曽　我　部　　淳
発行者　山　本　　　継
発行所　㈱中央経済社
発売元　㈱中央経済グループ
　　　　パブリッシング

〒101-0051　東京都千代田区神田神保町1-35
電話　03 (3293) 3371 (編集代表)
　　　03 (3293) 3381 (営業代表)
https://www.chuokeizai.co.jp
印刷／三英グラフィック・アーツ㈱
製本／誠　製　本　㈱

© 2024
Printed in Japan

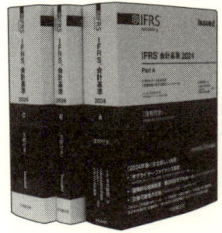